1 MONTH OF FREE READING

at www.forgottenbooks.com

By purchasing this book you are eligible for one month membership to ForgottenBooks.com, giving you unlimited access to our entire collection of over 1,000,000 titles via our web site and mobile apps.

To claim your free month visit: www.forgottenbooks.com/free449728

* Offer is valid for 45 days from date of purchase. Terms and conditions apply.

ISBN 978-0-656-64136-9
PIBN 10449728

This book is a reproduction of an important historical work. Forgotten Books uses state-of-the-art technology to digitally reconstruct the work, preserving the original format whilst repairing imperfections present in the aged copy. In rare cases, an imperfection in the original, such as a blemish or missing page, may be replicated in our edition. We do, however, repair the vast majority of imperfections successfully; any imperfections that remain are intentionally left to preserve the state of such historical works.

Forgotten Books is a registered trademark of FB &c Ltd.
Copyright © 2018 FB &c Ltd.
FB &c Ltd, Dalton House, 60 Windsor Avenue, London, SW19 2RR.
Company number 08720141. Registered in England and Wales.

For support please visit www.forgottenbooks.com

Johannes Schlaf.

Christus und Sophie.

1906.
Akademischer Verlag.
Wien und Leipzig.

416415

Alle Rechte vorbehalten.

Druck von G. David & Co., Wien.

Inhalt.

Einleitung 1
Erster Teil:
    I. Novalis 3
    II. Sophie von Kühn 25
    III. Novalis' Gedichte 44
    IV. Heinrich von Ofterdingen. Lehrlinge von Sais . 69
    V. Die Fragmente 90
    VI. Ueberleitung 114
Zweiter Teil:
    I. Das Christentum 121
      1. Der Christus 121
      2. Die Bergpredigt 156
      3. Die Entwicklung des Christentums 173
    II. Der Antichrist 186
    III. Eine neue Religion? 206
    IV. Aber das übrige Apostolikum? 229
    V. Wie wird's werden? 251
    VI. Gott ist unter uns 260
    VII. Die Zone 275
    VIII. Der Neue 285

Einleitung.

Man wird sich noch jenes merkwürdigen Buches „Rembrandt als Erzieher" entsinnen, das vor nunmehr 15 Jahren erschien und so viel Aufsehen erregte. Ich hatte es mir, trotzdem das im Bereich unserer damaligen naturalistischen Periode halb und halb eine „Sünde gegen den heiligen Geist" bedeutete, gleich bei seinem ersten Erscheinen erstanden; und so absonderlich es mir auch seiner Form und den krausen Arabesken seiner Gedankengänge nach erschien, habe ich diesen „Ankauf" dennoch nicht bedauert. Seine Lektüre verursachte mir vielmehr schon damals im geheimen manch schönes Herzklopfen. Heut' aber sag' ich mit aller Bewußtheit, daß dies sonderbare Buch, das reichlich so viel Spott wie Auflagen erlebt hat, die Tat eines neuen synthetischen Geistes war.

In diesem „Rembrandt" nun findet sich auf Seite 262 der ersten Auflage folgende Stelle: „Hölderlin und Novalis sind solche halbverschwundene Größen auf geistigem Gebiet. Wie Moltke erst in seinem Alter, und Clausewitz erst nach seinem Tode, so werden jene beiden noch nicht einmal jetzt von der Allgemeinheit nach dem ihnen zukommenden Werte geschätzt. Was die beiden Krieger bewußter=, taten die beiden Künstler unbewußter=

weise: sie löschten sich im Gedächtnis der Mitwelt aus; aber nicht für immer. Sie sind kostbaren Palimpsesten zu vergleichen, deren Schrift erneuert werden kann."

Das schrieb der auch noch in gar manch anderer Hinsicht so divinatorische „Rembrandt-Deutsche" (Jr. Langbehn) im Jahre 1890; nun und heute haben wir sogar bereits eine Neo-Romantik. Obgleich gerade sie nicht eben die beste und eigentlichste Erneuerung jener „Palimpseste" bedeutet; die wahre ist eben erst im Begriff vollzogen zu werden. (Der erste Teil der vorliegenden Schrift möchte einen Beitrag dazu bieten.)

Wem nun aber verdanken wir eigentlich diese Neo-Romantik sowohl, wie auch solche beginnende Erneuerung unserer „Palimpseste"? Die Antwort wird lauten müssen: ihm, der sich stets als den eingeschworensten aller Antiromantiker gebärdet hat: Friedrich Nietzsche.

Er vor allem ist es gewesen, der uns zu unserer deutschen Frühromantik zurückgeführt hat, wie zu jener Jugendliebe, zu der man immer wieder zurückkehrt. Jeder weiß das, der heute sein Pensum Nietzsche in der gehörigen Weise erledigt hat. Wer es aber bequemer und deutlicher dargelegt haben möchte, dem wird ein neuerdings erschienenes treffliches Buch darüber kaum mehr einen Zweifel lassen. Ich meine „Nietzsche und die Romantik" von dem Baseler Professor Karl Joël (E. Diederichs, Jena). Diese sorgfältige Arbeit enthüllt den engen Zusammenhang Nietzsches mit der Frühromantik der Schlegel, Novalis, Tieck und Hölderlin auf das unmißverständlichste.

Wir fügen den Ausführungen dieses Buches, so ketzerisch das auch den Nietzscheanern der strikteren Observanz erscheinen mag, und so wenig Nietzsche es natür=

lich wohl selbst Wort haben würde und die, welche das Hauptgewicht auf die Idee vom Uebermenschen legen, sogar hinzu: Friedrich Nietzsche bedeutet mit seinem Werk eine jüngste Metastase und Erfüllung des Kulturgeistes der Frühromantik. Und überdies: selbst die Idee vom Uebermenschen spukt, von Hölderlin ganz abgesehen, im Bereich dieser Frühromantik lebhaft genug vor. Ja, man darf sogar aussprechen, daß sie sich in gewissen wesentlichen Grundzügen in jenem Bereich bereits mit aller Deutlichkeit zu erkennen gibt; wie wir denn z. B. in den „Fragmenten" des Novalis überall ihren Spuren begegnen.

Nietzsche bedeutet so recht das letzte große Medium, in dem die deutsche Frühromantik sich von sich selbst loslöst, um in eine ganz neue und eigenartige Metastase einzutreten. Nietzsche bedeutet, über Schopenhauer und Wagner her, eine letzte Vollendung deutscher und im weiteren und letzten Begriff europäischer Geisteskultur überhaupt. Bevor wir uns anschickten, auf dem von Nietzsche vorgezeichneten neuen Wege weiterzuschreiten, war es so selbstverständlich wie notwendig, daß wir zunächst noch einmal den Kontakt mit der Prämisse suchten, von der die ganze neue Entwicklung der deutschen Kultur im neunzehnten Jahrhundert ausging: den Kontakt mit der Frühromantik. Das war notwendig: denn nichts kann uns dienlicher sein, so uns über Nietzsche zu klären, wie ihn, der sich ja selbst mit so etwas wie „romantischer Ironie" als ein zu Ueberwindender gelegentlich hinzustellen pflegte, zu überwinden.

Aber unsere jüngste Neo-Romantik seit Nietzsche.

Wie es sich fast von selbst versteht, hat sie zunächst auch eine über Nacht üppig emporgeschossene dichterische

Produktion geweckt. Was nun diese anbelangt, so ist sie, obschon sie sich ja wohl gar als eine neue „Erfüllung" und „Höhenkunst" gebärden möchte und wohl auch tatsächlich als solche gebärdet, in Wirklichkeit nicht viel mehr als eine taube Blüte, so sehr auch einige ihrer Talente glänzen und bestricken mögen. Sie wird kaum noch so besondere Dauer haben, denn sie bedeutet nichts als die Betätigung jener Talente, die je und je nichts anderes vermochten, als bei solcher Gelegenheit reproduzierend und nachahmend zu verstehen und — mißzuverstehen.

Die hingegen, welche eine lebendige organische Notwendigkeit der Entwicklung heute zu der Frühromantik und den nächsten geistigen Prämissen unseres gegenwärtigen deutschen Kulturstandes zurücknötigt — man kommt heute nicht bloß und einzig von Nietzsche aus, sondern von allen Seiten her zu der Frühromantik zurück — erfassen deren Erscheinung wesentlich anders und sicherlich ungleich fruchtbarer. Mit gewissen neugewonnenen und festgewordenen Ergebnissen ihres inneren und äußeren, persönlichen und sozialen Erlebens werden sie sich an jener Romantik bestätigen, sie werden sich staunend heute erst so recht in ihr wiederfinden, werden sich eindringlichst und fruchtbar mit ihr in Vergleich setzen, und das alles, um sich endgiltig mit ihr auseinanderzusetzen und, durch sie in ihrem Erkennen und Streben bestärkt, von ihr sich abzulösen und die letzten Reste der alten damaligen Kultur f o r m abzutun, die nur ihrem wesentlichsten und innersten Kultur w i l l e n nach noch lebendig ist.

Solche Richtung ist wirkliche, lebendige und fruchtbare „Neo=Romantik". Nennen wir sie indessen lieber eine wahre Regeneration kulturellen deutschen Rasse=

geiftes, der zu der Erkenntnis durchgedrungen ift, daß er sich zu seinen Vollendungen und Erfüllungen anschickt; auch auf dem Gebiet der Kunst und der Dichtung. Vollendungen, die sich sicher gar wesentlich anders ausnehmen werden, als die epigonal artistischen Produkte jener vorhin erwähnten Pseudorichtung.

*

Suchen wir aber jetzt den Entwicklungsgang des frühromantischen Kulturgeiftes selbst und seine wesentlichsten Etappen zu erkennen.

Wir können mit Deutlichkeit seit der Wende des 18. und 19. Jahrhunderts zwei H a u p t s t r ö m u n g e n in unserer deutschen Entwicklung unterscheiden: Eine g e i s t i g = k u l t u r e l l e und eine s o z i a l = z i v i l i s a t o r i s c h e. Mit jener hob's an, diese folgte ihr, oder löste sich vielmehr aus ihr hervor; dennoch aber nicht so ausschließlich und ablösend, daß die geiftig=kulturelle Strömung unter ihr nicht latent, oder gar mit ihr verschweißt gewesen, oder gar auch gelegentlich in einer besonderen reineren Offenbarung machtvoll hervorgebrochen wäre.

Die eigentliche Frühromantik dauerte mit ihren Ausläufern bis in die Dreißigerjahre des vorigen Jahrhunderts hinein. Zu diesem Zeitpunkte setzt dann die zivilisatorische Evolution ein; mit zunächst fast ausschließlicher und sehr eruptiver Gewalt. Die Romantik wird durch die Periode des „Jungen Deutschland" abgelöft, die bis gegen die Siebzigerjahre her gedauert hat. Wir gewahren diese Richtung indessen, besonders in ihrer ersten Periode, vielfach mit dem Kulturgeist der voraufgegangenen Romantik, und mehr oder weniger stark, ver=

setzt. Die Erscheinung Heinrich Heines besonders ist für solchen Zustand kennzeichnend. Nach ihm dann aber, — und ja bereits auch in ihm — gewinnt die Bewegung, durch die Putsche der Dreißigerjahre, durch die Revolution, ferner durch die drei Kriege, ihren vorwiegend zivilisatorisch-praktischen Charakter, der fast die gesamte Dichtung dieser Jahrzehnte, in Lyrik, Epos und Drama, mit dem Geiste des internationalen Journalismus versetzt, unter dem aber dennoch, für den aufmerksameren Blick, die „blaue Blume" und der kulturelle Geist der Frühromantik überall harrt und latent ist. Ja, wir können vielleicht sogar sagen, so sehr die Romantik selbst den Dichtern der damaligen Zeit besonders durch ihre späteren, so schwächlichen Ausläufer verleidet, wenn nicht gar verächtlich geworden war: selbst die ganze Erscheinung des „Jungen Deutschland" mit ihrem vorwiegend sozial-zivilisatorischen Charakter ist nichts als eine Evolution des Geistes der Frühromantik; des Geistes der Fichte und Novalis. Denn, von Fichte ganz abgesehen: wieviel Divinationen nicht bloß, sondern geradezu direkte Einsichten in die nächsten zivilisatorischen Jahrzehnte finden wir nicht bereits auch gerade wieder in diesen merkwürdigen „Fragmenten" des Novalis!

Im übrigen zeigt die ganze Entwicklung von der Frühromantik an über das „Junge Deutschland" bis in das Reich hinein im ganzen drei Hauptetappen.

Erstens: Die Ausgangsetappe, in der Erscheinung der Frühromantik selbst.

Sie ist der chaotische Anfang dieser Entwicklung. Ein sehr notwendiges Chaos, in dessen chemischen Prozessen sich nicht nur alle überlebten Kompromisse der voraufgehenden klassischen Periode, sondern der Geist des

Rokoko und des voraufgehenden Rationalismus und Materialismus überhaupt aufzulösen hatten. Der große zivilisatorische Prozeß der französischen Revolution zeitigte in Deutschland die geistig=kulturelle Revolution der Frühromantik; indessen der Genius Deutschlands zwang, den vorklassischen Sturm und Drang zum Teil wieder aufnehmend, in dieser Erscheinung jenen zivilisatorischen Ansturm der großen Revolution zu einer recht unerwarteten S y n t h e s e und verwertete ihn zu einer R e g e n e r a t i o n d e r d e u t s c h e n R a s s e s e e l e. — Das war der eigentliche Inhalt der Frühromantik. Daß sie dann später immer mehr zu einer schroffen Reaktion gegen den Geist der großen politisch=sozialen Revolution ausartete, das möchte ich fast einerseits überhaupt als unwesentlich hinstellen, andererseits aber möchte ich behaupten, daß solche Reaktion in gewissen ihrer Merkmale doch noch wesentlich anders aufzufassen wäre, als sie später in der Zeit des „Jungen Deutschland" bis zu uns her aufgefaßt zu werden pflegte. Besonders interessant erscheint mir die spätere religiöse Reaktion der Romantik und die seltsame Erscheinung, daß so viele Romantiker zur katholischen Kirche übertraten. — Diese Erscheinung ist bedeutsamer als man denkt. Es liegt in ihr eine merkwürdige Konsequenz. Warum — sicherlich muß einen das wundernehmen bei dem von Anfang an so überaus und so rein religiös belebten Geist der Romantik — zeigen sich bei den Romantikern so gar keine Spuren zu einer neuen positiven Religion; und warum gingen, sobald die Notwendigkeit einer solchen sich erwies, ihrer so viele zum Katholizismus über? — Aber das werden wir im zweiten Teil dieser Arbeit verstehen lernen.

VIII

Was nun aber wirkte eigentlich der Geist der großen Revolution in unserer Frühromantik? Erstlich: die Frühromantiker übergingen zwar die antike, römisch=republikanische Pose der Revolution, ließen sich aber im übrigen von ihren zivilisatorischen Ideen und Vorgängen zu der hochbedeutsamen Vision einer vollendeten sozialen Kultur befruchten. Sie hielten durch ein liebevoll eindringliches Studium nicht sowohl der Renaissance als vielmehr besonders der christlich=feudalen Zeit und Kultur, neben welchem sie der kosmopolitische Geist der Revolution und der Klassik zu einer Erfassung menschlicher Gesamtkultur hinleitete, gewisse Ewigkeitswerte der deutsch=nationalen wie der europäischen und menschheitlichen Geisteskultur gegenüber dem Zeitlichen in der damaligen zivilisatorischen Evolution aufrecht, und ahnten in mächtiger Synthese das „vollendete Reich"; im vollsten Umfang, nicht bloß in dem spezielleren Sinn einer wiedererstandenen deutsch=nationalen Einheit, sondern besonders auch in einem noch ungleich höheren und umfassenderen Sinn, europäischer, ja sogar menschheitlicher Gesamtkultur. Die hervorragendste Erscheinung in solchem Sinn sind wieder die schon erwähnten „Fragmente" des Novalis, und die Aufsätze, die sich ihnen anschließen.

Zweitens nun aber bedeutet die Frühromantik eine überaus wichtige, neue und tiefe Wiederaufnahme des Problems der Individualität, das sich zum erstenmal mit so stürmisch leidenschaftlicher Gewalt zur Zeit der Renaissance in die Erscheinung gedrängt hatte. Und hier, in und mit diesem Problem und seiner Diskussion, die in der Romantik eine ganz eigenartige, noch nie dagewesene modernste Wendung erfuhr, ist die Romantik wohl am allerinteressantesten. Wir möchten sagen: mit diesem Problem und mit der Art und Weise, wie sie es erfaßt, wächst die Romantik sogar noch über ihre erstaunlichste Vision einer bevorstehenden Vollendung der europäischen Sozietät hinaus. — Denn: dies Problem ist ein zwiespältiges in mehr als einer Hinsicht. Es schließt Gott und Teufel, Christ und Antichrist ein; oder um es anders und deutlicher zu formulieren: es schließt die sozietären und antisozietären Triebe ein; sowohl den vollendeten und rangierten Europäer, wie den anarchischen Individualismus; Ordnungsinstinkt wie äußerste Willkür und eigenste Selbstbestimmung; Mensch wie Uebermensch. — O ja! Je aufmerksamer und mit je erschlossenerem Verständnis wir heute die Romantik — neben der Fichteschen Ich-Philosophie besonders wieder die diesbezüglichen Auslassungen der Schlegel und des Novalis — uns ansehen, um so deutlicher erschließt sich uns gerade auch der satanistische Einschlag in der Gedankenwelt der Frühromantik; und deutlich gewahren wir, so lange vor Nietzsche, den Nietzscheschen Geist.

Im übrigen ist die Frühromantik mit alledem vorerst also noch ganz Gefühl, Ahnung, Genie, Enthusiasmus, Reflexion, dionysisches Chaos.

Aus solchem Zustand nun aber löst sich die nächste Etappe als die eines aus seiner ersten schweifenden Indifferenz erwachenden praktischen W i l l e n s. Wir treten ein in die Jahrzehnte des „Jungen Deutschland", in die Periode der H e g e l, S c h o p e n h a u e r, W a g n e r.

Das Absolute tritt aus dem Zustand seiner reinen Indifferenz und Identität, in dem es noch bei S c h e l l i n g verharrt, heraus und wird bei Hegel J d e e und bei Schopenhauer W i l l e. — Diesem bedeutsamen

Wechsel und Fortschritt in der philosophischen Spekulation, mit dem die europäische Philosophie in ihrer bisherigen Gestalt sich der Praxis des Lebens nähernd zugleich ihrer Auflösung entgegeneilt, die sie dann wohl in unseren Tagen mit Nietzsche erreicht hat, entspricht die lebhafteste praktisch-zivilisatorische Evolution auf politisch-sozialem Gebiet in Deutschland wie in Europa. Die Philosophie des eigentlichen Philosophen dieser Epoche selbst mündet nach Hegels Tod mit der Hegelschen „Rechten" und „Linken" unmittelbar in das Leben ein. Die „Rechte" nimmt in Leben und Religion eine konservative Richtung, während die „Linke", die Gruppe der Junghegelianer, die Strauß, Feuerbach, Bauer und Ruge eine radikale Richtung vertreten. Und mit ihr im Zusammenhang steht gar Karl Marx, der Begründer des ökonomischen Materialismus, der in seiner Weise den von Hegel übernommenen Begriff der **Entwicklung** zur Anwendung brachte, um in den materiellen Verhältnissen den Grundfaktor der geschichtlichen Entwicklung zu finden. (Wenn schon chaotisch, findet sich dieser Begriff der Entwicklung, und zwar nicht bloß wie bei Hegel auf die Historie angewandt, übrigens wiederum bereits in den „Fragmenten" des Novalis.)

Die geistig-kulturelle Strömung vom Anfang des Jahrhunderts ist also mit dem Hegelianismus völlig in die zivilisatorische umgeschlagen; und in dieser und als solche kennzeichnet und betätigt sich zunächst ihr lebendigster treibender Geist.

Unmittelbar aus dieser zivilisatorischen Evolution hervor nun aber, in und durch die Erscheinung eines Mannes, der eine Zeitlang selbst tätig mitten im Bereich derselben stand, treibt der ursprüngliche frühromantische

Geist der ganzen Bewegung hervor in einer machtvollen kulturellen Offenbarung. In Richard Wagner und mit dessen Musikdrama.

Hier zwingt dieser Geist all seinen Willen und alle Wandlungen, die er bis daher zu bestehen gehabt, zusammen zu einer ersten mächtigen symbolistisch-künstlerischen Synthese.

Alle kulturellen und zivilisatorischen Momente des deutschen Kulturgeistes, die letzteren symbolistisch in die höhere Einheit jener aufgelöst, seit der Frühromantik durch die Epoche des Hegelianismus hindurch bis in das Reich herein, sind im Wagnerschen Musikdrama vereint und tönen hier wieder. — Hier ist das Thema der Sozietät und das romantische Problem der Individualität und der vollendeten individuellen Willkür und Eigenbestimmung, die sich zur Sozietät in Gegensatz stellt. Hier ist der Wille, der bei den Romantikern noch mehr erst chaotisch schweifende Willkür war, und hier ist zugleich der Bezirk dieses Willens, seine Bewegung: die Entwicklung; hier ist der bestimmte Kreis, den er zu durchlaufen hat, und den die freieste und selbstherrlichste Individualität schließlich vollendet, abschließt und rundet und zu seinem Ausgangspunkt und Urzustand zurückführt. — Hier ist auch antizipiert der „Wille zur Macht", der dann aber freilich doch bei Wagner nicht frei ist von jenem latenten Pessimismus der Romantik, der bei Schopenhauer zum bewußten, einseitigen Ausbruch und Ausdruck gelangt war. Weshalb denn Nietzsche vonnöten war, alles Vorwärtsstrebende von diesem pessimistischen Fatalismus zu befreien, um dann aber freilich später, mit welch dunklem Lachen, zum Begriff des Ringes und der Wiederkehr zurückzukehren. — Hier, im

Musikdrama Wagners, findet sich ferner die mächtige religiöse Note der Romantik, und hier ist die erneute Würde der christlichen Religion, in der Parsifal-Musik, die der spätere Nietzsche dann nicht mehr verstand, oder wenigstens nicht mehr zu verstehen sich anstellte. So hätte denn also Nietzsche Schopenhauer und Wagner doch nicht so ganz „überwunden". Wenn allerdings sein Wiederkehrbegriff nicht schließlich denn doch mit einer fruchtbaren Vista über den Pessimismus jener beiden hinausstiege: mit der einer unendlichen Konstanz und lachenden immanenten Sicherheit alles Seins. Ein Lachen, das denn freilich aber, bei Licht besehen, bereits aus den chaotischen Dionysien der Frühromantik, so recht ein »δіоν γελοιον«, auch wieder hervortönt.

Im Musikdrama Wagners ist endlich noch außer allen übrigen ein anderes Moment der Frühromantik enthalten: und das ist das Stilprinzip von der unendlichen Melodie, mit dem alles andere zu einem mächtigen synthetisch-künstlerischen Ausdruck gebunden ist. Die Romantiker sprachen von einer Zeit, in der einst noch alles „romantisiert", in der alles „Musik", unendlicher Rhythmus und unendliche Melodie sein werde, und alles Gedicht zugleich und Dichtung. Wenn man will, so kann einen das Wagnersche Musikdrama, mit seiner Einheit zudem von Plastik, Malerei, Wortkunst und Musik, als das Symbol eines solchen Zustandes der Sozietät und des Universums anmuten. Ein Symbol, das, als solches und so beschaffenes Gesamtkunstwerk, freilich nur für einen Augenblick möglich war; im übrigen aber — beineben! — uns, die wir heute so gar eifrig nach einem neuen „Stil" suchen, belehren könnte, daß neben diesem Prinzip des unendlichen Rhythmus und der unendlichen Melodie gar kein weiteres Stilprinzip mehr nötig noch möglich ist; und daß wir, von einer inneren Notwendigkeit der Entwicklung getrieben, die hier gerade von der Frühromantik herdrängte, in der Erscheinung des Naturalismus jenes Stilprinzip im wesentlichen bereits auf die Dichtung zu übertragen begannen.

Die dritte Entwicklungsetappe des romantisch-deutschen modernen Kulturgeistes endlich wird bezeichnet durch die Erscheinung Friedrich Nietzsches. Die Friedriche spielen im vorigen Jahrhundert in dem Bezirk dieser Evolution ihre Rolle: Friedrich von Hardenberg, Friedrich Schlegel, Friedrich Hegel, Friedrich Hölderlin, Friedrich Nietzsche.

Mit Nietzsche treibt die Entwicklung jetzt im Bezirk des Reiches weiter. Die zivilisatorische Entwicklung der Periode des „Jungen Deutschland" hat mit dem Reich ihre Grenze und ihr nächstes Ziel erreicht; ihren letzten und so überaus wichtigen Sieg mit der denkwürdigen Aufhebung des Sozialistengesetzes. Und nun dürfte eigentlich Raum sein, mehr als jemals in allem Verlauf dieser ganzen Entwicklung, für einen neuen, rein kulturell-geistigen Aufschwung. Es wäre die Zeit und es wären die Bedingungen da, daß die große Siegesfeier des langen und heißen Kampfes, der das neunzehnte Jahrhundert füllte, gefeiert werden könnte. Es wäre Raum da für eine Synthese und Offenbarung. Es käme eigentlich auf weiter nichts an, als daß dieser Umstand richtig erkannt würde, und daß ferner der neue Kulturgeist klar sähe in dem, was er inzwischen geworden und welch eine Fülle von Spannkräften er angesammelt hat. Hier müßten uns denn aber allerdings doch erst noch so diese und jene Schuppen von den Augen fallen; und zugleich hätten wir uns auch mit der frühromantischen Prämisse der ganzen Bewegung erst noch gründlich abzufinden. Nach solcher Richtung nun hat Nietzsche eigentlich alles Wesentliche bereits getan; nur müssen wir diesen dunklen Lacher erst richtig verstehen lernen und ihn hinter dieser und jener seiner Hüllen und Masken hervorholen. Im wesentlichen aber hat er den Abfindungsprozeß mit der Romantik vollzogen, alles, was an ihr zu überwinden und aufzugeben ist, abgetan, ihre fruchtbarsten Ideen und Probleme in die neuen Kulturbezirke hinübergenommen, diese für uns ins klare gestellt, und uns sodann auf die neuen Wege gewiesen, die wir unausweichlich zu beschreiten haben werden.

Eins müssen wir aber hier vor allem bedenken: wir müssen uns hüten, ihm auf ein Glatteis zu gehen. Und dieses Glatteis ist sein extremer, so sehr verfänglicher und doch wohl auch artistisch outrierter Individualismus. — Viele erkennen das heute unter uns bereits. Indessen sie gehen doch auch wieder fehl, wenn sie nun etwa meinen, Nietzsche sei mit diesem Individualismus überhaupt auf einem Irrwege. Nein! Er hat zwar seine verwegenste Idee, die vom „Uebermenschen", mit seinem eigenen persönlichen Wohl, Gleichgewicht und Leben büßen müssen; indessen dennoch besteht in dieser so tragischen Idee seine hauptsächlichste bewunderungswürdige, freilich denn wohl aber auch dämonische Genialität; gerade in dieser satanischen, so schroff antisozietären Idee vom „Uebermenschen" und „Antichrist". — Sie ist ihm verhängnisvoll geworden, diese Vision, die er aus den Tiefen zeitgenössischer Pathologien als deren verborgenen Stern hervorholte; sie hat ihn selbst, wie's nicht anders sein konnte, in den Abgrund der Pathologie gezogen. Aber ist nicht schon dies ein Zeichen, wie sehr sie ihm gegen seine Natur ging? Und blickt uns nicht hinter all seinen Masken und Hüllen hervor ein ganz anderer Nietzsche an? Nun: es ist dieser, den wir erkennen müssen, der uns leiten muß, und der uns erst noch recht fruchtbar werden kann und soll. Er hat nicht umsonst gesagt, daß auch er zu „überwinden" sei; aber: verstehen wir das nicht anders, als daß er uns damit vor jenem Glatteis warnt!

Ich will es zunächst so sagen: Nietzsche denkt und fühlt über das Christentum anders, als er sich anstellt und sagt. Er hat das Christentum im Grunde sehr wohl verstanden und hat es in seinem Wesen als reines Prinzip der europäischen Sozietät und der Sozietät überhaupt erkannt. — Freilich nun aber, wenn man will, so ist das für ein so mächtiges und überragendes Genie wie Nietzsche, wie soll ich sagen, eigentlich zu billig. Da ist etwas fertig. Eine Welt ist vollkommen geworden und hat sich mit dem reinsten Wesen und Prinzip ihrer bis daher wirkenden Idee enthüllt. Besagt das aber nicht sogleich, daß hier auch bereits etwas lauert und vor der Tür steht? Und darauf geht er resolut und mit der äußersten Verwegenheit, auf Gefahr seines eigenen Lebens los, ein treuer und mutiger Hüter und Wächter einer heimatlichen, vollendeten Welt. — Er erkannte die Identität von vollendetem Christentum und vollendeter Menschheit; und sogleich sah er den „Uebermenschen". Gerade mit diesem hat er dem Christentum und der Sozietät die größte und tiefste Verehrung erwiesen, die feinste, genialste, die indirekte. — Beileibe sollen wir Nietzsche und dürfen wir ihn nicht anders verstehen als solchermaßen. So ist's gut; und, seien wir überzeugt: so will er es selbst; und so entbindet er in Wirklichkeit unsere freudig=

sten und fruchtbarsten Kräfte und winkt uns, mit seinem dunkeln Lachen, zur großen „Siegesfeier" der Vollendungen. —

*

So viel hier von unserer dritten Etappe und von Friedrich Nietzsche.

Ich kann nun, nachdem ich dies alles vorausgeschickt, die Absicht dieser Arbeit offenbaren.

Ich habe sie eigentlich in vieler Beziehung bereits im voraus angedeutet mit dem, was ich eben anläßlich der Erscheinung Nietzsches ausführte. Sie besteht im übrigen im wesentlichen darin, den Geist des in seiner Reinheit hervorgeklärten christlichen und sozietären Prinzipes als einen nach zwei Seiten hin wirkenden neuen Kulturfaktor zu erkennen und darzutun.

Hier ist es zunächst vonnöten, daß ich auf unsere Frühromantiker zurückgehe. Ich lasse aber dabei die übrigen Frühromantiker beiseite und beschränke mich auf den einzigen Novalis. Einerseits, weil er der bedeutendste ihrer Denker, der differenzierteste, tiefdringendste, beharrlichste, verwegenste und zugleich der bei weitem systematischste von ihnen ist; andererseits, weil er unter ihnen — wir sehen hier von Fichte ab — der ausgeprägteste und konzentrierteste Charakter ist und weil all seine Theorie, Analyse und Reflexion gleichermaßen wie seine Dichtung völlig identisch ist mit seinem persönlichsten Erleben. Die anderen Frühromantiker waren sehr geistreiche und vielseitige Talente, er allein von ihnen allen war ganz, und wie erstaunlich, Genie und Vollindividualität.

Von ihm, seinem Werk und Erleben aus werde ich dann im zweiten Teil meiner Arbeit zu einer Untersuchung des Christentums und der Persönlichkeit des Christus selbst übergehen, die ich nicht sowohl in ihrer religiösen, sondern besonders in ihrer psycho=physiologischen Bedeutsamkeit erkenne, was für mich indessen in diesem Zusammenhang identisch ist. Und alsdann, nach solchen Voruntersuchungen, werde ich gegenwärtige Kulturstände zu erkennen und zu beurteilen suchen, um von ihnen aus die Perspektiven zu sehen, die sie in die Zukunft hinein eröffnen.

Erster Teil.

Erster Teil.

Novalis.

„Christus und Sophie", diese drei Tagebuchworte von Novalis habe ich meiner Arbeit als Titel vorangesetzt.

Es frägt sich, ob Novalis den Christus und seine ihm frühzeitig verstorbene Braut Sophie v. Kühn gerade bewußt als die Ideale einer neuen Mannheit und Weibheit genommen hat. Diese kurze Tagebuchnotiz soll vielmehr gewiß nur die zwei Leitsterne seines persönlichen Lebens bezeichnen; wobei es nicht ausgeschlossen sein mag, daß Novalis sie auch als solche Ideale einer neuen Mannheit und Weibheit g e f ü h l t hat, und daß diese sich zwischen den Zeilen seiner Dichtung sowohl wie auch seiner so bedeutenden „Fragmente" herauslesen läßt.

Wie aber auch immer: mir steht es frei, diese Tagebuchnotiz hier solchermaßen zu füllen, und ich tue es; und sie mag mit solcher Füllung den heimlichen Grundgedanken bezeichnen, um den herum sich die folgenden Ausführungen gruppieren. Wie viel Rechtfertigung zu solcher Füllung ich von Novalis selbst her direkt oder indirekt bekomme, darüber wird sich aus den nächsten Kapiteln urteilen lassen.

Ich weiß nun von vornherein, daß ich, und besonders im gegenwärtigen Augenblick, mit solchem Grundgedanken Anstoß erregen werde. Aber das macht mir nichts aus.

Man wird mir diesen jetzt, vom mißverstandenen oder halbverstandenen Nietzsche her, so grassierenden „Antichristen", die famose „blonde Bestie", das „freie Ich" der italienischen Renaissance in Gestalt des beschwärmten Cesare Borgia-Typus entgegenrücken und mir mit christlich-pietistischem Atavismus kommen: aber gerade solcher so sehr bedenklichen Oberflächlichkeit gilt es heute mit aller Entschiedenheit entgegenzutreten. Denn welch eine heillose Konfusion richtet dieser halbverdaute „Uebermensch" an! —

Man sollte doch bedenken, wie sehr zu einem Teil der Antichrist in einem solchen Sinn eine philologisch-artistische Voreingenommenheit und Geistreichigkeit ist, die Nietzsche von der italienischen Renaissance her recht unglücklich sich zurecht abstrahiert hat! Die „blonde Bestie" in solchem Sinn bei Licht besehen: wie gar viel feudale Brutalität verbirgt sich in ihr, die sich in jener italienischen Renaissance lediglich auslebte, und die so gar keinen praktisch-ethischen und fruchtbaren Fond mehr besaß. Warum heftet man sich so töricht an diesen unglücklichen Cesare Borgia, da doch damals eine zukunftwirkende, fruchtbar vorbildliche Kraft einem ganz anderen Mannestyp eignete, der sich durchaus nicht durch irgend ein rohes Kondottieritum versinnbildlichen läßt — Cesare Borgia aber war höchstens der Kondottieri, der damals den Kondottieri fraß; leider in diesem und jenem kritischen Fall nur zu blindlings — sondern weit besser und fruchtbarer, und meines Dafürhaltens sogar so recht eigentlich, durch die wundersame und wahrhaft erstaunliche Erscheinung Leonardo da Vincis, dessen unvergleichliche Weibbildnisse (Monna Lisa) im übrigen zugleich so gar viel und tiefes von einem solchen Manntyp korrespondierenden Weibtyp offenbaren könnten; ein Weibtyp, wie er inmitten jener in wilden Paroxysmen verendenden Feudalität ebenso selten war wie der Mannstyp, den Leonardo repräsentiert.

Also hüten wir uns nur sehr, daß wir uns, soweit dies eine artistische Kaprice von Nietzsche war, nicht auf Irrwege führen lassen und in die verworrenen Gebiete einer dunklen Pathologie hinein! — Mag der Uebermensch sich uns heute als ein logischer Schluß geradezu aufdrängen, so ist es doch außerordentlich gefährlich, bei ihm zu lange zu verweilen. Bedenklich juvenile „Romantik", wenn man das übersieht! — Aber freilich: wieviel Anlaß und Verführung bekommt man dazu im Milieu unserer modernen Weltstadt und jener „Struggle for life"-Parole, unter der ein großer Teil unserer heutigen Sozietät seinen letzten Tag eines hedonistischen Materialismus lebt und sich über seine hoffnungslose Agonie hinweg in eine wie sehr zweifelhafte „gesunde Normalität" hinein täuscht! — Unsere neue geistige Kultur und ihr Aufschwung wird bei solchem fortgesetzten Mißverständnis kaum aufkommen und könnte wohl gar mit ihren etwaigen Ansätzen bald wieder in die Brüche geraten.

Es geht also durchaus nicht an, daß wir uns von solcher Seite her ein modernes Mannesideal konstruieren.

Man hüte sich überhaupt, einseitig von irgend einer Entwicklungsetappe der letzten christlichen Jahrtausende her einen solchen Idealtyp zu konstruieren! Vielmehr: wir können einen solchen — über den ins klare zu kommen übrigens natürlich nur zu sehr vonnöten ist! — gar nicht umfassend genug nehmen; und wir müssen es geradezu bis zu einem Grade, daß wir bis auf die Gestalt des Christus und geistigen Beherrschers dieser Kulturära selbst zurückgehen und sie in ihrer letzten Klarheit und Deutlichkeit zu erkennen suchen, wozu uns jetzt mannigsache und sehr ausgiebige wissenschaftliche und sonstige Mittel zu Gebote stehen. Tun wir dies aber, so können wir ein wahres Wunder erleben! Nämlich: es wird sich erweisen, daß diese allgemeinste und umfassendste Abstraktion zugleich die präziseste und deutlichste ist, die wir uns nur wünschen können. Also, daß der Mannestyp, der diese ganze Kulturära eröffnet hat, zugleich der ist, der sich als ihre deutliche Krone und Vollendung darstellt.

Es ließe sich nun aber dennoch vielleicht dies und jenes zur Rechtfertigung jenes anderen Mannestyps beibringen, der uns heute von Nietzsche anscheinend aufgezwungen wird; wir werden noch sehen: in sehr einseitiger Opposition zu einer einseitig pietistischen Auffassung des Christentums, die eigentlich bereits die Frühromantiker ganz unmißverständlich und ausdrücklich des öfteren von sich abgewiesen haben (vgl. wieder die „Fragmente" des Novalis).

Es wäre vielleicht eine Berechtigung denkbar, daß man das Mannesbild, das wir von Christus abstrahieren müssen, als einen im Grunde fruchtlosen und unvernünftigen Versuch bezeichnete, den „natürlichen Menschen", den „Menschen, wie er nun schon mal ist", auf eine abstrakte spiritualistische Höhe hinaufzupotenzieren und ihm zu einem geistig-seelischen Kunst- und Kulturprodukt zu machen, das durchaus „unnatürlich" und auf die Dauer nicht zu halten ist. Und hat der Christus das nicht tatsächlich getan? Hat er nicht den „natürlichen Menschen" als etwas bezeichnet, das zu überwinden und gegen einen neuen „geistigen Menschen" zu vertauschen ist? — Von Nietzsche ganz abgesehen: müssen uns nicht vor allem die neuen Wissenschaften diesen „geistigen Menschen" als etwas Unmögliches, Unnatürliches und also Ungesundes erscheinen lassen? Zeigen sie uns nicht von allen Seiten, daß gerade der „natürliche Mensch" ihm gegenüber etwas Fatuelles ist, und also denn in weiterer Folge schließlich doch wohl auch etwas Gutes, Richtiges und Gesundes, jedenfalls aber das Bessere, Richtigere und Gesündere? Dem gegenüber jener „geistige Mensch" wohl gar nichts anderes bedeutete, als eine qualvolle, blutige und zudem fruchtlose Marter, ein unsinniger Vampir, der uns zwei Jahrtausende hindurch lediglich nutzlos gepeinigt hat?

Ich sage: man könnte also von den artistischen Renaissancebeitaten jenes Nietzscheschen Mannideals zwar absehen, in allem übrigen aber gerade in ihm die natürliche, die logisch-organische, die wahre und richtige Mannheit erblicken, zu der wir zurückzukehren hätten, um endlich doch mal unseres Lebens herzhaft froh werden zu können.

Indessen: über jeden Zweifel steht es, daß dieser „natürliche Mensch", der „alte Adam", zugleich auch wieder durch den Christus ein= für allemal überwunden und abgetan ist. Hoffnungslos ist er tot. Das ist uns heute nicht bloß so G l a u b e, sondern gerade die Wissenschaften ihrerseits wieder haben es uns gleichfalls dargetan und bewiesen. Zugleich nun aber sehen wir uns doch auch genötigt, jenen „geistigen Menschen", der uns zweitausend Jahre hindurch so gar sehr torturiert hat, abzulehnen. Wie nun kommen wir aus diesem Dilemma heraus?

Nur dadurch, mein' ich, daß wir erkennen: diese Torturen sind nicht umsonst gewesen, sondern sie bezeichnen einzig — übrigens auch noch mit anderen Kulturrevolutionen, besonders der Mittelmeervölker v o r dem Christus — die ja gewiß blutigen und qualvollen Entwicklungsetappen einer neuen Individualität, das heißt also: einer neuen Mannheit und Weibheit. Also, daß dieser „geistige Mensch" zugleich, bei Licht besehen, so recht eigentlich und im vollsten psycho-physiologischen Verstand ein neuer „natürlicher Mensch" wäre; wie ja übrigens der Christus den Begriff eines „neuen A d a m" durchaus synonym gebraucht, für den des „geistigen Menschen". — Dann hätten wir freilich das Christentum aus einer einseitig religiös-dogmatischen und spiritualistischen Auffassung herausgerückt und es, im übrigen unter sonstiger Beibehaltung solcher Auffassung und Eigenschaft — in den Bereich und Begriff e i n e r o r g a n i s c h e n R a s s e n e n t w i c k l u n g u n d R a s s e n g e b u r t gezogen; in dem Sinn, daß jene damalige große Fusion der Mittelmeerkulturen — semitischer, asiatischer, wie gräko-romanischer Völker mit den neuen germanischen und keltischen Barbarenvölkern — als der Beginn der Geburt einer neuen einheitlichen R a s s e anzusehen wäre, die heute zwar noch nicht vollendet ist, zu solcher Vollendung sich indessen vielleicht anzuschicken im Begriff ist.

Und dies ist hier allerdings meine Auffassung.

Jedenfalls: unter allen Umständen müssen wir,

wenn wir uns über einen neuen Begriff psycho=physi=scher Individualität klar werden wollen, auf den Christus und das Urchristentum zurückgehen, und damit zugleich auf die Prämissen unserer gesamten Kulturära. Und wenn wir uns über diesen Begriff näher informieren und erkennen wollen, was er inzwischen geworden ist, so tun wir gut, bei unserer Frühromantik anzufragen — die uns vor allem gerade interessant sein muß als ein neuer, außerordentlich umfassender i n d i v i d u a l i s t i s c h e r Elan von erstaunlicher Intensität, die uns ihrerseits dann wieder erst recht fruchtbar auf die Gestalt des Christus und das Urchristentum zurückweisen wird.

Und hier ist uns denn also vornehmlich die Gestalt und das Werk des Novalis von Interesse.

*

Wenn wir uns hier mit Novalis beschäftigen, so beschäftigen wir uns damit zugleich mit dem wesent=lichsten geistigen Gehalt der Frühromantik überhaupt. Sie ist so recht der Jünglingszustand der letzten Evolu=tion der deutschen Seele. Und ein Jüngling, im Vollsinn des Begriffes, ist ihr vornehmster, bedeutendster und überragendster Vertreter. Ein Nur=Jüngling; ein Jüng=ling, dem zudem das späte traurige Schicksal der Schlegel und Werner erspart geblieben ist, und der, man muß wohl sagen, die Seele und das Wesen der Frühromantik in einem runden und in sich abgeschlossenen Schicksal ge=lebt und ausgelebt hat. Ein im besten Sinne, und doch über die konfessionell=orthodoxe Enge dieses Begriffes weit hinaus protestantischer Jüngling; dem übrigens jenes erwähnte Schicksal der Schlegel und Werner zu er=

fahren unmöglich gewesen sein würde. — Im übrigen wäre an der Erscheinung von Novalis — er selbst hat sich gelegentlich über den Protestantismus in solchem Sinn geäußert — zu erkennen, daß der religiös-dogmatische und orthodoxe Protestantismus nur einen vorübergehenden Existenzwert besitzt. Er ist nur ein Mittel zum Zweck gewesen: nämlich zu dem Zweck erstlich einer Reinigung und Vollendung des urchristlichen Geistes, und dann einer Erneuerung und Metastase der eigentlich christlich-dogmatischen Repräsentationsinstanz des Katholizismus. Eine solche weltlichere und für gröbere Bedürfnisse passende Repräsentationsinstanz glaube man um Himmels willen heute nicht antiquiert und entbehrlich! Sie wird noch eine sehr gesegnete Zukunft vor sich haben. — Aber neben ihr wird auch das protestantische Prinzip in seinen lebendigen Konsequenzen weiterwirken und zu unabsehbaren kulturellen Neubildungen führen. Ein Protestant in diesem Sinn war Novalis durchaus.

*

Friedrich Leopold von Hardenberg (Novalis) ist geboren am 2. Mai 1772 in Oberwiederstedt (Grafschaft Mansfeld), als zweiter Sohn von Heinrich Ulrich Erasmus von Hardenberg und dessen zweiter Ehefrau Auguste Bernhardine, geb. von Bölziz. Die Familie gehörte der Herrnhuter Gemeinde an. Novalis ist also einerseits sehr frommer und andererseits adeliger Abkunft.

Dieser letztere Umstand ist nicht ohne besondere Bedeutung.

Es ist nicht von ungefähr, daß die hervorragendste Persönlichkeit unter den Frühromantikern ein Adeliger war und daß ferner so viele von den späteren Romantikern adeliger Abkunft waren. — Die voraufgehende Klassik hatte sich ja so recht eigentlich als ein hoher geistiger Triumph des deutschen Bürgertums dargestellt; und der größte deutsche Dichter der Moderne war ein Bürgerssohn. Von nicht unbedeutender kultureller Tragweite nun aber ist der Umstand, daß dieser bürgerliche Patriziersohn der persönliche Freund eines deutschen Herzogs war, und daß die Blüte der Klassik sich an einem Hofe entfaltete. Darf man nicht sagen, daß eine solche Verbindung zweier mächtiger Stände und sozietärer Kulturfaktoren auch wieder einmal eine Evokation an den deutschen Adel bedeutete? Dichten und Denken, während langer, öder Perioden in Mißachtung geraten, waren sie jetzt nicht infolge jener Verbindung auch wieder einmal für den Adel achtbar geworden; vielleicht zum erstenmal wieder seit der Minnesängerzeit? Leier und Schwert, Dichter und Edelmann paßten wieder mal zusammen. Auch solche Einheit ihrerseits aber war angeregt von dem neuen mächtigen Lebensodem, der von Paris und der großen Revolution über Europa hin wehte; man muß sagen, damit die einseitig zivilisatorischen Bestrebungen der großen Revolution hier bei uns in Deutschland fruchtbar wurden für einen umfassenderen und gerechteren geistig-kulturellen Aufschwung, aus dem heraus sich erst die wahrhaft lebendigen, großen Zukunftsperspektiven für Europa hervorklären sollten.

Indem sie mit den altersschwach, den unmöglich gewordenen Resten der Feudalität blutig aufgeräumt, hatte ja die Revolution zugleich die Prinzipien von Königstum und Adel, von Religion (Kirche) und Staat, weiterhin sogar das Prinzip der Rasse in ihrem bis zur

Raserei schonungslosen Radikalismus zum mindesten in Frage gestellt. Es galt nun, ob diese Prinzipien nicht doch noch die Kraft besaßen, sich einem solchen Ansturm gegenüber zu behaupten? Es mußte sich bewähren, ob sie feste, in der menschlichen Natur und in der Naturordnung selbst unerschütterlich begründete Prinzipien waren, oder wirklich nur durch eine neue, herangereifte Ordnung der Dinge völlig entbehrlich und haltlos gewordene Konventionen. — Bereits die Erscheinung Napoleon I. indessen und des neuen Kaisertums bewies, daß sie in der Tat solche Prinzipien waren. Und die Tatsache von Napoleons erfolgreichen Feldzügen bewies nichts, als daß diese Prinzipien zwar in eine neue Umwandlung eingetreten, dagegen nichts weniger als erschüttert und unmöglich geworden waren. Den letzten, gründlichsten und ausschlaggebendsten Beweis dafür lieferte aber der unglückliche russische Feldzug. Hier erwies es sich erst so recht, was für eine unerschütterliche Festigkeit all jenen Prinzipien eignete. Der wahre, organische Begriff des Volkes und der Rasse sowohl, wie des monarchischen Prinzipes trieb den neuen schrankenlos gewordenen Geist eines internationalen Demokratismus mit einer dunklen, man kann sagen: dämonischen Ironie — so dämonisch gerade durch den passiven Widerstand der russischen Rasse und im besonderen der Kriegsführung von Kutusow; so recht ein Widerstand an und für sich, eine dunkle statische Widerstandskraft — in seine Grenzen zurück. Und wenn zwar solcher Widerstand auch sonst im späteren Verlauf den Ansturm des Geistes der großen Revolution durch keine noch so „heilige Allianz" auf die Dauer aufzuheben vermochte, so nötigte er diesen Geist dennoch, als eine feste in der Natur der menschlichen Ordnung und

Sozietät begründete „Pièce de résistance", sich zu einem **A u s g l e i ch** zu bescheiden.

Wie begann nun damals solcher Ausgleich sich zu vollziehen?

Nun, zunächst korrigierte hier der Bourgeois den Bourgeois selbst. Ich halte diese Tatsache für eine außergewöhnlich bedeutsame Erscheinung.

Das deutsche Bürgertum hatte ja, und gerade im Bezirk seiner damalig höchsten und wertvollsten Kulturäußerung, im Bezirk der Klassik, die große Revolution zunächst mit Freuden, ja mit Begeisterung begrüßt. Indessen, je ausschweifender im weiteren Verlauf das Prinzip der Revolution mit all den anderen sozietären Prinzipien aufräumte und je maßloser der „Freiheitstraum" in Paris delirierte, um so mehr wandte das deutsche Bürgertum sich von der Revolution ab, und begann zum Hort jener beanstandeten Prinzipien zu werden.

Ich sage: in dieser Tatsache liegt eine tiefe Bedeutsamkeit. Und mir scheint, in ihr tritt aus dem seit der Renaissance zu so hoher Macht gediehenen Bürgertum ein in dessen Natur tiefbegründetes mystisches Prinzip sozietärer Gerechtigkeit und Balance zutage, so nach oben, wie nach unten. Ich möchte sagen: der europäische „tiers état" bedeutet so etwas wie eine sozial-ethische und sozialorganische Linie des „goldenen Schnittes"; ein harmonisches Gerechtigkeitsprinzip, das seine Mystik hat; eine Proportionslinie, von der aus man sich eine letzte mögliche Harmonie der europäischen Sozietät fast mit so etwas wie mathematischer Sicherheit konstruieren könnte. Es war wenigstens jetzt nur noch das Problem des vierten Standes zu lösen. Mochte das auch noch viel Blut und Unruhe kosten: jedenfalls bestand in dem Bürgertum eine

Garantie von vornherein, daß hier zuguterletzt nicht dennoch das Kind mit dem Bade ausgeschüttet wurde.

Zunächst also korrigierte der Bourgeois den Bourgeois. Indessen: im ganzen war unsere Klassik und deren damaliger Kulturbezirk dennoch viel zu kosmopolitisch, und zwar zu abstrakt kosmopolitisch. Unsere Klassiker waren viel zu sehr abstrakte Weltbürger, als daß sie sich das Prinzip der Rasse, des Volkes und der Nationalität praktisch so besonders viel, oder auch nur so viel als damals unbedingt vonnöten, hätten angehen lassen. Es war ihnen durchaus nicht beigekommen, wie wohl der neue Geist sich mit den notwendigen organischen Eigenschaften und Prinzipien der Rassen vertrüge; noch auch, im besondern, wieviel vernünftige, organische Ratio der Erscheinung der positiven christlichen Religion, der Kirche innewohnen. Dies alles nun aber blieb der Frühromantik vorbehalten; und hier fiel, bei solch' neu sich nötig machender synthetischer Diskussion, eine sehr bedeutende Rolle und Anteilnahme gerade auch dem deutschen Adel zu.

Worauf kam es nun aber bei dieser Diskussion zunächst und besonders an, und was wurde in ihrem Verlauf von der Romantik geleistet? Um es kurz zu sagen: es kam darauf an, die notwendigen neuen Ideen der neuen zivilisatorischen Evolution an dem treibenden, ihr übergeordneten Kulturgeist der ganzen christlichen Aera, innerhalb deren diese zivilisatorische Evolution nur eine einzelne beschränkte Erscheinung war, zu prüfen und jene Ideen mit diesem Kulturgeist in Einklang zu bringen. Zu solchem Zweck muß man bis auf die urchristlichen Prämissen selbst zurückgehen.

Nochmals: kein Wunder, wenn der deutsche Adel

hier sich lebhaft beteiligte; um so weniger, als er sich ja auch bald mit dem Schwert in der Faust zu betätigen hatte. Und man muß sagen: er bewährte sich gut und bewies einen tüchtigen geistigen und ethischen Fond; in einer Weise, wie er ihn lange nicht offenbart, und wie man ihm solchen mit Hinblick auf seine Dekadence in der Periode des Rokoko eigentlich kaum hätte zutrauen können.

Nach allem also: die Erscheinung des Novalis ist in diesem Zusammenhang kein Zufall. In ihr kondensiert sich völlig die erstaunliche kulturelle Kraft, welche der deutsche Adel damals bewährt hat.

*

Ein wichtiger Umstand also ist es, daß Novalis von Adel war; und ferner, daß er einer frommen und herrenhuterischen Familie entstammte.

Der Vater, Freiherr von Hardenberg, eine kraftvolle, feurige, leidenschaftliche Natur, unermüdlich tätig und von derbem, biederem Wesen. In seiner Jugend von überschäumender Lebenslust, wendet er sich später dem Herrenhutertum zu und erfaßt es in der Weise seiner herzhaften und kraftvoll männlichen Natur. Durch den frühen Tod seiner ersten Gattin, mit der er in glücklichstem Einvernehmen gelebt, im Innersten erschüttert, frägt er sich, was er tun soll, um selig zu werden? Und sein erster Gedanke ist, sich zu „bessern, und durch einen strengen Wandel das wieder gut zu machen, was er in seiner frühen Jugend versäumt habe", wie er in seiner Selbstbiographie berichtet. „Ich fühlte wohl, daß ich damit meine Schuld nicht abtragen könnte, und diese Ueberzeugung trieb mich zu dem einzigen Grund unserer Hoffnung, zum Verdienst Jesu Christi." Dieser seiner neuen Ueberzeugung unwandelbar getreu und der männlichste Christ, bewährt er solche Umkehr auch durch die Tat. In der Zeit jener Blatternepidemie, die ihm die Gattin hinweggerafft, pflegt er, als niemand die Kranken warten und die Toten berühren will, eigenhändig die Patienten in seinem Dorf und legt die Toten in die Särge. Später verheiratet er sich zum andernmal. Die zweite Frau, Novalis' Mutter, die Freiherrn v. Hardenberg elf Kinder gebiert, lebt, obgleich sie sich seinem Willen vollkommen unterordnet, mit ihm gleichfalls in glücklichster Ehe. Eine hingebende, liebevolle, unterwürfige Frau, zärtlich und bis zur Schwäche nachgiebig gegen ihre Kinder. Freiherr v. Hardenberg dagegen ist ein strenger Vater, der seine Kinder nach festen Prinzipien selbst erzieht. — Er ist gegen die Neuerungen, die damals von Westen her Deutschland bedrohen, liebt die alte verkannte Zeit und hält unwandelbar treu an ihr fest; während er dennoch andererseits den Standesstolz und die Neigung zu glanzvoller Repräsentation, der sein Bruder, der Landkomtur der Deutschritter, Wilhelm v. Hardenberg huldigt, belächelt.

Solche Eltern ziehen Novalis auf und sind die Leiter seiner Jugend. Er ist der Mutter zärtlich zugetan, die auch, selbst eine nicht unbegabte Dichterin, seine Anlagen nach solcher Richtung hin beeinflußt. Vor dem strengen Vater empfindet er Scheu. — Alle Sensibilität und poetische Anlage seines Wesens empfängt er von der Mutter; vom Vater zugleich eine feste und solide Sinnesart, und alle jene männlich persönlichen Eigenschaften, die ihn so sehr gegen die übrigen damaligen Frühromantiker in Kontrast setzen. — Solche Doppelseitigkeit tritt bereits in seiner frühen Jugend zutage. Er empfängt von dem Prediger zu Neudietendorf den ersten christlichen Religionsunterricht. „Sein kindlicher Sinn, sein christliches, auch wohl frommes Gefühl hätte dabei seine Rechnung gefunden. Aber sein nun erwachter, hoch emporstrebender, nach Selbständigkeit und Wissenschaft ringender Geist, wie konnte er sich in die engen Grenzen beschränken lassen, die hier der Glaube dem Forschen und Wissen setzt?" (Bericht seines späteren Chefs, des Kreisamtmannes Just über Novalis.)

Seine erste Jugend in dem alten väterlichen Schloß zu Wiederstedt, mit seinem großen dämmerigen Hausflur, seinen langen Gängen, der steinernen Wendeltreppe mit den keinen runden Fensterscheiben, „durch welche das Licht so seltsam gebrochen hereinfiel"; der alte enge Hof mit seinen vielen alten hochstämmigen Fliederbäumen, die im Frühling so prächtig blühen; das alte Kloster dabei, das später in eine Scheune umgewandelt war, mit seinen schönen, weinumrankten Fensterbogen: das ist die Umgebung, in der seine ersten Jugendjahre sich abspielen; nur zu geeignet, seine Phantasie zu beleben; „während er auf der anderen Seite im Verkehr mit den Dorfbewohnern, die zum größten Teil Bergleute waren, früh in ein ernstes, mühsames und gefahrvolles Leben blickte". Eindrücke wie die letzteren nährten und stärkten dem Knaben wieder die starke ernste Gefühls- und Gesinnungskraft des Vaters, die wohl, im Verein mit dem stillen Leben, der prunklosen aber wahren Frömmigkeit, die hier herrschte, einen tiefen und unauslöschlichen Eindruck auf den jungen Novalis machten. „Der alte Hardenberg, früher ein rüstiger Soldat (der die Feldzüge Friedrich des Großen mitgemacht hatte), eine hohe, ehrwürdige Natur, stand wie ein Patriarch in der Mitte talentvoller Söhne und lieblicher Töchter. Neuerung und Aufklärung waren ihm in jeder Form verhaßt; die alte, verkannte Zeit liebte und lobte er, und wenn sich Gelegenheit bot, konnte er derb und rückhaltlos seine Ansichten aussprechen oder in plötzlichem Jähzorn auflodern."

Solchen treu und fest bewahrten Geist hatte Novalis mit den neuen großen geistigen Strömungen, die vom Westen herüberkamen, und die ihm später in seiner Studentenzeit von den Frühromantikern zugetragen wurden, in Einklang zu bringen. — Was der frühere Adel in Gestalt des alten Hardenberg im Bewußtsein seiner Tugenden und Traditionen schroff von sich abwies, das verarbeitete der neue in Gestalt von Novalis, eine Umwandlung seines Standes vorbereitend und zugleich aus einer inneren historischen Ratio seines Standesgefühls und der deutschen Rasseseele heraus die über das Ziel schießenden leidenschaftlichen Extravaganzen des neuen Geistes paralysierend.

Bis in sein neuntes Lebensjahr ist Novalis ein herzensgutes, aber unbegabtes Kind. Nach einer Ruhrkrankheit indessen, die er in diesem Jahre besteht, ändert sich sein Wesen: er kräftigt sich körperlich und gewinnt eine ungewöhnlich geistige Regsamkeit, so daß er bald im Lernen und im leichten Auffassungsvermögen alle seine Geschwister überholt. Er zeigt sich aufgeweckt, selbsttätig, originell, geistvoll. Er liest gerne Gedichte, liebt Märchen; und dichtet solche bereits selbst. Eigenschaften, die denn freilich zwischen ihm und dem Vater Entfremdung setzen. Ein längerer Aufenthalt in Lucklum bei seinem Oheim, dem Landkomtur, kommt, anstatt ihr zu steuern, solcher

Wesensrichtung nur zugute; so daß er bald wieder nach Haus genommen wird. — Nicht lange darnach, 1787, siedelt die Familie nach Weißenfels über. Nachdem er bisher all seinen Unterricht zu Hause empfangen hat, besucht er noch für ein Jahr das Gymnasium zu Eisleben und bezieht dann 1791 die Universität Jena, um dort die Rechte zu studieren. —

Hier wäre Gelegenheit, ein Wort über die hergebrachte literarhistorische Auffassung von dem „milden", „sanften", „seraphischen", „engelgleichen" Novalis auszusprechen. Eine Auffassung, die auf einer oberflächlichen Auffassung der Frühromantik sowohl wie der Erscheinung von Novalis beruht. Novalis aber war eine viel zu tiefe, lebendige und vielseitige Natur, als daß solch eine Auffassung seines Wesens zulässig wäre. — Novalis war ein Mystiker von ganzer und echter Rasse. Und zwar ist er ein sehr verfeinerter, differenzierter, so recht ein wissenschaftlicher, man könnte fast sagen „exakter", ein durchaus moderner Typ des Mystikers. Aber deshalb darf man Novalis so wenig „mild", „sanft", „seraphisch" nennen, wie irgend einen der großen Mystiker in Mittelalter und Altertum. Der satanistische Einschlag bereits, der aller Mystik beiwohnt, und der auch Novalis deutlich zu eigen ist, steht dem durchaus entgegen. Ueberdies nun aber weist sein menschlich-persönliches Wesen viel zu viel Züge zwar sensibler, aber herzhafter Munterkeit auf; und in seinen Ideen, wie in seinem Alltagswesen zeigen sich viel zu ausgesprochene und scharfe Gehirnqualitäten zudem. — Mit Recht zwar kann man etwa einen Dichter wie Hölty eine „milde", „sanfte", „seraphische" Natur nennen; Novalis aber ist von durchaus anderem Schlag. Er hat als

Jüngling gelebt, ist als Jüngling gestorben; aber als ein Jüngling von ausgesprochen männlicher Anlage und männlichen Qualitäten.

Ich glaube, an jener Auffassung von Novalis' Wesen trägt nur zu sehr eine durch die einseitig zivilisatorische Entwicklung des letzten halben Jahrhunderts verschuldete, nur zu verrohte Auffassung des Mannesbegriffes schuld, die aber mit einer wieder aufstrebenden höheren geistigen Kultur durchaus unvereinbar ist. Es ist nicht gut, daß der Begriff eines keuschen und sensibel gefühlhaften Jünglings, dem zugleich eine herzhaftere Munterkeit und gute intellektuelle Regsamkeit zu eigen, bei uns geradezu zur Fabel geworden ist; unter uns, wo Rüpelei und ein outrierter „männlicher" Zynismus als bon ton und erstes Zeichen von „Männlichkeit" gilt.

Nun also: Novalis gibt sich in Jena zunächst einem höchst unseraphischen und herzhaften studentischen Treiben hin. Paukboden, Kneipe, Tanzlokal und die Mädels haben ihn. Es ist vielleicht sogar der Verdacht berechtigt, daß er's reichlich so toll getrieben hat, wie der junge Wolfgang Goethe seinerzeit. Solches Treiben wird nun aber immerhin in Balance gehalten, zwar durch nichts weniger als ein mit Eifer getriebenes juristisches Berufsstudium, sondern durch ein um so eifrigeres Interesse für die Philosophie und die schönen Wissenschaften. Ja, er verfaßt damals sogar schon seine Erstlingsgedichte, die er mit den Initialen seines Namens, dem Vater zum Trotz, in dem „Merkur" und in anderen schöngeistigen Zeitschriften hineinzupaschen weiß. Balance hält jenem lustigen Studententreiben vor allem aber der persönliche Einfluß Fichtes, Schillers und Reinholds, von welchem besonders Schiller von Novalis mit glühender

Begeisterung verehrt wird. — Im übrigen muß der alte Hardenberg sich schon hinter jenen, besonders Schiller, verstecken, um dem jungen Schöngeist das Berufsstudium „wichtig und interessant" zu machen. Sie haben damit denn auch einigen Erfolg; und mit den besten Vorsätzen geht Novalis im Herbst 1791 von Jena nach Leipzig, um dort seine Studien fortzusetzen.

Dies „Klein=Paris", in dem damals die „ausgelassenste Sittenlosigkeit bis auf die Kaufmannsbursche herab" (Fr. Schlegel) herrschte, ließ indessen die guten Vorsätze des jungen Novalis gar bald wieder zuschanden werden. Hier hat er zudem nicht die heilsame Nähe der beiden geliebten Lehrer, und so scheint er's denn in Leipzig noch „toller" getrieben zu haben als in Jena. Ist sein Charakter hier aber schwankender als in Jena, so ist das nicht zu verwundern, zumal der paradoxe Umgang mit dem wetterwendischen Friedrich Schlegel nichts weniger als geeignet ist, den soliden Einfluß der Fichte, Reinhold und Schiller zu ersetzen. Es geht so weit — was schon eine etwas schlimme Sache war — daß Novalis der Universität wegen leichtsinnigen Schuldenmachens angezeigt wird.

Hier wäre vielleicht gleich ein Umstand zu beachten. Seine Gesundheit scheint durch all dies Treiben in Jena und Leipzig keine besondere Störung erlitten zu haben. Es wird nichts davon berichtet. Außerdem bittet er von Leipzig aus den Vater sogar, die militärische Karriere einschlagen zu dürfen; eine Bitte, von der ihm der alte Hardenberg mit aller Entschiedenheit zu seinen Berufsstudien zurückweist. Novalis würde sie nicht haben tun können, wenn er nicht bei guter Konstitution gewesen wäre.

Im übrigen nun aber — bereits sein Wunsch, Militär zu werden, beweist es — gefällt Novalis sich nicht lange in solchem Treiben; und wie bereits bei seinem Uebergange von Jena, überfällt ihn wieder die heiße Sehnsucht, ein Charakter zu werden.

Friedrich Schlegel, zu dem Novalis in intime Freundschaft und fruchtbarsten Ideenaustausch getreten war, beschreibt ihn damals folgendermaßen: „Er gefiel mir sehr, und ich kam ihm entgegen, da er mir denn bald das Heiligtum seines Herzens eröffnete. Ein noch sehr junger Mensch" — Schlegel selbst war nur zwei Monate älter — „von schlanker, guter Bildung, sehr feinem Geist, mit schwarzen Augen und herrlichem Ausdruck, wenn er mit Feuer von etwas Schönem spricht — die schnellste Fassungskraft und Empfänglichkeit. Das Studium der Philosophie hat ihm üppige Leichtigkeit gegeben, schöne philosophische Gedanken zu bilden; er geht nicht auf das Wahre, sondern auf das Schöne; seine Lieblingsschriftsteller sind Plato und Hemsterhuys. Mit wildem Feuer trug er mir einen der ersten Abende seine Meinung vor, es sei gar nichts Böses in der Welt, alles nahe sich wieder dem goldenen Zeitalter. Nie sah ich so die Heiterkeit der Jugend. Seine Empfindung hat eine gewisse Keuschheit, die ihren Grund in der Seele hat, nicht in der Unerfahrenheit. Denn er ist schon sehr viel in Gesellschaft gewesen (er wird gleich mit jedermann bekannt). Er ist sehr fröhlich, sehr weich und nimmt für jetzt jede Form an, die ihm aufgedrückt wird. Die schöne Heiterkeit seines Geistes drückt er selbst am besten aus, da er in einem Gedicht sagt: Die Natur hätte es ihm gegeben, immer freundlich himmelwärts zu schauen."

Es war damals die Zeit, da die Revolution die

Geister erschütterte. Novalis nimmt mit Schlegel für sie Partei, und mit ihnen beiden Novalis' Lieblingsbruder Erasmus. Er kam darüber mit seinem Vater und seinem Oheim in helle Konflikte, deren Folge war, daß bis zu seinem Tode zwischen ihm und dem Vater ein gespanntes Verhältnis blieb. „Es war der Kampf zweier Zeiten, der sich im großen in der Weltgeschichte vollzog, und der sich hier im kleinen in der einzelnen Familie zwischen diesem Vater und seinen Söhnen nachbildete," wie ein Verwandter der Familie über diese Konflikte geschrieben hat.

Um Novalis von dem Leipziger Treiben und diesen Sympathien für die Revolution fortzubringen, gibt ihm der Vater die strikte und energische Anweisung, von Leipzig sich nach Wittenberg zu begeben, und dort ernstlich sein Berufsstudium zu Ende zu führen. Novalis leistet diesem väterlichen Befehl Folge, rafft sich zusammen und besteht sein Examen. Er ist mit dieser angestrengten energischen Beflissenheit selbst sehr zufrieden und ist sich bewußt, „daß er diesem Zeitraum die Fähigkeit verdankt, mit unangenehmen und mühsamen Gegenständen sich anhaltend beschäftigen zu können".

Dies also ist der jüngere Novalis. Man wird sich vergeblich bemühen, in solchem Charakterbild irgend welche Spuren von jenem „milden" und „seraphischen" Novalis der literarhistorischen Tradition zu finden. Vielmehr ist seine Aehnlichkeit mit dem Wesen des jüngeren Goethe sogleich in die Augen springend. Und ferner hat er mit diesem jüngeren Goethe eine außerordentlich wertvolle Eigenschaft gemeinsam: er ist eine **plastose Natur**; eine jener Naturen, die sich als eine Vereinigung höchst sensibler und höchst solider Eigenschaften darstellen; Eigenschaften, die sie wohl in gar manche seelische und wohl auch körperliche Krise reißen; aber aus solcher Krise pflegen sie bereichert als Intellekte, wie auch persönlich als Menschen und Charaktere hervorzugehen. Es sind Naturen, die eine bedeutsame **Entwicklung vor sich haben**.

Wie anders ist dagegen das Charakterbild, das wir von dem damaligen Friedrich Schlegel haben! Nur zwei Monate älter als Novalis ist er dennoch ein Charakter, der diesem sogleich imponiert und der diesem sich sogleich überlegen zeigt. Friedrich Schlegel ist ein von vornherein fixierter und, wenn man so sagen soll, im Entwurf fertiger Charakter. Er ist überaus intelligent, selbstbewußt, erstaunlich geistreich, paradox und altklug. Und er bleibt ein solcher sein Lebtag, um mit solchen Eigenschaften schließlich in den Hafen des Katholizismus einzulaufen. Ein Schicksal, das bei Novalis völlig ausgeschlossen, daß in seinem Fall undenkbar ist. — Anders: Novalis **ist** ein **Charakter**, und Schlegel **scheint** nur ein solcher. Er ist nichts als eine von vornherein fixierte einseitige intellektuelle Fähigkeit und Funktion, die funktioniert, solange es geht, aber keiner wesentlichen Entwicklung fähig ist; keinesfalls menschlich-persönlich und damit eigentlich wohl auch nicht recht intellektuell.

Mit solchem **Charakter** nun aber, der eigentlich ganz konzentrierter, erraffender, seelisch-persönlicher Trieb ist, steht Novalis überhaupt ganz einzig und wie sehr überragend im Bereich der Frühromantik.

II.

Sophie von Kühn.

Die Wandlung in Novalis Wesen seit der Wittenberger Zeit, wieder sehr charakteristisch, behält Dauer. Nachdem er sein Examen bestanden, fügt er sich der bürgerlichen Karriere. Er geht, nach seinem eigenen Ausdruck im Jahre 1794 daran, „sich in die anspruchslose Einförmigkeit des bürgerlichen Lebens zurückzuziehen"; er, der nach dem Urteil seines Bruders, „ohne Zweifel eine brillante Rolle auf dem tummelvollen Schauplatz dieser Welt gespielt haben würde".

Unter Führung des alten Freundes seiner Familie, des Kreisamtmannes Just, macht er sich zunächst in Tennstedt mit dem sächsischen Salinenwesen vertraut. Aber, nicht, daß ihm sein Erstlingsamt, nach der Art einseitiger Aestheten und Schöngeister, Unlust und Widerwillen erregt hätten: so gründlich vielmehr ist seine Umwandlung, und so wenig sind die oben zitierten Worte von ihm bloße Redensarten, daß er bereits dies erste Amt, entfernt von jeder banausischen Auffassung, unter dem Gesichtspunkt höherer Ideen versieht. Mit welchem Erfolg, das beweist ein Ausspruch seines Lehrers und Chefs, des Kreisamtmannes Just, der ihm später folgendes Zeugnis ausstellte: "Ich sollte s e i n Lehrer und Führer werden, aber er ward m e i n Lehrer. Nicht nur, daß ich selbst in denjenigen Fächern, wo ich ihn vielleicht durch Erfahrung und Uebung an Kenntnissen übertraf, alle meine Kraft aufbieten mußte, um seinem Forschungsgeist, der sich mit dem Gemeinen, Bekannten und Alltäglichen nicht begnügte, sondern das Feine, das Verborgene überall aufsuchte, einige Genüge zu leisten; sondern auch hauptsächlich, daß er mich mit sich fortriß, mich von den Fesseln der Einseitigkeit und Pedanterie, in die ein vieljähriger Geschäftsmann so leicht angeschmiedet wird, befreite, mich zu vielseitiger Ansicht desselben Gegenstandes nötigte, mich zu den Idealen, die seinem Geist immer vorschwebten, soweit es mir meine Schwerfälligkeit erlaubte, erhob, und den fast entschlummerten ästhetischen Sinn in mir weckte . . . Nichts trieb er oberflächlich, sondern alles gründlich . . . Ein neues Buch durchlas er in dem vierten Teil des Zeitraumes, den wir anderen Erdensöhne dazu nötig haben. Dann legte er es still beiseite, als ob er es nicht gelesen hätte. Wenn nun nach Wochen oder Monaten über dies Buch gesprochen ward, so war er imstande, den ganzen Inhalt desselben zu erzählen, die bedeutendsten Stellen anzuführen, über seinen Wert ein bestimmtes Urteil zu fällen und dabei zu sagen, ob und warum er es dem oder jenem Freund zum Lesen empfehlen könne oder nicht. So las er, so arbeitete er, so studierte er — auch die Menschen."

Das war Novalis damals als Mensch. Der Dichter dagegen reichte dem Menschen in dieser Zeit noch nicht das Wasser. Der sollte jetzt erst seine wahre Berufung und

Weihe empfangen. Aber die mannigfachen Keime und Elemente dieses Dichters waren bereits vorhanden und harrten des Augenblickes, der sie zur Entfaltung bringen sollte.

Diese Keime und Elemente waren folgende. Erstlich der mächtige Einfluß Fichtes in Jena und ferner der Schillers, welcher für den Stil von Novalis' späterer Dichtung ein nicht unbeträchtliches Element beitrug. Es ist seltsam, wie unbewußt dieses Element bis daher gewesen war! Denn seine schon erwähnten dichterischen Erstlingsversuche verraten sonderbarerweise nichts von einem direkten Schillerschen Einfluß. — Eine weitere bedeutsame Vorbereitung war das Studium von Plato und Hemsterhuys, das wohl mit dem starken herrenhuterischen Einfluß im Zusammenhang stand, den das Elternhaus in erster und heranreifender Jugend auf Novalis geübt. Zu solchen Einflüssen kommt dann in Leipzig der Umgang mit Friedrich Schlegel hinzu und der mächtige Ansturm des Geistes der großen Revolution.

Noch aber war dies alles nicht zu einer bedeutenderen dichterischen Offenbarung gereist. Ja, es ist vielleicht sogar die Frage, ob Novalis überhaupt nicht eher in Philosophie oder Wissenschaft hervorragende Bedeutung gewonnen und in solchem Sinn jener „Auch-Imperator" des Goethischen Ausspruches über ihn geworden wäre? — Diese Vermutung wird noch verstärkt durch einen Brief, den Novalis am 4. Oktober 1791 von Goseck aus an Reinhold in Jena richtet. Es heißt dort: „Ich muß mehr Festigkeit, mehr Bestimmtheit, mehr Plan, mehr Zweck mir zu erringen suchen, und dies kann ich am leichtesten durch ein strenges Studium dieser Wissenschaften (Jurisprudenz, Mathematik und Philosophie) erlangen. Seelenfasten in Absicht der schönen Wissenschaften und gewissenhafte Enthaltsamkeit von allem Zweckwidrigen habe ich mir zum strengsten Gesetz gemacht. Γνωθι σεαυτον soll mein Memento mori sein, und λαθε βιωσας der Wahrspruch meines praktischen Lebens" ... Und an anderer Stelle dieses Briefes heißt es: „Musen und Grazien können immer die vertrauten und nützlichen Gespielen meiner Ueberstunden bleiben, Lieblingen derselben immer wärmer und inniger mein Herz entgegenschlagen. Ihre Werke werden immer einen unaussprechlichen, Sinn und Geist hinreißenden, über alles erhabenen Zauber für mich behalten" u. s. w.

Aber — da macht er die Bekanntschaft von Sophie v. Kühn.

Ich habe dieses höchst eigenartige Verhältnis zwischen ihm und Sophie v. Kühn eingehender bereits in meiner Monographie: „Novalis und Sophie v. Kühn" (E. W. Bonsels, München) behandelt. Besonders unter dem psycho-physiologischen Gesichtspunkte, auf den ich hier also nicht noch einmal näher und besonders einzugehen brauche, und hinsichtlich dessen ich auf diese Monographie verweise. Wohl aber ist es hier vonnöten, daß ich noch einmal auf das Charakterbild Sophiens eingehe, und es noch durch diesen und jenen Zug erweitere und vervollkommne.

Ich habe bereits in der erwähnten Monographie die so nüchterne wie oberflächliche und unhaltbare Auffassung und Beurteilung mit Entschiedenheit zurückweisen müssen, die, obgleich sie die Probe einer ernstlichen psycho-physiologischen Untersuchung nicht zu bestehen vermag, dennoch besonders in den jüngsten Biographien und biographischen Studien über das Verhältnis von Novalis und Sophie herrscht. Ich habe dort durchaus in Klarheit gerückt, daß eine Auffassung Sophiens als eines gänzlich unbedeutenden „Dingchens" und „Backfischchens" ganz und gar unzulässig ist; sondern daß wir es hier, ohne daß wir uns die geringste „poetische Schwärmerei" zuschulden kommen lassen, mit einer **weiblichen Ausnahmenatur** zu tun haben. Und ich habe gezeigt, wie wir uns weder durch die von den jüngsten Biographen mit Vorliebe zitierten unorthographischen Briefstellen und Tagebuchnotizen beirren lassen dürfen, noch auch durch das, was sie über den Verkehrston in Sophiens Familie und von dem Wesen ihres Stiefvaters, des Herrn von Rockenthien, berichten, noch auch von einer angeblichen späteren Erkältung von Novalis' Verhältnis zu Sophie. Ich habe in meiner Monographie unmißverständlich dargetan, daß es durchaus nicht angeht, Novalis' Liebe zu Sophie als einen romantischen Modeschwarm oder als „Wertherromantik" zu bezeichnen.

Im übrigen rekapituliere ich das ganze Verhältnis hier noch einmal — es ist für unseren Zusammenhang unerläßlich — und werde es also noch durch einige wichtige Züge erweitern.

Am 17. November 1794 kommt Novalis in Geschäften von Tennstedt nach Grüningen, hat bei dem Herrn von Rockenthien geschäftlich zu tun und lernt bei dieser Gelegenheit dessen dreizehnjährige Stieftochter Sophie v. Kühn kennen, um sofort den unauslöschlichsten Eindruck von ihr zu empfangen und die tiefste Neigung zu ihr zu fassen. Er kommt in der Folgezeit sehr oft zu den Rockenthiens und verbringt in ihrem Kreis mit

Sophie, besonders im Frühling und Sommer des nächsten Jahres, die seligsten Tage. Kurz darauf verlobt er sich mit ihr und erhält auch sogleich zu dieser Verlobung das Jawort seines Vaters.

Bedenken wir nun die soliden Eigenschaften, die Novalis von vornherein und von frühester Jugend her zeigt, bedenken wir ferner den ernsten und festen Charakterumschwung, in dem er seit seiner letzten Wittenberger Studienzeit beharrt; bedenken wir die Liebe und Sorgfalt, die er seinen Amtsangelegenheiten ohne Schwanken entgegenbringt, und bedenken wir weiter diese soliden, ernsten und sympathischen Einflüsse, die seine derzeitige Umgebung und die Persönlichkeit des Kreisamtmannes Just auf ihn üben; bedenken wir weiter noch, daß er ja die Einwilligung seines so strengen und praktischen Vaters vonnöten hat, der seit der Leipziger Zeit ein besonderes Mißtrauen gegen ihn hegt, ein Mißtrauen, das sich, wie wir wissen, bis zu Novalis' Tode nicht wieder verloren hat; bedenken wir, wie diese Einwilligung von dem alten Hardenberg sogleich erteilt wird: so wird es uns von Anfang an bereits völlig einleuchtend sein, daß diese Verlobung kein unbedachter Schritt sein kann, und in keiner Weise ein bloßer Schwarm und ein angenehmer Irrtum von Novalis' Empfindung. Vielmehr, sie wird ebensosehr bedacht sein, wie sie auf der stärksten und unmittelbarsten Neigung beruhen wird; sie wird also von Sophie das beste Zeugnis ablegen, und ein gutes, sicherlich auch für Herrn v. Rockenthien und seine Familie.

Dies alles und die Eindrücke, die wir damit bereits von Sophie v. Kühn empfangen, wird nun aber noch bekräftigt und befestigt durch verschiedene Zeugnisse, die wir über sie besitzen, und die uns von Novalis selbst, zumeist in seiner Korrespondenz, vermittelt werden; Zeugnisse von gewiß nicht zu unterschätzender Wichtigkeit.

Sie rühren zumeist aus der Zeit her, wo Sophie eines Lebergeschwürs wegen in Jena in klinischer Behandlung war und schwere Operationen zu bestehen hatte. Was Tieck uns gelegentlich über Sophiens Eindruck berichtet hat, wird uns, und wohl mit Recht, überschwenglich und romantisch übertrieben erscheinen; aber man muß schon sagen, daß jene Zeugnisse die Schilderung Tiecks und jede andere romantische Ueberschwenglichkeit nur beschämen, überbieten und in den Schatten stellen.

Novalis selbst schreibt damals von Jena aus, wo er Sophie besucht hat, an eine Bekanntschaft: „Unsere Sophie beträgt sich trefflich. Sie ist immer heiter und tröstlich." — Und er fährt fort (wie sehr und wie überwältigend muß sich gerade in dieser Zeit ihm ihr Wesen offenbart haben!): „Ich liebe sie fast mehr ihrer Krankheit wegen." Und ferner berichtet er: „Sophie hat eine völlige Eroberung an meinem Vater und meiner Schwester gemacht. Keine seiner Töchter liebt er zärtlicher, und seine Lieblingsunterhaltung ist sie geworden. Dies macht ihrem Eroberertalent um so viel mehr Ehre, da mein Vater seinen Jahren und seinem Charakter nach sich schwer zu ergeben pflegt." Diese Eroberung gibt uns allein schon ein Charakterbild von Sophie. Es gesellt sich aber zu ihr nun gar noch die andere, die Sophie an einem der gewiß größten Frauenkenner macht, an Goethe. Novalis berichtet: „... Der berühmte Goethe hat neulich ihre Bekanntschaft gemacht und scheint vorzügliches Interesse an der Kleinen zu nehmen." — Mit welch tiefer Kraft unmittelbarer Wahrheit ergreift uns ferner, was Novalis von ihrem Tod und ihrem letzten Wort berichtet! Es heißt da in einem Brief: „— Auf einmal schüttelt sie mit dem Kopf — lächelt und sagt: Ich fühl's, ich bin närrisch — ich bin nicht mehr nütze in der Welt — ich muß fort." — Das ist nicht das letzte Wort einer unbedeutenden Kleinen, eines Backfischchens: das ist das letzte Wort einer weiblichen Ausnahmenatur. Das ist ein Seelenwort, das uns mit einem Schlag die innerste Tiefe und die ganze Anlage einer bedeutenden Weibnatur lichtet. Was für ein Kommentar bedeuten diese letzten Worte zu dem persönlichen Interesse, das Männer wie Novalis' Vater und Goethe an Sophie genommen.

Vergegenwärtigen wir uns dies alles nun so eindringlich, wie es verdient, so wird uns ein anderer Ausspruch von Novalis sogleich den Eindruck unmittelbarster Wahrheit machen — von dieser und jener interessanten und kennzeichnenden psycho-physiologischen Nuance ganz abgesehen, die er bietet. Novalis schreibt gelegentlich in einem Briefe nach Sophiens Tode: „Es ist gewiß nicht Leidenschaft — i ch f ü h l e e s z u u n w i d e r = s p r e c h l i c h, z u k a l t (!), z u s e h r m i t m e i n e r g a n z e n S e e l e, daß sie eine der edelsten, idealischen Gestalten war, die je auf Erden gewesen sind und sein werden: die schönsten Menschen müssen ihr ähnlich gewesen sein. Ein Bild von Raphael in der Physiognomik hat die treffendste Aehnlichkeit von ihr, die ich noch fand, unerachtet es gewiß kein vollkommenes Bild von ihm ist." — Was diese letzte Andeutung von dem Reiz und der Anmut von Sophiens äußerer Erscheinung betrifft, so wird sie niemand übertrieben oder exaltiert finden können, der auch nur einen flüchtigen Blick auf das jüngstens so oft mitgeteilte Porträt von ihr wirft.

Also, ich wiederhole noch einmal: diese kleine Sophie war W e i b, und durchaus W e i b. Weib bis zum unbewußten physiologischen Genie. Und das ist der Schlüssel zu dem durchaus fatuellen Bann, den Sophie auf Novalis geübt, und mit dem sie ihn über die dunkle Scheidelinie nachgezogen hat.

Ich habe von der Empfängnis gesprochen, von der eigenartigen, unmittelbaren und unbewußten seelischen Komplikation, die Novalis an dem Kranken- und Sterbelager Sophiens empfangen, und die ihn in einem unmißkenntlich doppelbewußtheitlichen Seelenzustand kaptiviert und aufgerieben hat. Durch eine eingehend psychophysiologische Analyse des berühmt gewordenen Tagebuches, das er nach ihrem Tod geführt, und mit Berücksichtigung anderer besonderer und sehr interessanter Merkmale habe ich solchen Seelenzustand deutlich nachgewiesen. Nun, und durch diesen Seelenzustand hat ihn diese „Kleine" nicht nur zu dem großen Dichter werden lassen, der er ist, und als welcher er hoch über alle anderen Frühromantiker hinausragt, sondern hat sie ihm auch philosophische, religiöse und wissenschaftliche Erkenntnisse und Einsichten gezeitigt und gereift, die auch ihrerseits alles, was die übrigen Frühromantiker nach solcher Richtung leisteten, weit überragen, und über die wir heute von Tag zu Tag mehr staunen.

Es ist nun freilich zu berücksichtigen, daß es sich hier um eine Kaptiviertheit handelt, mit welcher Novalis seinem ganzen Wesen nach, man kann es nicht anders sagen, einverstanden war. Und doch: es ist dennoch — wir blicken hier in ein so tiefes, wie schönes, heiliges und furchtbares Geheimnis — nicht einzig die Tiefe seiner eigenen Seele und seines eigenen Bewußtseins allein, die sich in der Höhenperiode nach ihrem Tod aus ihm heraus entfaltet, sondern es ist zugleich die mystische Einwirkung eines anderen Bewußtseins, das idolhaft plastisch in seiner Seele von Sophie vorhanden ist, und das allen seinen damaligen Aeußerungen, also dem, was wir unter dem eigentlichen Werk von Novalis verstehen, eine so seltsame Tiefe, Eindringlichkeit, Spürkraft und ein so seltsames mystisch bezauberndes Melos verleiht, das er unter anderen Umständen wahrscheinlich kaum vermocht haben würde. Am deutlichsten wird uns das durch seine Dichtung werden ; aber auch durch einen großen Teil seiner mehr wissenschaftlichen „Fragmente".

Novalis schreibt in einem anderen Brief nach Sophiens Tode, anknüpfend an eine Stelle in einem früheren, wo er sagt: „daß wir dann endlich aufhören mögen für Sophiens Tage zu zittern, daß ich nicht mehr wie ein verzweifelter Spieler lebe, dessen ganzes Wohl und Wehe davon abhängt, ob ein Blütenblatt in diese oder in jene Welt fällt", folgendes: „Das Blütenblatt ist nun in die andere Welt hinübergeweht. Der verzweifelte Spieler wirft die Karten aus der Hand, und lächelt, wie aus einem Traum erwacht, dem letzten Ruf des Wächters entgegen und harrt des Morgenrotes, das ihn zum frischen Leben in der wirklichen Welt ermuntert. Je ängstlicher die Träume — desto näher die erquickende Frühe." — Und in einem anderen Brief aus dieser Zeit heißt es: „Gute T. — Bleiben Sie meine Freundin, solange ich noch auf dieser Welt bin. — Ich sehe sie, den Engel meines Lebens, meine Sophie, bald, sehr bald wieder. Verkürzen Sie dem einsamen S e h n s u c h t s - v o l l e n noch die Stunden, die ihn von sich selbst, vom ewigen Frieden trennen.".... „Sie glauben nicht, wie abgestorben ich mich fühle, — dennoch bin ich gewöhnlich ruhig, teilnehmend und fähig, alle meine Arbeiten zu machen. — Ich habe noch einiges zu verrichten — dann mag die Flamme der Liebe und Sehnsucht auflodern und dem geliebten Schatten die liebende Seele nachsenden."

In all diesem Zusammenhang ist das weder „Wertherromantik" noch ist es lediglich die Aeußerung eines Dichters; es verbirgt sich vielmehr hinter diesen Worten eine so und nicht anders gelebte Wahrheit.

Wir stehen hier vor einem völlig eigenartigen und merkwürdigen Seelenzustand.

Man bedenke nur jene Zweifel, die uns oben aufstiegen, ob Novalis nicht viel eher ein bedeutender Philosoph oder Wissenschaftler als ein großer Dichter geworden wäre? Die Gedichte, die er bis zum Jahre 1794 verfaßt hat, sind geradezu mittelmäßig; sie stehen kaum irgendwie in einem Verhältnis zu allem, was er Poetisches seit dem Tode Sophiens bis zu seinem eigenen geschaffen hat. Man darf sagen: wir befinden uns hier direkt vor einem Rätsel. Es wird uns jedenfalls außer Zweifel sein, daß Sophiens Zauber und der geheimnisvolle Bann, den sie auf Novalis geübt, es gewesen sind, die eine solche wundersame Wandlung bewirkten. Aber doch: so ohne jeden erkennbaren Uebergang eigentlich! —

Was besagt das eigentlich? Wir haben ja wohl schon oft von der Tatsache einer solchen „Inspiration" erfahren; aber wir haben uns begnügt, sie eben als eine solche zu bezeichnen, ohne uns weiter Mühe zu geben, zu wirklichem Verständnis eines derartigen Zustandes zu gelangen; und ohne zu ahnen, daß eine neuere vorgerücktere psycho=physiologische Wissenschaft uns hier positivere Aufschlüsse und Einblicke gewähren könnte. — Ich behaupte aber mit aller Zuversicht, daß sie uns tatsächlich den Zustand einer solchen Inspiration aus dem Gebiet der bloßen „poetischen Topik" und „Metapher" rücken und ihn uns als eine hochgesteigerte positive seelische **Wirklichkeit** darlegen und enthüllen kann.

Ich kann hier nicht noch einmal ausführlicher darauf eingehen, aber meine frühere Analyse von Novalis' Tagebuch mag mich erklären und rechtfertigen.

Ich las eine Bemerkung von Binz über diesen Gegenstand zitiert, nach welcher sich bei dieser Liebe von Novalis der Zug geltend mache, nicht bei seinen individuellen Gefühlen stehen zu bleiben, sondern sie zum Idealen, Ewigen zu erweitern. „Es ist die unendliche Idee der Liebe, Spinozas und Zinsendorfs Liebe, die sich durch ihn realisieren soll. Dieser Zug ist ihm ganz eigen: so wie er hier seine Liebe zu Sophie als eine allgemeine Liebe faßt, so faßt er später sein Christentum — und zwar ein Christentum höchst individueller Färbung — als allgemeine Religion überhaupt."

Gewiß ist diese Bemerkung von Binz sein. Dennoch aber kann uns die Art, wie sie sich zum Ausdruck bringt, nicht zufriedenstellen, weil sie den psycho-physischen Untergrund von Novalis' Zustand nicht gewahrt; die fatuellen Nötigungen, die Bedingungen und unterbewußten Direktiven des Zustandes nicht wahrnimmt; weil sie nichts wahrnimmt von den positiven seelischen Tatsachen eines hochgesteigerten, enthüllten **höheren seelischen Bewußtseins**; nicht bloß so des Intellektes und der Verstandessphären — was aber gerade auch sehr wichtig ist — sondern der **Ganzseele**, die in eine **Realität** erweiterter Daseinssphären gerückt ist, deren Tatsachen wahrnimmt und ihnen gewachsen ist. — Also, daß der Seher nicht bloß ein Phantast ist — dies ist immer nur erst ein komponierendes Versatzspiel des Intellektes — sondern daß seine Sensationen sich aus tatsächlich vorhandenen unterbewußten Vorgängen und Zuständen mit schmerzlicher Nötigung und aus so seltsamen beständigen Aengstigungen heraus gebären. — Um es drastisch zu sagen: hier ist ein so großer Dichter wie zum Beispiel Dante immer noch ungleich mehr Dichter, der nur erst noch Metaphern und Tropen reiht und ein kunstvoll verstandesgemäßes Spiel der Phantasie frei und selbständig aneinander reiht, auf Grund ruhigerer innerer Gesetze und Zustände, ich möchte sagen, mehr auf Grund eines mechanisch-mathematischen Vermögens der Phantasie; obgleich sicher gerade im Falle Dante auch jene unterbewußten, direkteren psycho-physiologischen Nötigungen ihre nicht unbedeutende Rolle spielen. Novalis aber ist in der Zeit zwischen Sophiens und seinem Tod — ich erinnere wieder an den klaffenden und fast unüberbrückbaren Widerspruch zwischen der dilettantischen mittelmäßigen Dichterei seiner Studentenzeit und der wundersamen und erstaunlichen Magie seiner nachherigen Dichtung — ungleich weniger Dichter, er reiht ungleich weniger mathematisch-logisch Tropen und Metaphern, sondern teilt uns aus den mystischen Aengstigungen eines unmittelbaren tiefen seelischen Erlebnisses direktere seelische Tatsachen eines höheren und diffizileren Bewußtseins- und Daseinsbezirkes mit. — Dantes etwaige „Pathologie" ist eine indirektere; die des Novalis eine ungleich direktere. — Ich habe in meiner erwähnten Monographie immer wieder auf die sonderbaren Heiterkeitszustände, Ekstasen und Aengstigungen hingewiesen, von denen Novalis kaptiviert ist, und die sich so gar nicht anders erklären laſſen, als durch das Vorhandenſein eines bis zum Idolhaften plaſtiſchen Nebenbewußtſeins, zu dem der Eindruck von Sophiens Tod ſein eigenes differenziert hat; jene Aengſtigungen, Heiterkeiten und Ekſtaſen, aus denen er ſo gar nicht oder doch, bei erſchöpfter Phyſis, nur anſcheinend herauskommt, denen er zwar bewußt ſich hingibt, denen er „zuſtimmt", aber eigentlich doch weit mehr ſich hingeben und zuſtimmen m u ß. — Ein übermenſchlicher Zuſtand, in welchem ſich ja ſicher wohl auch bereits die Myſtiker und Ekſtatiker früherer Jahrhunderte befunden haben werden, aber dennoch in nicht unweſentlich anderer Weiſe, denn ich ſagte ſchon, daß Novalis ein differenzierterer Myſtiker war; ſozuſagen ein „exakter", und einer, der ſich irgend einer neuen pſycho=phyſiſchen Identität auffallend und erſtaunlich genähert hat. Er lebte ſozuſagen den „Fall in allen Fällen"; er lebte direkt, was die alten Myſtiker indirekt, vag und unbewußt lebten: das myſtiſche Zuſammenſpiel des männlichen und des weiblichen Prinzips. Man kann wohl ſagen: der „Fall" der Myſtik und ihr Grundproblem ward an ihm akut und brennend, begann ſich zu enthüllen, begann vielleicht an ein endliches Reſultat, eine endliche Löſung des Problems dicht heranzuſtreifen, welches vielleicht in einer neuen, poſitiv=realen Einigung und Ausgleichung der Geſchlechter beſteht und eines Tages als ſolche ſich enthüllen könnte. . . .

Es iſt eine ſo auffallende Erſcheinung, wie ſich hier bei Novalis exakte Wiſſenſchaft und Myſtik nähern. Von zwei entgegengeſetzten Seiten, wie die Arbeiter von beiden Seiten eines Tunnels. Sollte etwa wirklich eines, vielleicht nicht zu fernen, Tages eine letzte Scheidewand fallen, und ſollte dann tatſächlich in einer Anzahl von

Individuen eine neu=normale, solchermaßen potenzierte und differenzierte Psychophysis vollendete Tatsache werden, Verwirklichung, Dauerfähigkeit und eine neue Lebensmöglichkeit gewinnen? ...

*

Um nun aber auf Sophie selbst wieder zurück=zukommen. — Wenn man sagt und gesagt hat, Novalis habe sie idealisiert, habe sie zum Anlaß genommen, ein Ideal von höherer Weiblichkeit zu konstruieren, so ist das ja wohl nicht unrichtig. Dennoch aber sagt es nicht das eigentliche. Man muß vielmehr mit allem Nachdruck und allem Bewußtsein betonen: S o p h i e w a r t a t =
s ä c h l i c h e i n e A u s n a h m e n a t u r!' — Und zwar war sie ein Reintyp des modernen Weibes, wie er sich in der langen Entwicklung gerade christlicher Kultur bis heute allmählich, im stillen, ausgebildet hat, um in unserer jüngsten Gegenwart zu einem Bewußtsein seiner selbst zu gelangen. Und das ist es gewesen, was Novalis gefühlt, erkannt, gelebt hat. Das ist der Bann gewesen, der ihn „kaptivierte", seine Seligkeit wie sein Fatum.

Ich hebe hier, wie schon früher in meiner Mono=graphie, nochmals hervor, daß die Inkonsequenzen und „Abkühlungen" in diesem Verhältnis, von denen man so viel Wesens gemacht hat, gar nichts besagen, und daß sie nur scheinbare sind. Und ferner, daß Novalis' späteres Verhältnis zu Julie von Charpentier gar nichts besagt und nichts von dem abzuändern und abzu=schwächen vermag, was ich oben ausgeführt habe.

Es versteht sich nun aber, daß, wenn wir hier von einem Reintyp moderner Weibheit sprachen, wir solchen Begriff nicht vorzugsweise, am liebsten aber in keinerlei

Weise, von einer modernen emanzipatorischen Richtung her füllen. Die sogenannte moderne „Emanzipation des Weibes" ist vielmehr eine hauptsächlich zivilisatorische Erscheinung; sie wächst als solche sicher auch mit organischer Notwendigkeit aus Verhältnissen der modernen europäischen Sozietät hervor — hat vielleicht sogar zum letzten heimlich und innerst treibenden Faktor neue Zuchtwahlzustände — ist aber in ihrer heutigen Ausbildung und Gestalt eher geeignet, einen reineren Begriff des modernen W e i b e s zu trüben, als ihn zu erhellen. Man muß sich neuerdings schon wieder und müßte sich, um die bedenklichen Auswüchse und Deformationen dieser Erscheinung zu hemmen, der physiologischen Diskussion zuwenden; und vor allen Dingen würde es von großem Nutzen sein, wenn man neben der Physiologie und den zivilisatorischen Gesichtspunkten die geistig-kulturellen Maßstäbe in Rücksicht zöge. Eine unvoreingenommene kritisch-historische Untersuchung, was das europäische W e i b nach all solcher Richtung seit der Renaissance bis hieher geworden ist, wäre vor allem notwendig und fruchtbar, ja wird sogar nachgerade unerläßlich sein! — Ich glaube kaum, daß wir bis jetzt eine derartige Untersuchung haben. — Welche Inspirationen und spontanen, ja direkt psycho-physiologischen Aufschlüsse könnten hier nicht allein schon die herrlichen Frauentypen des Leonardo da Vinci geben! Die dastehen wie leuchtende Prototypen und Urbilder, wie die Leitmotive für die ganze Weiterentwicklung des modernen Weibes; nicht nur soweit es einseitig sozietäres Individuum, sondern soweit es eben vor allem W e i b ist; das heißt, sexuelles und psycho-physiologisches Komplement des Mannes.

Der neueste Instinkt scheint hier zwar die Weibtypen Boticellis zu bevorzugen: ich halte das nicht für gut. Sie sind eine einseitige Verzärtelung des Weibbegriffes. Die Monna Lisa hat ungleich mehr von der Urmutter. Sie ist eine verfeinerte, doch ungleich rüstigere Genossin des Mannes als die Boticellische Aphrodite. — Der Weibtyp des Leonardo ist ungleich mehr als Aphrodite; er ist vor allem M a d o n n a. Und doch in einem ungleich anderen Sinn als bei Raphael und den übrigen Malern der italienischen Renaissance. Es ist eine Madonna, die aus den abstrakten Schönheits= und Andachtssphären der anderen in die unmittelbare Realität des Lebens und des Weibes gerückt ist; eine wirkliche, eine identische Madonna. Es ist eine unmittelbare Offenbarung einer neuen, gewordenen Psychophysis des Weibes; eines im reinsten Sinn c h r i s t l i c h e n Weibes. (Es versteht sich in unserem Zusammenhang natürlich überall, daß solche Eigenschaft nichts mit der positiven christlichen Religion zu tun hat.) Christlich auch in jenem tiefen Sinn einer Wiedergeburt des Fleisches, die man ganz gut auch als eine Metastase des Fleisches erklären kann und darf, ohne sich an die gewöhnliche Auslegung dieses Dogmas zu binden, die sicher noch nicht einmal in solchem Sinn die Meinung des Christus gewesen ist, oder wenigstens nicht allein. Dieser Typ des Leonardo ist so recht die vergeistigte, erhöhte, differenzierte weibliche Leibseele, die sich einer neuen Erfüllung ihrer uralten natürlichen Bestimmung nähert; so recht die zum „neuen Adam" gehörige „neue Eva". —

Also: nach solcher Richtung möchten wir verstanden werden, wenn wir hier vom neuen, vom modernen Weib sprechen.

Und so hat auch Novalis seine kleine Sophie da gelebt. Und er hat sie eigentlich nicht „idealisiert", sondern er hat lediglich die Eigenschaften, die sie einem jeden, der ihr die richtige Aufmerksamkeit zuwendet, sogleich als Ausnahmenatur kennzeichnen müssen, in aller Tiefe und in allem Umfang ihrer R e a l i t ä t aus dem wirklichsten, notwendigsten und stärksten Empfinden und Erleben heraus entwickelt.

Wem, der nicht mit philiströser Blödigkeit an ihren sonstigen Backfischeigenschaften kleben bleibt, müßte sie nicht, nach allem was wir von ihr wissen, als Reintyp einer modernen Eva gelten? Ich meine, wir dürfen diese kleine Sophie von Kühn getrost zu der Reihe der Edelweiber gesellen, von denen die Geschichte der deutschen Kulturseele aus jener Periode zu berichten weiß. Ja, vielleicht ist sie sogar eine von den wenigen, die im besten Vollsinn damals Madonna waren, oder die entschiedene Anlage zur Madonna besaßen; denn die meisten von den übrigen waren damals, unter dem Einfluß der französischen Revolution vielleicht, ungleich mehr Aphrodite und im edelsten Sinn Hetäre des Mannes, als Madonna, worüber wir uns sowohl im Kreise von Goethes weiblichem Umgang wie auch in dem der Frühromantiker sogleich belehren können.

Wir brauchen uns bloß an jene Tagebuchnotizen von Novalis, in denen er Sophiens hauptsächlichste Eigenschaften aufzählt, zu halten, um zu dieser Einsicht zu gelangen. Da ich sie in meiner früheren Monographie ausführlich kommentiert habe, brauche ich an dieser Stelle nicht noch einmal auf sie einzugehen. Ich wiederhole nur: Abgesehen von der sehr liebenswürdigen persönlich=menschlichen Art, die sie von Sophie offenbaren, bedeuten sie geradezu, bei all ihrer lakonischen Kürze, ein erschöpfendes Verzeichnis aller Tugenden, die wir an der „neuen Eva" schätzen. Auch über ihre, wennschon noch unentwickelten körperlichen Reize brauche ich mich hier nicht zu wiederholen. Sie ist so recht Eva im Backfischalter. — Alles in allem gelangt man sogleich zu der Ueberzeugung, daß sie in reichem Maße das „Genie" gehabt hätte, die prächtigste Mutter, Hausfrau, Genossin und Freundin des Mannes zu werden.

Ich möchte hier auch noch einmal auf das zurückweisen, was ich in meiner Monographie über die nicht geringe Bedeutung des Umstandes ausgeführt habe, daß Sophie in dem Milieu des jovialen Herrn von Rockenthien aufwuchs und lebte.

Ich füge meinen dortigen Ausführungen noch hinzu, daß diese Umgebung sicher dazu geeignet war, in Sophie jenen unbewußten sexuellen Humor, jene köstliche Unschuld naiver Sinnlichkeit zu entwickeln, die sie sicher zu nichts weniger hätte werden lassen, als zu der Hausglucke von sogenannter „deutscher Hausfrau", die wir mit Recht so sündhaft langweilig finden. — Eine glückliche Ehe ist eine ganz eigene und besondere Sache. Sie ist, wie jedes Ideal, da und — nicht da. . . .

III.

Novalis' Gedichte.

Christus und Sophie. — Novalis hat vom Christus direkt, außer in seinen „Geistlichen Liedern", sehr selten gesprochen. Und dennoch begegnen wir in jeder Zeile, die er geschrieben und gedichtet, dem Seelenbild des Christus; und in dunklen, doch erkennbaren Umrissen scheint es sich überall in seinem Werk als eine lebendige, fast ins Plastische drängende persönliche Anschauung darzubieten. Was aber Sophie anbetrifft, so gilt — außer in den Briefen und Tagebuchnotizen — von ihr fast das Gleiche.

Suchen wir die Umrisse dieser beiden Typen in solcher Weise von nun an aus Novalis' Werk selbst heraus zu erkennen.

*

Die Gedichte von Novalis' erster Periode, jedenfalls in den letzten Achtzigerjahren und in seinen ersten studentischen Semestern vor Wittenberg entstanden, sind eigentlich ganz ohne Wert und Belang, und verraten noch mit nichts seine spätere Individualität; den mehr artistischen Begriff der Meisterschaft wagt man sich bei Novalis kaum zu gebrauchen. — Wir finden diese Gedichte im 1. Band der von Meißner und Wille bei E. Diederichs erschienenen Gesamtausgabe unter der Rubrik „Vermischte Gedichte"; die dort noch fehlen, stehen in dem nachträglich noch erschienenen vierten Band.

Sie erinnern zumeist an die Art der Rokokoperiode, noch vor den Hainbündlern; an die Art, wie wohl die Ramler dichteten. Aber selbst gegen solche Art von Lyrik gehalten, fallen sie durch die Ungelenkheit der Sprache und des Rhythmus ab. Sie sind so recht Erstlingsversuche, und zwar eines nicht gänzlich ungeschickten Dilettanten; die indessen keinerlei Aussicht auf eine sich entwickelnde Eigenart verraten. Diese Gedichte sind, nochmals sei's gesagt, in Anbetracht der Einflüsse, die Novalis bis dahin bereits erfahren, und der späteren, die auf ihn einströmten, als diese Gedichte entstanden, fast unerklärlich und eine Art psychologisches Rätsel. — Kaum zu erklären ist zudem ein solcher Rückfall in die steife Form des früheren Rokoko; sowohl in Anbetracht von Novalis' ganzer Naturanlage als auch in Anbetracht dessen, daß die Klassik und die ihr vorhergegangene „Sturm- und Drang"-Lyrik bereits vorhanden war. Man müßte doch annehmen, daß nach der graziösen ersten Lyrik des jungen Goethe, welche die steife und verstandesmäßige Form des früheren Rokoko mit dem Element einer neuen Emotion so ganz in Grazie, Anmut und sonnigst bewegte Heiterkeit auflöste und so ganz in Wohllaut und Musik, eine Lyrik wie die des ersten Novalis gar nicht mehr möglich gewesen wäre. Aber es mag sein, daß die lyrischen Versuche, die wohl seine Mutter in ihren Mußestunden gemacht haben mag, oder daß der Geist, der im Hause seines repräsentativen und höchst wahrscheinlich im älteren Rokokosinn altschlächtigeren Oheims, des Landkomturs, bei dem der junge Novalis eine Zeitlang in Lucklum hauste, die Art dieser ersten, so anachronistischen lyrischen Versuche bestimmt haben mögen. Das wäre wenigstens eine Erklärung, die sich hören ließe. Ging doch offenbar wie bei Goethe so auch bei Novalis alles aus nächster Umgebung und Anregung unmittelbar hervor.

"Nein, Süßer's als die Liebe
Empfand kein Sterblicher,
Was hie' zuvor war trübe,
Wird durch sie lieblicher."

Wer sollte auch nur im entferntesten imstande sein, aus solch einer Stümperei das wundersam magische Melos der späteren Ofterdingen=Lyrik und der „Geistlichen Lieder" vorauszuahnen? Wer sollte nicht sogleich sagen: der Verfasser dieser bilettantischen Machwerke, da er im übrigen ein verständiger Mensch ist, wird über kurz oder lang die reimende Untugend resolut ein= für allemal aufgeben? Wodurch sie wenigstens einiges Interesse verdienen, sind diese und jene von diesen Reimereien, die uns einen nichts weniger als „sanften", „milden" und „seraphischen" Novalis verraten. Man wird wenigstens ein Gedicht wie das „An Laurens Eichhörnchen" mit nichts weniger als solchen Eigenschaften beehren können.

Was immerhin aber in den mit der Zeit etwas reiferen dieser Gedichte in Erscheinung tritt, ist ein gewisser Einfluß gerade S ch i l l e r scher Diktion. Das wäre aber auch das einzige von Wichtigkeit und Belang; und es wäre die einzige, freilich dürftige Notbrücke, die sich von ihnen aus zu Novalis' späterer Lyrik aus der Sophie=Periode herstellen ließe.

Eine interessante Erscheinung ist übrigens auch noch die spätere, daß die Gedichte, die Novalis in der Zeit seines Verhältnisses zu Julie v. Charpentier verfaßte, sich mit jenen ersten Versuchen in Vergleich setzen lassen. Sobald seine Dichtung jemals ihren eigentlichen Untergrund Sophie entbehrt, fehlt ihr sogleich ihr bester Wert. Zwar sind nun die Gedichte auf Julie sicher und gewiß ungleich wertvoller als die jener ersten Zeit vor Sophie, dennoch aber können sie billigerweise für nicht viel mehr gelten, als eine Art besserer Geburtstagskarmina, zu der man selbst im besten Falle die „Muse" mehr oder weniger „kommandieren" muß.

Nach solchen Dilettantereien nun aber mit einem Male diese Dichtungen, die zu den unvergänglichsten gehören, was deutsche Seele in deutscher Lyrik zu allen Zeiten geoffenbart hat: diese „Hymnen an die Nacht", diese „Geistlichen Lieder" und diese Ofterdingen-Gedichte!

Mich interessiert vor allem ihr Melos; und zwar nach seinem pathologischen, oder, wie ich lieber gleich sagen möchte, physiologischen Moment. Zwar: man weiß, was die „Hymnen an die Nacht" anbelangt, daß Novalis hier Vorbilder gehabt hat in Young und in den Ossian-Dichtungen. Allein, das erklärt noch gar nichts, erklärt jedenfalls hier nicht das Wesentliche. — Novalis könnte ja nun zwar hier nachgeahmt haben, aber man frägt: wie kommt es, daß jemand, der eben erst eine so unreife Lyrik, man muß schon direkt sagen, verbrochen hat, so ganz unvermittelt und plötzlich eine sprachlich so bis zur unmittelbarsten Magie vollendete Lyrik vermag? Man sollte meinen, wenn er sich schon an Young und Ossian angelehnt hätte, er müsse das einerseits viel direkter und dann sprachlich ungeschickter gemacht haben. Denn offenbar besaß Novalis durchaus kein artistisches Geschick nachzuahmen — seine ersten Versuche beweisen das bis zur völligen Evidenz. Aber er hat sich in Wahrheit auch gar nicht an Ossian oder Young angelehnt, sondern: er hat sich ihnen von dem gleichen Empfinden und Erleben her g e n ä h e r t; zudem sind ja auch nicht die gesamten „Hymnen an die Nacht" in dieser Art, sondern nur zum Teil. Der seiner selbst unsichere Nachahmer aber würde hier unwillkürlich viel konsequenter gewesen sein. — Ferner aber ist die Art der „Hymnen an die Nacht" und ist ihr Melos doch auch noch etwas recht anderes als die Ossian-Lieder oder die Art von Youngs „Nachtgedanken". Sie zeigen ein durchaus individuellstes Moment. Die Art und Stimmungsseele der Ossian-Gesänge ist ja gar nichts Individuelles. Ein außerordentlich geschickter Nachahmer hat hier lediglich die Stimmungsseele einer ganzen Rasse vollendet wiedergegeben. Und Young, dem Novalis übrigens sicher ungleich näher war, ist viel zu weitschweifig, wohl auch viel zu posiert und mittelbar, als daß er den Vergleich mit Novalis bestehen könnte.

Ich sprach also oben von dem physiologischen Moment in dem Melos der „Hymnen an die Nacht", wie dieser ganzen Lyrik von Novalis überhaupt. Um mich hier, an diesem sehr wichtigen Punkt, verständlich zu machen, muß ich wieder an meine schon öfters erwähnte Monographie anknüpfen und auf ihre ausführliche psycho-physiologische Analyse von Novalis' Tagebuch hinweisen. Auf sie und jene sonderbare Stelle des Tagebuches, mit der sein zweiter Teil, das eigentliche, beginnt. Sie hieß: „Früh mancherlei Gedanken über Sie und über mich. **Heiter und leicht.** Der Zielgedanke stand ziemlich fest. **Gefühl von Schwäche. Aber Extension und Progression.**"

In dieser lakonischen Notiz, die wie von einem physiologischen Experimentator unter seinem Experiment gemacht zu sein scheint, ist das Grundelement von Novalis' Melos enthalten; sie ist der Schlüssel zu dessen eigentümlicher Magie. — Ich habe gelegentlich jener Analyse des Tagebuches jenes „Gefühl von Schwäche", verbunden doch mit einer „Heiterkeit" und „Leichtigkeit", die „Extension und Progression" nicht ausschließt, eingehendst erörtert und physiologisch charakterisiert. — Es ist der Zustand eines **Trances**, eines seltsamen, „heiteren", tiefinnerlichst vibrierenden **Getragenseins**. Es ist ganz der gleiche Zustand, in dem wir uns zu befinden pflegen, wenn wir „übernächtig" sind; oder der einer der Momente der Agonie sein wird. Ein Zustand, der ganz plötzlich in sonderbaren **Aengsten** und **Aengstigungen** — die Novalis kennzeichnenderweise so oft in seinem Tagebuch notiert — akut werden, sich offenbaren und entladen kann. Es handelt sich im Fall von Novalis um eine sonderbare Art stiller „heiterer", „leichter" **Ekstase, die aber überhaupt bei ihm zu einer Art beständigen Normalzustandes geworden ist.** — In solchem Zustand befindet sich in Novalis' Fall eine erstlich ausgeprägt **religiöse** Natur; andererseits aber eine von sehr **wissenschaftlicher**, und zwar **differenziert** wissenschaftlicher Anlage, und drittens eine im Grunde zu heiterer Lebenserfassung disponierte und im Goetheschen Sinn **harmonische** Natur.

Wie ganz anders könnten wir uns die Aeußerungen

eines solchen Trancezustandes vorstellen! Wieviel wilder, wüster, satanischer oder auch unruhig kaptivierter, mit verzweifeltem, aber irritiertem Ringen von dem Zustand losstrebender; oder auch verkniffener, spintisierender, bohrender u. s. w. Unmöglich aber können sie sich bei einer Natur wie die von Novalis in irgend einer solchen Weise äußern! — Sie sind hier, gemäß der ganzen Anlage des Charakters, harmonischer und — ich möchte sagen, obgleich gerade heute dies paradox erscheinen wird — m ä n n l i c h e r, standhaltender, den Zustand ausholender und, von dem Punkte ab, wo derselbe als unabwendbar erkannt wird, männlich gefaßter und ergebener, dem Zustand gewachsener, in ihm schließlich heimisch wie in dem einer neuen psycho=physischen Normalität gleichsam. — Es ist eine so durchaus falsche Auffassung, daß sich gerade das Wesen des Mannes hier so tumultuös äußern müßte. Ein vornehmstes Kennzeichen von Mannheit ist Besonnenheit, Gefaßtheit und eine Geistesgegenwart, die sich jeder Lage, mag sie auch noch so ungewöhnlich sein, gewachsen zeigt. Und so zeigt sich Novalis. — Er spricht zuweilen von der sonderbaren „Kälte" seines Zustandes. Aber selbst wenn er nicht so ausdrücklich von ihr spräche, würden wir sie dennoch überall in seinen damaligen Aufzeichnungen sowohl, wie auch in seiner Lyrik unmittelbar wahrnehmen. Sie aber deutet auf das so wertvoll männliche Moment seines Zustandes hin, das sich andererseits ferner auch bestätigt durch die erstaunlich wissenschaftliche Art, mit welcher Novalis seine Stimmungen registriert.

Dies alles nun gehörig in Betracht gezogen, werden wir denn also zu dem Verständnis des Melos von Novalis' damaliger Lyrik gelangen.

Es zeigt eigentlich nicht sowohl eine „milde", „seraphische", „elegische" oder „sentimental-melancholtische" Note — die ganz verkehrte Tradition über Novalis: dazu birgt es viel zu schwere und bis zum Satanismus tiefe Fracht von Gedanken und Sensationen. Mögen hier und da diese oder die andere von solchen Eigenschaften vorhanden sein, so haben sie doch jedenfalls nichts weniger als das warme Blut ihres gewöhnlichen Affektes. Sie haben überhaupt keinen Affekt; oder sie haben zwar einen, aber einen durchaus ungewöhnlichen, übermenschlichen Affekt, vor dem der Normalmensch steht wie vor einem seltsam fremd vertrauten Wunder einer Offenbarung aus einer ganz anderen Welt. Dieses Melos trägt einen bis in die purpurnen Tiefen eines satanischen Pessimismus hinein und zugleich doch auch wieder bedeutet es und trägt es eine unerhört bejahende Fülle überschwenglicher Lebenswonne, eine Wollust ohnegleichen. —- Ja, es zeigt, so durchaus seltsam sich das anhören mag, einen dunkeläugigen, übermenschlichen H u m o r. Denn aller im höchsten Grad männliche Positivismus ist Humor; denn er ist die Sphäre eines in sich gebundenen letzten fatuellen Widerspruches. Dieser aber ist so eigentlich alles das, was der Mann zu tragen hat und zugleich alles und das eine, der Inbegriff von allem, was der Mann zu tragen hat. Und Mann sein heißt: gerade dies tragen und ertragen können. Jeder Positivismus lacht; in seinem Grunde. —

Das Melos von Novalis ist ein durchaus positives Melos; eine Unterworfenheit unter den Zwang des unentrinnbarsten Fatums, die zugleich auch schon wieder, wenn sie vollkommen und bewußt ist, die Eigenschaft persönlich-subjektiver und aktiver Fatualität ist, Fatum selbst und eine äußerste Macht von neuer Identität. (Wird dieses dereinst die neue Macht und Normalität des „Uebermenschen" sein, mit dem er aus dem Uebergangszustand der Pathologie heraustritt?) — Und das Melos von Novalis zeigt ferner alle psycho-physischen Elemente eines im besten Sinne männlichen J ü n g l i n g s, von einer durchaus zu positivistischer Weltauffassung vorbestimmten Naturanlage.

Das also wäre die Grundmagie von Novalis' Lyrik. Nebenbei: Novalis ist einer der außerordentlich wenigen deutschen Dichter, die Melos haben, und fast der einzige, bei dem einem dieser Begriff unwillkürlich und fast ohne weiteres auf die Lippen kommt. — Und: es ist das Melos eines Jünglings. Novalis war eine geradezu herrlich e i n h e i t l i c h e und in jedem Verstande w a h r e Natur. Man könnte sich gar wohl denken, daß, wenn Goethe in solchem Alter einem solchen Schicksal unterlegen wäre, er ähnliche Poesie mit einer ganz ähnlichen melodischen Note geschaffen haben würde. Nicht umsonst hat der alte „Olympier" über Novalis das Wort vom „Imperator" gesprochen! —

*

Wir gehen nun zunächst auf die „Hymnen an die Nacht" ausführlicher ein.

Sie sind von den übrigen Romantikern zwar ihrem dichterischen Wert nach geschätzt und anerkannt, dennoch aber — es könnte einen wundern — seiner übrigen Lyrik, insbesondere den „Geistlichen Liedern" nachgestellt worden. Man darf sie aber auch gar nicht auf einen irgendwie bewußt artistischen Kunstwert hin beurteilen. Tut man's, so verkennt man sie, und es entgeht einem ihr tiefster Wert und ihre intimste Wirkung.

Sie bestehen aus sechs Abschnitten. Die ersten drei dieser Abschnitte sind durchaus in rhythmischer Prosa gehalten. In den beiden größten, dem vierten und fünften, zeigt diese rhythmische Prosa sich durchsetzt mit einer ametrischen Form in einem Fall, und in dem anderen mit vier Stanzen und einem längeren Gedicht jambischer Form, das den Teil abschließt. Der sechste Teil besteht durchaus aus einem längeren Gedicht von jambischer Form, die eine sehr individuelle Bildung zeigt.

Solche Einteilung und anscheinend willkürlichere Form der „Hymnen an die Nacht", solche äußerliche Kompositionslosigkeit mag in etwas das erwähnte Urteil der Romantiker zu rechtfertigen scheinen. Es handelt sich übrigens um das der beiden Schlegel, von denen wenigstens August Wilhelm ein ausgeprägter Formalist und artistischer Feinschmecker war. Zu beachten wäre hier nun zunächst der Umstand, daß rhythmische Prosa und die strengere ametrische Form hier keinen so ganz strengen ästhetischen Unterschied zeigen. Man könnte gut und gern und ohne besondere Mühe die Teile, die in rhythmischer Prosa dastehen, zumeist in ametrischer Form ordnen. Das hat denn Novalis in einer späteren Bearbeitung der „Hymnen an die Nacht" (Band IV der Meißner-Willeschen Ausgabe) getan.

Wir sehen also: die Form der Dichtung scheint sehr willkürlich zu sein, und zudem in der Abwechslung ihrer einzelnen lyrischen Formen gar keine rechte organische Ordnung zu besitzen.

Doch scheint dies nur so auf den ersten Blick.

Sieht man genau zu und erwägt man alles, was ich vorhin schon über das Melos von Novalis und seinen physiologischen Untergrund ausgeführt habe, so wird erſichtlich ſein, daß wir es in dieſen „Hymnen an die Nacht" in der Hauptſache mit einer Improviſation zu tun haben. Improviſation m ü ſ ſ e n ſie unter allen Umſtänden und von v o r n h e r e i n ſein. Die Macht des wahrſten und tiefgelebteſten Inhaltes iſt ſo gewaltig, daß jede Art von bewußterer künſtleriſcher Form hier faſt ſo etwas wie ein Frevel und eine Unmöglichkeit ſein muß. Dieſes Empfinden und Erleben erheiſcht unbedingt, daß es ſeinen und n u r ſeinen Rhythmus hat, und daß es gar kein anderes und weiteres Medium duldet, als das ſeiner eigenen Form. Es ſchließt jeden artiſtiſch rangierenden Verſtand im weſentlichen von vornherein aus.

Die erſte Faſſung alſo zeigt im Beginn rhythmiſche Proſa; gegenüber der ſpäteren, die dieſe rhythmiſche Proſa in Ametra gebracht hat. (Dieſer und jener zieht dieſe ſpätere Ueberarbeitung der erſten Faſſung vor. Ich vermag dem durchaus nicht beizuſtimmen. Sieht man genau zu, ſo wird man ſie — wie's auch nicht anders ſein kann — ungleich matter, an den meiſten Stellen verſchlechtert, an ſehr wenigen beſſer finden. Alſo es iſt gerade umgekehrt: die erſte Niederſchrift verdient den entſchiedenſten Vorzug vor der ſpäteren Ueberarbeitung.)

Daß Novalis mit rhythmiſcher Proſa begann — und erſt ſpäter gelegentlich ſich in die gebundenere Form des Ametron fand — iſt ſchon aus einer mechaniſchen Rückſicht zu verſtehen. Schreibe ich nämlich ametriſch, ſo ſchreibe ich zumeiſt — wie man beſonders damals ametriſche Form noch ſtarr und einſeitig begriff — eine ganz kurze Zeile nach der anderen. Ich bin alſo jeden Augenblick genötigt, abzuſetzen und mit der Hand kurz überzuſpringen; eine ſonderbare zuckende und gebrochene, gleichsam jeden Augenblick geknickte Schreibweise. Das mag nun zwar angehen und weiter nicht so besonders störend sein, wenn man in mehr ruhiger und kalkulierender Stimmung dichtet; es wird einen aber aufs äußerste nervös machen und geradezu unerträglich und unmöglich werden, wenn man in einem direkt seherischen Trance eine ganze mächtige seelische Lebensfülle hinzuströmen hat. — Also kein Wunder, wenn Novalis unwillkürlich mit rhythmischer Prosa begann. (Wieviel sicherer übrigens dieser erste Trance war als die spätere verstandesmäßige Ueberarbeitung, wird man leicht erkennen, wenn man diese rhythmische Prosa im einzelnen mit ihrer späteren, kurzzeiligen ametrischen Fassung vergleicht.) Und wie sehr weist dieser Anfang auf den improvisatorisch-spontanen Charakter der Dichtung hin!

Wie kommt es denn nun aber, daß Novalis nicht konsequent in solch rhythmischer Prosa weiterdichtet?

Nun, der Charakter der Improvisation bedingt völlige Freiheit für den ausströmenden Inhalt. Aber solche Freiheit braucht durchaus nicht identisch zu sein mit einer statisch beharrenden monotonen Form. Alle durch den artistischen Verstand erzeugten Spielarten dichterischer Form beruhen doch auch wieder und sind Ableitungen, mathematisch-artistische Ausbildungen gewisser Grundformen und Grundartikulationen einer ursprünglichen und freier sich äußernden Emotion. Diese „Hymnen an die Nacht" aber besitzen eine solche Artikulation; und sie war hier offenbar bedingt durch einen wechselnden melodischen Grundcharakter d i e s e s dichterischen Trances. Die Elemente dieses wechselnden inneren emotionell-ursprünglichen Melos und Rhythmus werden sicher in diesem Falle aus dem Bereich von

Novalis bewußteren Kenntnissen artistisch ausgebildeter, dichterischer Formen sich in seinen Trance eingemischt haben, aber gehorsam dem wechselnden primitiveren emotionellen Rhythmus desselben; und halb unbewußt, ohne besonders bewußt artistische Wahl. Dieser emotionelle Wechsel des Rhythmus war sicher außerordentlich einfach; und vollzog sich nach dem gleichen Gesetz, wie etwa das Pathos eines fließenden Gewässers sich zu größeren oder kleineren Strudeln konzentriert oder differenziert. Nach dem inneren Gesetz dieses, hier also übrigens „pathologischen", dichterischen Trances strömte dieser bald ungezwungener, bald konzentrierte er sich mehr oder weniger, begann sich zu binden, zu wiegen, zu singen, zu akzentuieren. Sobald er aber diese Wendung nahm, strömte aus dem artistischen Formenvorrat des Dichters, ohne besondere Wahl, halb unbewußt und aufs Geratewohl irgend eine gebundene Form zu, brachte sich in Applikation, stellte sich zur Verfügung; zumeist war es das Ametron; aber es konnte sogar die Stanze sein, leichter fügte sich wohl die einfachere jambische Form.

So ist die Formkomposition der „Hymnen an die Nacht" zwar sehr differenziert, und dennoch eigentlich für die artistische Kompositionsart unbegreiflich, amorph, chaotisch, kompositionslos.

Daß die Form bei allem Charakter des unmittelbaren Trances immerhin so kompliziert und differenziert ist, das liegt an Novalis persönlichem Charakter. Es ist besonders auffallend, daß er jambische und trochäische Formen zu so häufiger, und allem Anschein nach halb unbewußter und unwillkürlicher Anwendung bringt; in all seiner damaligen Dichtung überhaupt.

Daß aber diese erste — beste! — Fassung der

"Hymnen an die Nacht" Improvisation sein muß, und wie sehr sie es sein muß, dafür haben wir sogar einen direkten Anhalt, der uns womöglich überhaupt zu dem Augenblick ihrer ersten Konzipierung hinleitet. Am 56. Tag nach Sophiens Tode schreibt Novalis in sein Tagebuch: "Abends ging ich zu Sophien. Dort war ich unbeschreiblich freudig. Aufblitzende Enthusiasmusmomente. Das Grab blies ich wie Staub vor mich hin. Jahrhunderte waren wie Momente, ihre Nähe war fühlbar, ich glaubte, sie sollte immer hervortreten" u. s. w. Damit vergleiche man das dritte Stück der "Hymnen an die Nacht", besonders die Stelle von "Zur Staubwolke wurde der Hügel, durch die Wolke sah ich die verklärten Züge der Geliebten" an.

Ich habe gelegentlich meiner obgedachten Analyse des Tagebuches nachgewiesen, daß Novalis zur Zeit, als er die eben zitierte Notiz niederschrieb, nach mehreren Tagen eines normaleren Zustandes, wieder in den Trance zurückverfallen war, und wie dieser Trance gerade an dieser Stelle einen ekstatischen Höhepunkt erreichte. Es ist wohl unzweifelhaft, daß Novalis bei jenem Grabbesuch die "Hymnen an die Nacht" empfing, und daß er sie in der folgenden Zeit, wo ihn der Trance wieder dauernd hatte, niederschrieb.

Die Konzeption, empfangen in jener halbhalluzinatorischen Vision oder Sensation vom in Staub zergehenden Grabhügel, die wir uns hier als allumfassenden Keim vorzustellen haben, wird eine ganze Fülle anderer und beigeordneter Sensationen unmittelbar umschlossen haben; die nicht so sehr ein freies und willkürliches Gedankenspiel waren, nicht Ideenassoziationen in einem solchen Sinn, sondern solche, die aus dem Unterbewußten empordrangen und kaum einer Möglichkeit sie zu hemmen oder mit künstlerisch-mathematischer Spielkraft zu ordnen Raum gaben; seherische Offenbarungen, die nicht so sehr solche eines D i ch t e r s sind, als vielmehr die ungleich notwendigeren und unwillkürlicheren des wirklich religiösen S e h e r s.

Das äußere Material all dieser Visionen und Sensationen wird ja sicher im Bereich dessen, was Novalis bisher an Wissen und Gedankenmaterial in sich gesammelt hatte, vorgelegen haben. Hier nun aber regelt, ordnet, und kombiniert es Novalis weniger mit freier Willkür, als nach Maßgabe jenes anderen in seinem Unterbewußten plastisch vorhandenen und nach dunklen psychophysischen Gesetzen entstandenen anderen Bewußtseins — eines in ihm vorhandenen Bewußtseins Sophiens, das einen unterirdischen Ausgangs-, Brech- und Koinzidenzpunkt bedeutet, der jenen Gedanken, Sensationen u. s. w. einerseits eine Kraft und Intensität gibt und sie mit einem Melos und einer Stimmung bindet, die sie sonst nie gehabt haben würden; und der ferner in einer Weise, aus allen ungeahnten Möglichkeiten des Unterbewußten heraus, kombiniert, wie Novalis bis dahin, als er selbst allein, dichterisch nie zu kombinieren und zu gestalten vermocht hätte.

*

Wir gehen auf Inhalt und Ideengang der „Hymnen an die Nacht" ein.

Alles Lebendige liebt das Licht; die Riesenwelt der Gestirne atmet es, der funkelnde, ewig ruhende Stein; die sinnige, saugende Pflanze; das wilde, brennende, vielgestaltige Tier; vor allem aber „der herrliche Fremdling mit den sinnvollen Augen", atmet es der Mensch. Es ist der Wirker ewig rastloser Verwandlungen und Bündnisse; es löst auf und baut. — Tiefer aber als das Licht ist die „heilige, unaussprechliche, geheimnisvolle Nacht". Zu ihr wendet der Dichter sich, die Brust voll tiefer Wehmut; denn die Welt des Lichtes ging ihm verloren. Sollte das Licht nie wieder kommen, zu denen, die seiner harren? — Aber was sind das für unaussprechliche Seligkeiten, die die Nacht ihm gewährt, zu der er kam? Und welche Augen öffnen sich hier, „himmlischer als jene blitzenden Sterne" der Tagwelt? „Weiter sehen sie als die blassesten jener zahllosen Heere: unbedürftig des Lichtes durchschauen sie die Tiefen eines liebendes Gemütes, was einen höheren Raum mit unsäglicher Wollust füllt." Denn die lieblichere Sonne als die des Tages ist, birgt ihm die Nacht: die Geliebte.

Unrast der Lichtwelt steht gegen den Frieden und die unaussprechliche Seligkeit des Nachtreiches.

Daß sie nie wieder käme, diese Lichtwelt. Das heißt, die Lichtwelt, die das Reich der Unruhe und der Rastlosigkeit ist. Daß das Reich des Friedens, der Stetigkeit dauerte: das Reich der Nacht! Daß ewig währte die Dauer des Schlafes, den wir fühlen in der goldenen Flut der Trauben, in des Mandelbaums Wunderöl und in dem braunen Saft des Mohns; und der des zarten Mädchens Busen umschwebt, und „zum Himmel den Schoß macht"; der uns aus alten Geschichten „himmelöffnend entgegentritt und unendlicher Geheimnisse schweigender Bote ist".

An einem Grabhügel ist sie über ihn gekommen, die „Nachtbegeisterung, Schlummer des Himmels"; und er war der Geliebten vereint. Und alles war dieser Augenblick. „Jahrtausende zogen abwärts in die Ferne, wie Ungewitter." Seit dieser Stunde erst fühlt er „ewigen, unwandelbaren Glauben an den Himmel der Nacht und sein Licht, die Geliebte".

Und nun weiß er, "wenn der letzte Morgen sein wird, wann das Licht nie mehr die Nacht und die Liebe scheucht, wann der Schlummer ewig und nur ein unerschöpflicher Traum sein wird". — Schon fühlt er diese himmlische Müdigkeit. Und: "wer oben stand auf dem Grenzgebirge der Welt und hinübersah in das neue Land, in der Nacht Wohnsitz: wahrlich, der kehrt nicht in das Treiben der Welt zurück, in das Land, wo das Licht in ewiger Unruh' hauset". — Noch zwar weckt ihn das muntere Licht zur Arbeit und flößt fröhliches Leben ein, aber es lockt ihn nicht mehr zurück "von der Erinnerung moosigem Denkmal"; von dem Grab der Geliebten. — Gern regt er sich, rührt sich, schaut sich um, und vollbringt, wozu die Lichtwelt ihn braucht, rühmt ihren Glanz, ergründet ihre Kräfte und das geregelte Wunderspiel der Zeiten und Räume; aber sein geheimes Herz bleibt der Nacht getreu und der Liebe. Denn was könnte die Lichtwelt ihm für sie bieten; womit könnte sie ihm ersetzen, was sie ihm bietet? — Wird nicht die Lichtwelt selbst erst von der Nacht getragen? Verginge sie nicht im Endlosen, wenn sie nicht von der Nacht gehalten würde? Ihn aber, der eher war als die Welt des Lichtes, und seinesgleichen sandte die Nacht, damit sie die Rastlosigkeit der Lichtwelt zu Ziel und Ende führten. Und schon: "in mir fühl' ich deiner Geschäftigkeit Ende, himmlische Freiheit, selige Rückkehr". — "Deine Wut und dein Toben ist vergebens. — **Unverbrennlich steht das Kreuz, eine Siegesfahne unseres Geschlechts.**" — Nur noch eine kurze Zeit und er liegt trunken im Schoß der Liebe. —

Und wie nun bereitete sich das Endreich der Nacht und der Liebe, das Reich der Seele durch die Zeiten her?

Ein eisernes Fatum herrschte in der Vorzeit. Die Welt prangte in Jugend und die Götter herrschten: doch das entsetzlichste aller Traumbilder, der Tod trat an die frohen Tische des Lebens, unterbrach mit Angst, Schmerz und Tränen das Lustgelag, und ewig fern von allem frohen Leben und den Geliebten dämmerten die Toten nur einen dumpfen, matten Traum, und das Reich der Nacht blieb unenträtselt.

Doch diese Welt neigte sich zum Ende. Die Götter starben. „Einsam und leblos stand die Natur. Mit eiserner Kette band sie die dürre Zahl und das strenge Maß. Wie in Staub und Lüfte zerfiel in dunkle Worte die unermeßliche Blüte des Lebens." Und „ins tiefere Heiligtum, in des Gemüts höheren Raum zog mit ihren Mächten die Seele der Welt, zu walten dort bis zum Anbruch der tagenden Weltherrlichkeit". Und es erhob sich der Wirker dieser Herrlichkeit, der Christ. Er ist es, der uns zum Reich der Nacht und der Liebe zurückführt. — Treu stehen zu ihm, gedenken seiner und ehren ihn, die ihn lieben. Und sie bleiben sein. Und: gehoben ist der Stein vom Grabe, erstanden ist die Menschheit, und alle, frei von Banden sind sie sein. — **Nun weint niemand mehr an einem Grabe vor Schmerz, der in Liebe glaubt.** Niemandem mehr kann die Habe der köstlichen Liebe geraubt werden. Denn das Leben schreitet nur immer und ewig zum Leben hin. Freigegeben ist die Liebe, und es gibt keine Trennung mehr; ein einziges unendliches Meer nur wogt die Fülle des Lebens; und alles ist nur eine einzige Nacht der Wonne.

Die Dichtung schließt ab mit einer „Sehnsucht nach dem Tode". Und war sie bisher unpersönlich, so klingt sie mit dem sechsten Teil p e r s ö n l i c h aus. Der Dichter selbst für seine Person sehnt sich nur noch, in der heiteren großen Gewißheit der Unendlichkeit und Unverlierbarkeit des Lebens, der „süßen Braut" nach und „Jesus, dem Geliebten".

Man hat um dieses Abschlusses willen die „Hymnen an die Nacht" ein Fragment genannt. Aber man versteht sie nicht, wenn man sie für ein solches ansieht. Sie sind vielmehr ein in sich abgeschlossenes, zu einer höchsten Steigerung und einem höchsten Aufschwung emporgeführtes Ganze; mit einem Anhang, einem persönlichen Epilog, als den sich das jambische Gedicht des sechsten Teiles darstellt. Die Komposition des Ganzen ist so klar und deutlich, wie einheitlich; und Beethovens neunte Symphonie kann keine wundersamere Steigerung haben.

Die Unrast der „Lichtwelt" wird zu dem Frieden des „Nachtreiches" in Gegensatz gestellt und in immer prächtigerer Entfaltung dieses Motives wird schließlich die Einheit dieser beiden Welten erreicht. Denn daß Lichtreich und Nachtreich im letzten Grunde als eines begriffen sind — die Nacht mit ihrem tieferen Licht, der Geliebten — und daß das Nachtreich nur der höhere, umfassendere, einheitlichere L e b e n s b e g r i f f ist, das muß jedem, der hier recht zu lesen versteht, klar sein. Man kann es noch deutlicher mit Rücksicht auf die im weiteren Verlauf einbezogene Gestalt des Christus und der historischen Entwicklung dahin fixieren: Das Nachtreich ist gleichbedeutend mit dem Reich des dritten Bundes, es ist identisch mit der chiliastischen Idee. Und diese Idee macht die letzte höchste Steigerung der Dichtung aus. Einen anderen und höheren Ausblick könnte sie gar nicht gewähren. Es ist durchaus nicht zu verstehen, wie man die „Hymnen an die Nacht" als Fragment bezeichnen kann. Der sechste Teil, das Schlußgedicht, muß hier mißverstanden worden sein. Aber man kann gar nicht anders, als es für einen dem Ganzen beigefügten persönlichen Epilog ansehen. Immer mehr war der Dichter in der eigentlichen Dichtung von sich selbst und seinem eigenen persönlichen Schicksal abgekommen. Jetzt hat er am Schluß die höchste Steigerung in der chiliastischen Idee und Tatsache gewonnen und damit zugleich Trost und Klarheit über sein eigenes, persönliches Schicksal. In solcher Stimmung kommt er denn also noch einmal auf dasselbe zurück. Er sieht das Reich der letzten Einheit und Vereinigung; aber er selbst kehrt zurück zu den beiden, durch solche Vision und Einsicht noch enger ihnen angeschlossen, die er ewig liebt, für die aber in dieser gegenwärtigen Lichtwelt selbst kein Raum mehr ist. Sein p e r s ö n l i c h e s Schicksal ist mit der ihm vertrauten und teuren persönlichen Eigenschaft und Erscheinung der beiden, Jesus und Sophie, auf das innigste und unzertrennlichste verknüpft und verwoben. Also nimmt er von dieser gegenwärtigen, hohen Erfüllungen zustrebenden Welt Abschied, um in die großen, „jenseitigen", anderen Zusammenhänge des all-einigen Lebens hineinzutauchen und d a zu sein, wo s i e jetzt sind. Dies geschieht aber nicht etwa in dem Sinn und der Stimmung einer R e s i g n a t i o n auf diese Lichtwelt und das dritte Endreich, denn jener Bereich, wo Jesus und Sophie sind, ist ja ebensogut dieses Reich, wie jene irdische letzte Vollendung, die der Menschheit bevorsteht; er sieht, weiß und fühlt ja die letzte Einheit a l l e n Lebens. Es findet sich nicht eine Spur von

Bitterkeit und Unausgeglichenheit in dieser ganzen Dichtung. Sie ist durchaus harmonisch, durchaus beseelt von dem Hauch einer übermenschlich-seherischen K r a f t und H e i t e r k e i t.

Dies alles nun aber hat die Geliebte ihm gegeben und erschlossen, und er, der Christ, den er liebt. Und vor allem: sie! Nicht der Herrnhutismus, nicht Plato noch Hemsterhuys: sondern sie, Sophie!

Unwillkürlich sucht man, wenn man die „Hymnen an die Nacht" gelesen hat, nach den einzelnen Realien und Komponenten ihrer Grundidee, all den differenzierten Tatsächlichkeiten, Wahrnehmungen und Erkenntnissen, die sich in ihnen zu einer synthetisch-seherischen Einheit und Vision zusammenschließen. Da muß man denn nun wohl sagen, daß wir das alles tatsächlich in den „Fragmenten" besitzen. Sie bedeuten so recht eine Explikation und Analyse der seherischen Synthese, welche die „Hymnen an die Nacht" darstellen. Wir blicken in die „Fragmente" nicht bloß so wie in ein großes Skizzen- und Vorstudienwerk zu einer etwaigen späteren wissenschaftlichen Leistung hinein, sondern wir blicken direkt hinein in das feinste, intimste und diffizilste Weben von Novalis' Seele selbst. Hier expliziert sich jene große Idee der Vollendung, hier tritt sie uns in Leben und Deutlichkeit; und das Leben selbst winkt uns mit tausend kleinen und großen, äußeren und inneren T a t s a c h e n die neue, frohe, letzte Botschaft zu ...

Aber davon haben wir später zu handeln.

*

Das Thema vom Endreich ist also in einem großen seherischen Präludium gleichsam zum erstenmal angeschlagen; nicht bloß so aus einem mehr logischen und verſtandesgemäßen Denkreſultat, auch nicht bloß aus ſo etwas wie einer „dichteriſchen Idee", die wohl ganz und gar den Charakter des „Impromptus" trüge, ſondern aus der intimſten und zwingendſten Notwendigkeit eines pathologiſchen, tiefſten Erlebens heraus; gleichſam aus einem unterbewußten, viertdimenſionalen Dialog zwiſchen der Seele des Mannes und des Weibes hervor, in welchem der Mann vom Weib die frohe Botſchaft von dem Ziel ſeines jahrtauſendelangen, mühevollen Lichtwerkes erfährt und von der Raſt und ewigen Harmonie im friedvollen Schoße der Nacht, der letzten Einheit des Mutterreiches.

Man ſieht, wie in dieſen „Hymnen an die Nacht" das Weib, die Geliebte bereits, mit der Nacht und dem Mutterreich identiſch genommen iſt. Sophie iſt hier, aus dem reinſten Typ und Wert ihres perſönlichen Lebens heraus, Nacht, Eva, Maria, Madonna geworden, und als ſolcher iſt ihr die Dichtung geweiht. Das unterliegt keinem Zweifel.

Dem Sohn nun aber, dem Chriſtus, iſt der Zyklus der „Geiſtlichen Lieder" geweiht.

Um ſie richtig zu verſtehen, müſſen wir ſie gleich in zwei Elemente ſcheiden. Einerſeits müſſen wir berückſichtigen und wahrnehmen, was der Chriſtus Novalis ganz perſönlich iſt: nämlich eigentlich etwas Altväterliches, etwa ſo etwas wie der Chriſt, der er der herrenhuteriſchen Brüdergemeinde iſt; ihm, dem Novalis, der in die nächſtbevorſtehenden Dezennien des angewandten, praktiſchen Hegelianismus gar nicht mehr hineinpaſſen würde mit ſeiner angeborenen, ſo adeligen T r e u e für die alte und altvertraute chriſtliche Tradition. Und zweitens müſſen wir berückſichtigen und wahrnehmen, was Chriſtus dem Novalis iſt, der als S e h e r in dieſer Zeit beginnender

Vollendungen steht, ja als solcher selbst über die nachherige Periode des praktisch-aktiven, zivilisatorischen Hegelianismus noch hinausragt in eine Kultureinheit, die sowohl ihn, den Seher, wie sie, die nachherigen Kämpfer und Praktiker in sich beschließt und eines Tages den schroffen Kontrast, den hier Vision und praktisch-zivilisatorische Evolution noch darstellen, v e r s ö h n t und ausgeglichen haben wird ...

Der Zyklus der „Geistlichen Lieder" besteht aus zwölf Gedichten. Wir werden ihnen auch noch die zwei „Marienlieder" beigesellen müssen, die ursprünglich für die geplante weitere Fortsetzung des „Heinrich von Ofterdingen" bestimmt waren; und gewiß auch die „Hymne", die eines seiner bekanntesten und meistzitiertesten Gedichte geworden ist.

Es heißt, daß Novalis geplant hat, doch wohl die im engeren Sinn „Geistlichen Lieder", zu einem Gesangbuch gesammelt und von Predigten begleitet herauszugeben. Und dazu wären sie denn wohl auch durchaus geeignet. Ganz herrenhuterischen Geistes voll, könnten sie getrost beim Gottesdienst gesungen werden. Sie sind von einer ergreifend unmittelbaren Inbrunst, wie sie in diesen neueren Zeiten nachher nur noch Sturm, Spitta und der Pastor Knack vermochten. Und sie sind in ihrer Mehrzahl so ganz eine persönlichste Aeußerung des damaligen Novalis, der sich in seinem Zustand, wie verständlich, ganz allem zuwendet, was ihm am allernächsten lieb und teuer, vertraut und an das Herz gewachsen ist: dem herrenhuterisch-elterlichen Geist und Wesen; und der sich, man kann wohl so recht sagen, in diesem Geist auch von den seherischen Ekstasen ausruht, die ihm einen zwar schleierlosen, aber doch auch wieder beängstigenden Blick geben. Jener persönlichste Novalis ruht sich hier aus, der die Strophe dichtete:

> „Was sollen wir auf dieser Welt
> Mit unsrer Lieb' und Treue?
> Das Alte wird hintangestellt;
> Was soll uns denn das Neue?
> O! einsam steht und tiefbetrübt,
> Wer heiß und fromm die Vorzeit liebt."

Jener Blick und jenes Sehertum sind doch auch wieder vag; seine Segnungen sind in der Ferne. Wirre Zeiten wilder Kämpfe müssen jenes Reich erst vorbereiten. In Deutschland soll der Junghegelianismus erst zertrümmern, was an altem Dogma und Symbol diesem Geist der Vollendung noch anhängt; und rauhe, blutige zivilisatorische Revolutionen sollen erst das soziale Fundament bauen, auf dem sich einst das Reich der Vollendung errichten soll. Was kann denn das alles seinem persönlichen Harm bedeuten? Der findet Frieden und Sicherheit allein im väterlichen Glauben und Bekennen, dessen tiefster, lebendigster und reinster Gehalt sich immerhin durch jenen seherischen Blick wieder erneuert, erfrischt und erst recht geklärt hat; so daß die alten Symbole, die im Leben der Gemeinde erstarrt sein mögen, sich von neuem füllen, beleben und bewähren. In diesen „Geistlichen Liedern" bis zu einem Grade, daß sie eigentlich weit über die Grenzen einer engeren Gemeinde hinaus jedem e i n z i g e n frommen Gemüt Erbauung gewähren können. Denn sie sind doch auch wieder ganz des menschlichsten und gottmenschlichsten Geistes voll, des Geistes der Liebe und des Sozietätsgefühles, das über Dogmen, Symbolen, Normen und Gesetzen steht, ihnen voranging und letzte Seele, Eigenschaft und schlechthin mystische und identische Religion ist.

In zweien dieser Gedichte aber ist der andere Novalis, der Seher des Endreiches. In dem Gedicht: „Ich sag' es jedem, daß er lebt" und „Wo bleibst du, Trost der ganzen Welt?" — Ganz im millennarischen Sinn ist die „Hymne" zu verstehen. Sie schließt sich eigentlich völlig an die „Hymnen an die Nacht" an. — Die beiden „Marienlieder", die Novalis den Vorwurf katholisierender Sympathien eintrugen, haben gleichfalls millennarischen Unterton und tragen das Gepräge des nahenden Mutterreiches.

Mit ihnen sind wir bei den Ofterdingen-Gedichten. Sie enthalten, wenn sie wohl auch an die reine Schönheit und Vollendung der „Geistlichen Lieder" nicht ganz heranreichen, dennoch das wundersamste, was Novalis gedichtet hat in dem „Gesang der Toten". Dies Gedicht ist durchaus vollkommen und übt einen Zauber, den nichts beschreiben könnte. Es faßt alle Seele und allen tiefsten Sinn der millennarischen Idee und des millennarischen Zustandes in ein festes und einheitliches Symbol zusammen und hat den mystisch gehaltenen Humor einer tiefen, dunkeläugigen Freude; es lacht so recht das innerste, das ganze Lachen jener Idee und der Frühromantik, das im Grunde kein anderes ist, als das neuerliche Endlachen des Zarathustra. . . .

IV.

Heinrich von Ofterdingen. Lehrlinge von Sais.

Der „Heinrich von Ofterdingen" ist mit Achim von Arnims „Kronenwächtern", wenn wir von Schlegels „Lucinde" absehen wollen, der hervorragendste Roman der Frühromantik. Beide Romane zeigen ein und dasselbe beachtenswerte Kennzeichen. Ihr erster Teil, ihr Anfang hält sich durchaus an die äußere Wirklichkeit und ihre Gesetze, während ihre Fortsetzung völlig in Mystik und Phantastik umschlägt.

Die Wiedergabe jener Wirklichkeit ist aber in beiden Romanen verschieden. Im „Heinrich von Ofterdingen" steht sie noch im näheren Zusammenhang mit der voraufgehenden Klassik und dem Rokoko; in den „Kronenwächtern" nähert sie sich unserer getreueren und differenzierteren, modernen Wiedergabe der Wirklichkeit. Bei Achim von Arnim setzt jene bedeutungsvolle Wende der Romantik mit ihrer Entwicklungstendenz zu unserem sensiblen Naturalismus ein, die in Th. A. Hoffmanns Romanen, von A. v. Arnim ab, eine bedeutsame Weiterbildung erfuhr.

Jedenfalls: die beiden Elemente Wirklichkeit und mystische Phantastik stehen in diesen Romanen noch unvermittelt und unverbunden nebeneinander. Man könnte das vielleicht als einen Mangel der beiden Romane bezeichnen, und man hat das wohl auch schon getan; andererseits aber muß man bedenken, daß unsere deutsche Frühromantik nicht minder als die spätere französische Romantik der Hugo, Gautier u. s. w. einen außerordentlich starken, bei unserer Frühromantik freilich ungleich mehr und tiefer in der Metaphysik und dem religiösen Trieb begründeten und aus ihm erwachsenden Sinn und Trieb für die poetische Wirkung des Kontrastes zeigt. So findet denn der ästhetische Dualismus der beiden Romane seine Erklärung, und kann also zugleich als ein notwendiger, organisch-entwicklungsgeschichtlicher, guter und richtiger Trieb der beiden Dichter bezeichnet werden. Daß es auf eine Fusion dieser beiden, so disparat nebeneinanderstehenden Elemente hinauswollte und -mußte, erkennen wir schon deutlich aus der Novellistik der späteren Romantik, deren Klassiker so recht Th. A. Hoffmann ist.

Wir möchten einen Augenblick bei dieser interessanten Erscheinung verweilen. Wir könnten sie als einen Stilansatz bezeichnen, der nicht bloß für die Entwicklung des Epos, sondern auch für die des Dramas von Bedeutung ist. — Zwar ist dieser Stilansatz einer rein künstlerischen Wirkung in den folgenden Dezennien des „Jungen Deutschland" und der zivilisatorischen Entwicklung nicht weiter ausgebildet worden, immerhin nähert sich aber eine rein künstlerische Synthese jener beiden kontrastierenden Stilelemente in der Linie Achim von Arnim, Hoffmann, Ludwig, Hebbel, Grabbe deutlich unserem modernen Naturalismus und bringt diesen mit der Frühromantik in einen interessanten Zusammenhang. Jene Stilelemente sind im Begriff, sich im Stilprinzip des Naturalismus zu vereinen und innig zu verschmelzen. Ja, in dieser und jener hervorragenderen Erscheinung des Naturalismus haben sie sich bereits verschmolzen. Die Wirklichkeit, in deren Empfindung wir Neueren so subtil sind, so bis zur sogenannten "photographischen Treue" — ein recht unglücklicher Ausdruck! Man sollte in ihr vielmehr eine erstaunlich ausgebildete und differenzierte **Gehirnfunktion und Nervenqualität** erkennen, die ganz und gar nicht "krankhaft" ist, sondern vielmehr längst so etwas wie eine organisch-seelische Neufunktion bedeutet — ist zu ihren Ehren gekommen. Aber das mystische Element — wenn es auch nicht mehr in disparatem Kontrast neben ihr steht — nicht minder. Und beide sind ineinander übergegangen; in dem Sinn, daß wir die Wirklichkeit, ganz im eigentlichsten Sinn der ersten Romantik, als ein **Wunder**, ein **Geheimnis** empfinden. Wir bringen das durch die "Stimmung" heraus; durch eine innigste und unmittelbarste beständige **seelische** Durchdringung der Wirklichkeit. Noch hat hier der Naturalismus sein Letztes und Erstaunlichstes nicht geleistet: aber die Ansätze dazu sind vorhanden; die Möglichkeiten treten bereits aus der Latenz. Und man darf erwarten, daß ihre fernere Ausbildung über kurz oder lang einen Kunststil erzeugen wird, der in seiner Weise genau so selbstverständlich, so identisch ist, wie es je vorher der Stil einer großen Kunst war. Es ist sehr die Frage, ob wir unserer Klassik einen solchen Stil von völliger Reinheit zusprechen dürfen. Ich glaube, es geht uns von Tag zu Tag mehr auf, daß die Goethesche Dichtung in ihren Elementen von Rokoko und Antike durchaus zu überwinden ist, wenn sie und mit ihr deutsche Dichtung zu einer rein m o d e r n e n Offenbarung gelangen soll. Und zwar wird sich solche Ueberwindung zu bewerkstelligen haben nicht nur durch das wesentlichste k ü n st l e r i s ch e S t i l - prinzip, sondern durch das geistige Prinzip unserer Früh- romantik überhaupt. Die Zeit dazu ist jetzt angebrochen.

Wir haben also jenes Nebeneinander von Wirklich- keit und mystischer Phantastik im „Heinrich von Ofter- dingen" jetzt verstanden und haben es als eine interessante und wertvolle stilistische Eigenschaft dieses Romanes er- kannt.

Im übrigen nun aber wird man nicht umhin können, — ganz im Gegensatz zu den „Kronenwächtern" — das Wirklichkeitselement im „Ofterdingen" als das schwächere zu bezeichnen. Der Roman beginnt uns eigent- lich erst zu fesseln, von Klingsors Märchen von Freya und Eros an; und wenn wir gar das Fragment und die Ent- würfe zu dem zweiten Teil lesen, so bedauern wir ganz und gar, daß Novalis diesen zweiten Teil nicht mehr hat zu Ende führen können. Ja, liest man dies Märchen und dieses Fragment des zweiten Teiles, so bedauert man eigentlich überhaupt, daß Novalis nicht den ganzen Roman in dieser mystisch-phantastischen Art gehalten hat. Wir hätten dann in unserer Dichtung ein unvergängliches Meisterwerk mehr, das alle Tiefen deutscher Seele, deutscher Religiosität und eines wundersamen mystischen Monismus in sich beschlösse.

Indessen: wir müssen den „Ofterdingen" jetzt schon mal nehmen, wie er ist; auch in dieser Gestalt wird er uns außerordentlich viel wert sein.

Man muß zunächst sagen: das Vorbild des „Wil- helm Meister" ist Novalis verhängnisvoll geworden.

Wenn man das freilich nun aber auch recht verstehen muß. Immer wieder muß betont werden, daß Novalis keine einseitige Natur war; und daß neben seiner Mystik ein sehr ausgeprägter Sinn für Wirklichkeit und ein sehr starkes Verstandesmoment steht; das eigentlich eine rein abstrakte, dunstig apokryphe Mystik nicht duldet, sondern darauf hinaus ist, die Erscheinungen der Wirklichkeit sehr diffizil zu erkennen, und in ihrer letzten Eigenschaft des Wunders und Geheimnisses zu erkennen; als offenbares und sinnfälliges Geheimnis, das unmittelbar und identisch sich durch und mit sich selbst enthüllt. Ein Moment, in dem — nochmal sei's gesagt — ein in Zukunft vollendeter Naturalismus durchaus latent und im Keim vorhanden ist!

Nun also aber: dieser andere, auf die Wirklichkeit gerichtete Novalis: unbedingt mußte er sich von Goethe und vom „Wilhelm Meister" angezogen und gefesselt fühlen. Der Novalis indessen, der so ganz in deutscher Art, Seele und Frömmigkeit wurzelt, konnte sich mit Goethe nicht mehr vereinbaren. Wie schade, daß es zwischen diesen beiden Eigenschaften zu keinem Ausgleich bei ihm kommen durfte!

Der „Wilhelm Meister" ist Novalis verhängnisvoll geworden. Der erste Teil des „Ofterdingen" ist von einer beinahe rührenden Simplizität. Aber es ist durchaus nicht etwa jene eigentliche romantische Simplizität, die in Tiecks Gedichten und Märchendramen zwar zuweilen ans Läppische streift, im übrigen aber doch einen ganz eigenen Zauber übt. Nein, sondern es handelt sich hier bei Novalis um Dilettantismus. Man vergleiche etwa, wie die Liebesszene zwischen Heinrich und Mathilde abfällt; wie sehr dürftig und ärmlich sie ist. Novalis kommt einem hier vor, wie ein großer Opernsänger in gewissen Opern älteren Stiles, der plötzlich anfängt zu sprechen. Das ist, als wenn ein Schwan nicht mehr schwimmt, sondern auf dem Ufer zu watscheln beginnt. Der Schwan, der große Opernsänger, Novalis: alle drei sind aus ihrem Element heraus.

Man hat nun zwar wenigstens die edle Sprache dieses ersten „Ofterdingen"-Teiles gelten lassen wollen: indessen auch mit dieser hat es sein Aber. Es fehlt ihr so sehr jenes magische Melos von Novalis' Lyrik und seiner Prosa, wo sie in mystische Phantastik übergeht. Sie ist seelenlos und steif, ja sogar posiert. Offenbar hat sich Novalis hier mit der Diktion des „Wilhelm Meister" jede Unbefangenheit verdorben. Das ist hier schon der Stil des späteren „Meister" in abstracto und à outrance. Für mein Gefühl ist diese Prosa des „Ofterdingen" bis zum Klingsor-Märchen minderwertig. Höchstens, daß man sie, wenn man an den Schwan und den Opernsänger denkt, rührend findet und über sie lächelt. Man fühlt immerhin: o, wenn er erst schwimmen und singen wird! —

Was nun diesen ersten Teil allenfalls noch retten könnte, wären wohl seine Reflexionen. Wenn schon sie unter allen Umständen eine Untugend bedeuten. Denn es ist schon ganz so, als habe Novalis hier den Dialog und sonstige Mittel des Romanes nur zur Gelegenheit benutzt, um über alles mögliche zu philosophieren und zu reflektieren. Aber den Inhalt dieser Reflexionen könnte man vielleicht anziehend finden. Doch man muß sagen, daß sie noch durchaus nicht die Rasse der „Fragmente" haben; hier, wo sie immer wieder bei den Haaren herbeigezogen werden. Es ist Novalis in solcher Hinsicht nichts weniger als die hohe organische Kunst des „Wilhelm Meister" gelungen, in dem der, welcher dieses Meisterwerk in seiner notwendigen individuellen Art versteht, jene Reflexionen um nichts entbehren möchte.

Alles in allem also: der erste Teil des „Ofterdingen" läßt einen unbefriedigt. Wenn man natürlich erstlich von den eingefügten, herrlichen Gedichten absieht, und ferner von der Erscheinung der Zuleima und später des alten Bergmannes, die, besonders mit dem Höhlenbesuch, in allerdings prächtiger Weise zu der nachherigen mystischen Phantastik überleitet. Wir dürfen auch nicht die schöne Episode von dem Sänger und der Prinzessin vergessen, die Heinrich und seiner Mutter unterwegs von den Kaufleuten erzählt wird.

Als Kunstwerk und Dichtung beginnt der „Ofterdingen" aber erst vom neunten Kapitel ab, wo Klingsor das Märchen von Freya und Eros erzählt.

*

Der Inhalt des Märchens ist folgender:

Wir befinden uns auf einem Berg, auf dem eine Stadt und ein Palast liegt, der dem König Arktur gehört. Eine — irgend eine — lange Nacht bricht an. Wir sind sofort in einem mystischen Milieu, in dem Raum und Zeit, wenn nicht aufgehoben, so doch in wunderlicher Weise verschoben erscheinen. Sobald diese Nacht angebrochen ist, schlägt „der alte Held" (Sinnbild des Eisens) an seinen Schild, daß es in allen Gassen der öden Bergstadt widerhallt. Alsbald fangen die hohen bunten Fenster des Palastes an, sich von innen heraus mit einem immer stärker werdenden rötlichen Licht zu erhellen, das allmählich alle Gassen erleuchtet. Auch der Palast selbst beginnt in der milchblauen Pracht seiner Gestalt sich zu erhellen. Ein mächtiger Schwarm von gewappneten Kriegern strömt von allen Seiten zusammen. Gekrönte Führer gesellen sich zu ihnen und werden ehrfurchtsvoll von ihnen gegrüßt. (Wird hier an „Ragnaröck" und an Walhall erinnert? — Es spielen im Märchen verschiedene Mythologien ineinander.) Die Stadt ist jetzt völlig hell, mit ihren glatten, durchsichtigen Mauern und ihren herrlichen Gebäuden. Vor den Fenstern der Häuser stehen zierliche Tongefäße mit mannigfaltigen Schnee- und Eisblumen. Ueber alles herrlich aber ist die fremdartige Pracht des Palastes selbst und seiner Gärten, die ausführlich und mit wunderbarer Anmut beschrieben wird.

Der alte Held begibt sich in den Palast und in den Saal, wo König Arkturs schöne Tochter Freya (die Sehnsucht) in seidenen Polstern auf einem Thron aus einem großen Schwefelkristall liegt. Ihre Mädchen reiben ihr emsig ihre zarten Glieder, die wie aus Milch und Blut zusammengeflossen erscheinen. Das reizende Licht, das von ihr ausgeht, erleuchtet den Palast. Sie liegt hier in Harm und Pein und frägt den alten Helden, ob er noch nichts entdeckt habe? Eros Ankunft ist es, der sie sich so qualvoll entgegensehnt. Ein prächtiger Vogel kündet das Nahen Arkturs an, der von der Kuppel des Saales herniedersteigt.

Der Vogel singt beim Nahen Arkturs dieses Lied:

„Nicht lange wird der schöne Fremde säumen,
Die Wärme naht, die Ewigkeit beginnt.
Die Königin erwacht aus langen Träumen,
Wenn Meer und Land in Liebesglut zerrinnt.
Die kalte Nacht wird diese Stätte räumen,
Wenn Fabel erst das alte Recht gewinnt.
In Freyas Schoß wird sich die Welt entzünden
Und jede Sehnsucht ihre Sehnsucht finden."

Zärtlich umarmt Arktur die Tochter und begibt sich dann auf seinen Thron, um den sich die Geister der Gestirne gruppieren. Dienerinnen bringen einen Tisch und ein Kästchen herbei, in dem eine Menge Blätter mit heiligen Sternbilderzeichen liegen. Ehrfurchtsvoll küßt der König diese Blätter, mischt sie, reicht einige Freya, die anderen behält er. Und nun sucht er, während eine sanfte, aber tiefbewegende Musik die Luft durchtönt, aus diesen Blättern und ihren Mischungen zu erfahren, was bevorsteht. Endlich findet es sich aus solchem Orakel, daß alles gut wird. Eisen wird aufgefordert, sein Schwert in die Welt zu werfen. Wie ein Komet fliegt es aus, um der Welt zu zeigen, wo der Friede ruht.

Wir verlassen jetzt Arkturs Palast und Freya, und das Märchen springt zu Eros über, der von Arktur und Freya erwartet wird.

Er ist ein schöner Knabe, der in einer Wiege schlummert und von Ginnistan (der Phantasie), seiner Amme, geschaukelt wird, die dabei seiner Milchschwester Fabel die Brust reicht. Eros und Fabel sind die beiden, auf die es in der Entwicklung der bevorstehenden Geschehnisse vor allem ankommt. Außer ihnen befindet sich in der Halle noch der Schreiber (der verknöcherte Verstand), der bei einer hellen Lampe ununterbrochen schreibt; und Sophie, die Weisheit, die Hüterin der Wahrheit, deren hohe Gestalt an einem Altar lehnt, auf dem sich eine dunkle Schale mit klarem Wasser (die Wahrheit) befindet. Aus und ein geht der Vater (der Sinn), der mit dem Schreiber viel zu unterhandeln hat und ihm diktiert. Wenn der Schreiber niedergeschrieben hat, reicht er die Blätter Sophie, die sie in das Wasser taucht; was von ihrem Inhalt nichts wert ist, verschwindet im Wasser;

manches aber bleibt stehen und wird glänzend, und diese Blätter werden dann von dem Schreiber in ein großes Buch geheftet. Er ist oft verdrießlich, weil seine Mühe ganz vergeblich war. Sophie spritzt von Zeit zu Zeit ein paar Tropfen von dem Wasser zu Ginnistan und den Kindern hin. Diese Tropfen werden, wenn sie Ginnistan und die Kinder berühren, zu einem blauen Dunst, in dem sich tausend seltsame Bilder zeigen. Berühren sie zufällig den Schreiber, so fallen viel Zahlen und geometrische Figuren nieder, die der Schreiber an einen Faden reiht und sich um seinen mageren Hals hängt.

Außer dem Vater kommt auch die liebliche Mutter der Kinder (das Herz) oft in den Saal. Sie ist immer beschäftigt und trägt immer ein Stück Hausgerät mit hinaus, worüber der Schreiber sich erzürnt.

Auf einmal aber bringt der Vater ein kleines eisernes Stäbchen mit herein, das er auf dem Hof gefunden hat. Der Schreiber entdeckt, daß es beständig nach Norden weist. Ginnistan biegt es, haucht es an, und es wird eine Schlange, die sich in den Schwanz beißt. Eros wird wach und berührt die Schlange. Sofort springt er rüstig aus der Wiege, daß alle erschrecken, und steht, von seinen langen goldenen Haaren bedeckt, mitten im Zimmer. Er hält die Schlange in der Hand, die sich ausstreckt und nach Norden weist. Eros wächst zusehends, und mehr und mehr.

Er begehrt von Sophie, aus der Schale trinken zu dürfen und erhält den Trank. Darnach bittet er Ginnistan um ihr buntes Tuch, das er sich um die Hüften bindet, und nimmt die feine Fabel auf den Arm, die unendliches Wohlgefallen an ihm findet und mit ihm zu plaudern beginnt; während Ginnistan anfängt, sich um

Eros zu schaffen zu machen. Sie ist sehr reizend und leichtfertig, schmiegt sich ihm bräutlich an und will ihn zur Kammer hin ziehen. Sophie aber winkt ernsthaft und deutet auf die Schlange. — Die Mutter tritt ein und wird von Eros umarmt. Der Schreiber rennt wütend fort. Auch der Vater kommt und liebkost Ginnistan, mit der er sich in die Kammer begibt. — Sophie geht die Treppe hinauf. Fabel beginnt mit der Feder des Schreibers zu schreiben. Alles ist aus seiner bisherigen Ordnung.

Nach einiger Zeit, nachdem eine Unterredung zwischen Eros und der Mutter zu Ende ist, kommen alle zurück. — Die Mutter trifft Vorbereitungen für ein köstliches Mahl, durch das Fenster sieht man blauen Himmel und die herrlichste Aussicht. Der Vater, der unten auf dem Hofe beschäftigt ist, ist mit Ginnistan, die ihm vom Fenster aus zuschaut, in verliebter Unterhaltung. — Nach einiger Zeit erscheint Eros in schöner Rüstung im Saal und bittet Sophie um Rat, wann und wie er seine Reise antreten soll. Der Schreiber, der ihm Reisepläne unterbreiten will, wird überhört. Sophie erklärt: Eros könne sogleich reisen, und Ginnistan solle seine Begleiterin in der Gestalt der Mutter sein, damit sie ihn nicht in Versuchung führe. Wenn er den König gefunden habe, werde Sophie kommen und ihm helfen.

Sie brechen auf, nachdem sie von Sophie gesegnet sind. Der Schreiber ist mit ihrem Aufbruch sehr zufrieden; nur die zurückbleibende Fabel ist ihm unangenehm.

Sie reisen zur Nachtzeit, während der Mond am Himmel steht. Der Mond, der Ginnistans Vater ist, und den Ginnistan lange nicht gesehen, ist ihr nächstes Ziel. Sie werden von ihm und seinem Gefolge: Ebbe, Flut,

Orkanen, Erdbeben, Regenschauern, Donner, Blitz, Wolken, Morgen, Abend und sonstigem Hofstaat auf das festlichste empfangen, bewirtet und unterhalten. In diesen Festlichkeiten und Spielen wechseln Anmut und Grausen in der mannigfaltigsten Weise. Schließlich aber, nach einem Schauspiel mit scheußlichen Gespenstern, brach plötzlich „aus dem dunklen Aschenhaufen ein milchblauer Strom nach allen Seiten aus. Die Gespenster wollten die Flucht ergreifen, aber die Flut wuchs zusehends und verschlang die scheußliche Brut. Bald waren alle Schrecken vertilgt. Himmel und Erde flossen in süße Musik zusammen. Eine wunderschöne Blume schwamm glänzend auf sanften Wogen. Ein glänzender Bogen schloß sich über die Flut, auf dem göttliche Gestalten auf prächtigen Thronen nach beiden Seiten heruntersaßen. Sophie saß zu oberst, die Schale in der Hand, neben einem herrlichen Mann mit einem Eichenkranz um die Locken und einer Friedenspalme statt des Szepters in der Rechten. Ein Lilienblatt bog sich über den Kelch der schwimmenden Blume; die kleine Fabel saß auf demselben und sang zur Harfe die süßesten Lieder. In dem Kelch saß Eros selbst über ein schönes, schlummerndes Mädchen hergebeugt, das ihn fest umschlungen hielt. Eine kleinere Blüte schloß sich um beide her, so daß sie von den Hüften an in e i n e Blume verwandelt zu sein schienen".

Als sie nach diesem Feste ruhen und Eros badet, bedient ihn Ginnistan. Eros glaubt in ihr seine Geliebte zu sehen und umarmt sie im Liebesrausch in ungestümer Zärtlichkeit. Ginnistan hat ihn mit bewußter Absicht verführt.

Währenddem — es wirkt, als ob infolge von diesem Fehltritt des Eros mit Ginnistan; aber es ist überaus wirksam, daß das weiter nicht gesagt wird, und die Szene und Handlung so urplötzlich wechseln — ist zu Hause eine traurige Veränderung vor sich gegangen. Der Schreiber hat unter dem Gesinde eine Verschwörung angestiftet. Schon lange hat er in heimlicher Feindseligkeit nach dem Hausregiment gestrebt. Die Mutter wird in eiserne Bande gelegt; der Vater bei Wasser und Brot eingesperrt. Die kleine Fabel, die den Lärm gehört hat, verkriecht sich hinter dem Altar, entdeckt dort eine Tür, öffnet sie, findet eine Treppe und steigt diese hinunter. Der Schreiber, der in das Zimmer stürzt, um sie zu fangen, findet sie nicht mehr und entdeckt auch nicht, trotzdem er in seiner Wut den Altar zertrümmert hat, die heimliche Tür.

Lange steigt Fabel abwärts, bis sie endlich an einer Sphinx vorbei zu den drei Schwestern (Parzen) gelangt. Hier wird sie gezwungen, Dienste zu tun. Sie muß in einem Nebenraum spinnen, während indessen die Alten in ihrem Raum weiterspinnen. Fabel hat aber inzwischen allerlei Geister herbeschworen, die die Alten mit fürchterlichstem Unfug zu belästigen beginnen. Die Alten heulen vor Schreck. — In diesem Augenblick erscheint der Schreiber und vertreibt die Geister. Fabel wird gerufen und darf nicht mehr weiterspinnen. Indessen ist den Alten die Lampe umgefallen, und sie haben kein Oel mehr. Fabel soll Taranteln herbeiholen, damit aus ihnen neues Oel bereitet werde. Aber Fabel entschlüpft aus der Höhle eine Leiter hinauf, die sie in Arkturs Saal führt. Von ihm darf sie sich die Leier des Eridanus erbitten, nachdem sie Arktur frohe Botschaft gebracht. Mit der Leier nun läuft Fabel über das Eismeer, an dessen Gestade sie ihre Mutter, Ginnistan, findet. Ginnistan, die ruhelos seit ihrem Fehltritt mit Eros, der inzwischen wild und unbändig in der Welt umherrast, umherirrt, liebkost Fabel und reicht ihrem Milchkind die Brust. Eros hat sich seit der Umarmung mit Ginnistan verändert. Er trägt jetzt lange weiße Fittige, und auf ihnen ist er Ginnistan entflohen, die ihn vergeblich einzuholen und zu finden versucht. Ueberall schweift er und richtet mit seinem Bogen schreckliche Verwüstungen an. Ginnistan hat hinterher die zu trösten, die er verwundet hat. Der Schreiber verfolgt die beiden mit entsetzlicher Wut. — Während Ginnistan das noch erzählt, kommt Eros. Fabel singt mit der Leier des Eridanus die beiden zusammen und Eros in Schlummer, und zudem eine Menge von Taranteln herbei, mit denen sie von dannen eilt. — Währenddem verlischt die Sonne. Fabel findet das Haus niedergebrannt. Die Mutter ist tot und auf einem riesigen Scheiterhaufen verbrannt. Fabel bringt die Taranteln den drei Alten, die von den Taranteln gepeinigt und schließlich aufgefressen werden. Fabel enteilt — mit der Schere der Alten, die aber auf den Eisenschild des Perseus zufliegt. Fabel bittet Perseus, mit ihr die Flügel des Eros zu verschneiden, damit das Werk vollendet werden könnte, und begibt sich dann zu Arkturs Palast. — Dort verkündet sie, was geschehen ist und geschehen wird. „Der Flachs ist versponnen. Das Leblose ist wieder entseelt. Das Lebendige wird regieren und das Leblose bilden und gebrauchen. Das Innere wird offenbart und das Aeußere verborgen. Der Vorhang wird sich bald heben und das Schauspiel seinen Anfang nehmen." Sie bittet Arktur um Turmalin, den Blumengärtner, und um Gold. Mit ihnen fährt sie auf Arkturs Wagen davon und befreit den alten Riesen, der bisher die Erde getragen.

Dann begibt sie sich in das Haus des Vaters zurück, wo sie Eros in Rüstung, ernster und edler, am wieder erbauten Altar bei Sophie findet. Ginnistan weint, über den Vater gebeugt, der auf einem Ruhebett liegt. Der verbrannten Mutter Asche hat Fabel gesammelt und überbringt sie in einer Urne Sophien. Darauf darf sie Eros wecken, der seinerseits sich zu Freya begeben und sie aufwecken soll. Darauf — durch eine sonderbare chemische Prozedur, die sie gemeinsam mit ihren Gefährten an dem Vater vornimmt, erweckt sie diesen und vermählt ihn mit Ginnistan. Alsdann eilt sie mit Eros zu Arktur und Freya, während die ganze Erde in einem herrlichen Frühling blüht, und die Vermählung zwischen Freya und Eros wird vollzogen. Der ewige Sinn hat sich wieder gerundet.

„Gegründet ist das Reich der Ewigkeit;
In Lieb' und Frieden endigt sich der Streit;
Vorüber ging der lange Traum der Schmerzen,
Sophie ist ewig Priesterin der Herzen."

So schließt das Märchen. Wir haben hier nicht Zeit, auf seine künstlerische Schönheit und Magie einzugehen, und ebensowenig, seinen auf das feinste, umfassendste und vielseitigste kombinierten Sinn auszudeuten; wie man aber auch seine Vorgänge und Allegorien im einzelnen auslegen mag — mit denen s e h r viel Realitäten angedeutet sind — so werden wir doch ohneweiters und ganz deutlich die Vereinigung von Freya und Eros als den Faden erkennen, der uns durch dieses zauberhafte Labyrinth, in dem alle Schrecken und alle Anmut in eine einzige tiefe Harmonie aufgelöst sind, in der hundert Nüancen sich versöhnen und ineinanderspielen, leiten kann. Diese Vereinigung aber ist gleichbedeutend mit einem neuen Arrangement zwischen Mann und Weib. Und dieses wieder ist deutlich als Sinn und Wesen eines nahenden „goldenen Zeitalters" erkannt.

Aber aus dem Gebiet der Allegorie hat ihn Novalis alsdann heraus und uns noch näher geführt, bereits in den Bereich der wissenschaftlichen Forschung hinein. Die Elemente der Allegorie fangen gleichsam an ernsthafter diskutiert zu werden, wennschon vorderhand noch in dem Gebiet des Märchens und in einer abstrakteren Weise, in den „Lehrlingen von Sais".

*

Ich will zu dem letzten Geheimnis des Seins vordringen; ich gelange nach einem langen, mühevollen Wege zu einer plötzlichen Vision, die wie ein gewaltiger Lichtblitz die feinst sich zuspitzende logische Sonde meines verwegenen Blickes abbricht und -- erfüllt? — Ja! Ich bin am Ziel! Ich bin an dem Punkt und an dem Augenblick angelangt, wo sich mir alles und das letzte erschließt; vermöge der Logik. Und doch: sie mußte also eine E m p f i n d u n g erzeugen, die alle „L o g i k" erstarren ließ! Denn, in demselben Moment, da ich vor dem „Ding an sich" war, wo ich vielleicht im Begriff war, völliger Vernichtung anheimzufallen — dank aller „Logik"! — fühlte ich, durchaus mystisch, mich auf das äußerste und gewaltigste — zu mir selbst zurückgeschleudert; war ich durchaus G e f ü h l, E m p f i n d u n g und — erkannte fühlend I d e n t i t ä t! Und da war denn also doch und dennoch ein lachender Siegespreis, den mir die graue, teuflische Führerin Logik blind und unbewußt im letzten Grausen meiner Vernunft vermittelte und zureichte.

Um das kurz auszudrücken: auf Kant folgte Fichte; und hinter ihnen erhob sich das dionysische Lachen der Frühromantik; aus dem grausten, fahlsten aller Zwielichte die neueste und lachendste der Morgenröten. Denn fürwahr! Noch nie hatte eine Morgenröte geistiger Kultur also tief gelacht; und — so offenbar das eigenste Doppellachen! . . .

Und diese „Lehrlinge von Sais"? Wie lösen sie sich so ganz aus Fichte hervor! Wie sind auch sie wieder diktiert aus der innersten, lachenden Seele jenes großen, dunklen Fichteschen — Objektivsten!

Eine „Resignation" über die „Postulate der praktischen Vernunft" hinaus; eine ganz n e u e Konzentration; eine erlöste Freiheit, die auch noch die Schlangenhäute jener Postulate — mit all ihren Dogmen, Theorien und ein= für allemal abgetanen Urväterhausrat als gute, alte, ach! denen, die ihrer noch bedürfen wie sehr notwendigen „Altenteile" hinter sich läßt! — Im Grunde genommen wenigstens; und trotzdem sich ja gerade die Romantik so angelegentlich, aber doch eigentlich mit welch interessanter elegischer Stimmung bis Hegel hin noch mit ihnen beschäftigt. — Hinten die Gestalt des Gekreuzigten, der „Fluch" und der unwiderrufliche Herrscher derer, die ihn einstmals ans Kreuz schlugen: der Völker der Mittelmeerkultur. Und vorn, in der Zukunft, die webenden Umrisse eines Erstandenen und Lebendigen, Werdenden, und die Vision seines „Reiches" und „goldenen Zeitalters", in dem der Tod mit dem Leben seine lachende Versöhnung geschlossen haben und seinen lachendsten Reigen tanzen wird; im Licht allen Lichtes, im „Himmelreich", im Mutterreich der — Nacht!

Denn wieder ist dies der heimliche, dunkelfreudige

Unterton dieser „Lehrlinge von Sais": das „goldene Zeitalter". Und was den Christ=Janus anbetrifft, so blickt er in dieser Dichtung von Novalis nur nach diesem seinen Reich und seiner lebendigsten werdenden Zukunft hin.

Flüchtig taucht seine Vision und die Vision dessen auf, der ihm die Wege bereitete. Aber sie haben die Pein ihres Martyriums und schmachvollen Todes hinter sich. „Eins war ein Kind noch", heißt es. „Es hatte große dunkle Augen mit himmelblauem Grunde, wie Lilien glänzte seine Haut und seine Locken wie lichte Wölkchen, wenn der Abend kommt" ... „Es lächelte unendlich ernst, und uns ward seltsam wohl mit ihm zumute. Einst wird er wiederkommen, sagte der Lehrer, und unter uns wohnen, dann hören die Lehrstunden auf. — Einen schickte er mit ihm fort, der hat uns oft gedauert. Immer traurig sah er aus, lange Jahre war er hier, ihm glückte nichts, er fand nicht leicht, wenn wir Kristalle suchten oder Blumen. In die Ferne sah er schlecht, bunte Reihen gut zu legen wußte er nicht. Er zerbrach alles so leicht. Doch hatte keiner einen solchen Trieb und solche Lust am Sehen und Hören. Seit einiger Zeit — vorher, eh' jenes Kind zu uns in den Kreis trat — ward er auf einmal heiter und geschickt. Eines Tages war er traurig ausgegangen"... „auf einmal wie des Morgens Dämmerung kam, hörten wir in einem nahen Haine seine Stimme. Er sang ein hohes, frohes Lied" u. s. w.

Wieder die Idee des „dritten Reiches". Es wird zwar kaum direkt in den Gesprächen der Lehrlinge von ihm gehandelt; aber immer vernehmen wir seinen Unterton, und hier und da schwillt er an und tritt an die Oberfläche. Alles läuft auf ihn hinaus und hat zu ihm seine heimliche oder offene Beziehung. Und das macht den ganz eigenen und diskreten Reiz der Dichtung aus. Von unbeschreiblicher Anmut und hohem Tiefsinn aber ist es, wie sich an einer Stelle ihr eigentliches Geheimnis entschleiert; ganz zufällig und absichtslos. Von ungefähr kommt ein schöner lachender Knabe gelaufen, einer von den Lehrlingen, um den erzählenden Lehrling, der in tiefe Gedanken versunken ist, zu Freude und Frohsinn hinzulocken. Und er versucht es mit dem lieblichen Märchen von Hyazinth und Rosenblütchen. Diese beiden sind befreundet und lieben sich; Hyazinth aber, in Tiefsinn und Sprödigkeit versunken, trachtet nach anderen Dingen, als die Liebe Rosenblütchens. Er wandert nach Sais, um den Schleier der mystischen Jungfrau zu heben. Er hebt ihn, und hinter ihm taucht Rosenblütchen hervor und sinkt ihm in die Arme.

Also wieder enthüllt sich als die Seele des „dritten Reiches" das Verhältnis von Mann und Weib.

Doch welch eine Liebe und welch eine Ehe! Und wie vertieft! — Alles enthüllt sich mit ihr, was Mystik ist. — Und was für ein Apparat gehört dazu! Auch hier, in der Novelle.

Alles spitzt sich in ihr zu auf das Verhältnis von Hyazinth und Rosenblütchen. Aber erst der lange, lange, mühsam saure Weg des Geistes; das Denken des Meisters und der vielen Lehrlinge; Naturbetrachten und Naturerforschen! Erst die disparateste Individualität, die in gegenseitigen Widerstreit, in der Disharmonie der Hypothesen, Theorien und Ideen sich befehdet, trennt, verbindet, ergänzt und nur ein einziges gemeinsames Fundament hat: Sais. Und das heißt im Grunde der Begriff aller individuellen Freiheit und Forschung.

Daß in dem Meister der Novelle dem Geologen Werner, von dem Novalis in Freiberg starke Anregungen erfuhr, ein Denkmal gesetzt ist: das zu eruieren, zu kommentieren u. s. w. wollen wir den Germanisten überlassen; auch ihre sonstigen ästhetischen Bedenken und Bemänglungen wollen wir ihnen hier schenken. — Wir aber wollen sagen: so wie die Novelle dasteht, ist sie vielleicht nicht formalistisch und im Sinn einer äußeren Komposition so tadellos wie ein platonischer Dialog, im übrigen aber ihrem Gehalt und ihrer Sprache nach edel trotz eines solchen. Hier ist auch zum erstenmal der Stil der Klassik und das Studium der Goetheschen Prosa Novalis fruchtbar geworden, und er hat ihn völlig und sehr eigenartig mit seiner eigenen Individualität zu durchdringen verstanden.

*

Wie haben wir nun die Idee vom „dritten Reich" bisher bei Novalis sich entwickeln gesehen? — In den „Hymnen an die Nacht" ist es das Mutterreich der Nacht, das das Reich und die Welt des Lichtes und seiner Unruhe ablösen wird; und seine Seele, die beiden Pole, von denen aus es sich enthüllt, sind die Janusgestalt des Christus und die Gestalt der Geliebten, des Weibes, Sophiens. Diese beiden Gestalten — immer wieder derselbe Mann- und Weibtyp! — sind ferner auch die Seele der „Geistlichen Lieder" und der „Marienlieder", in denen sie ihre Doppelseitigkeit zwar auch bewahren, doch so, daß sie Novalis selbst zum Alten, zur Rückverwandlung, sich nach in den Tod ziehen.

In diesen Dichtungen ist die Idee durchaus dithyrambisch oder lyrisch. Ihre Umrisse sind gleitend und unbestimmt, nur erst ahnungsvoll. Aber bereits im Klingsor-

Märchen des Ofterdingen fängt sie an, sich zu differenzieren, gewiß zu werden, sich uns zu nähern. Dieses Märchen beginnt die Idee des „dritten Reiches" in ihren einzelnen Elementen anzudeuten; wir gewahren hier Mythologie, Religion, Philosophie, Ethik, Naturwissenschaft, ja selbst Chemie (ich erinnere an die Wiedererweckung des Vaters durch die Chemie), und wenn schon auch nur erst noch dunkel, ahnen wir doch, auf was alles für bestimmte, sichere, handgreifliche Realien die Idee bei Novalis sich gründet.

Die „Lehrlinge von Sais" sind bereits wieder um eine Nuance deutlicher. Man könnte sagen: all jene Elemente der Allegorie beginnen hier diskutiert zu werden. Das trifft zwar nicht in einem direkten Sinn zu; aber dennoch zielen ja alle diese philosophischen und wissenschaftlichen Gespräche des Meisters und der Lehrlinge offenbar auf den Zustand des „dritten Reiches" hin. — Als eigenster Sinn der Novelle und des „Reiches" also aber enthüllt sich das Märchen vom Hyazinth und Rosenblütchen. Hyazinth enthüllt, als der einzige, den Schleier. Also muß ja doch der Dichter wohl meinen, daß alles auf das hinausläuft, was Hyazinth und Rosenblütchen miteinander erleben und auf die Erneuerung der Mannheit und Weibheit und ihre neue Verbindung.

Die „Lehrlinge von Sais" bedeuten mit alledem so recht die Ueberleitung zu den „Fragmenten". — Ob die Werke von Novalis von uns bisher in chronologischer Folge behandelt sind oder nicht, ist ja gleichgiltig. So jedenfalls ist ihr Klimax. Und der Gipfel dieser Klimax sind die „Fragmente".

V.

Die Fragmente.

Ich sage nochmal, daß die „Fragmente" als ein ausführlicher, explizierender Kommentar zu den „Hymnen an die Nacht", den sonstigen Gedichten, dem Klingsor=Märchen und den „Lehrlingen von Sais" angesehen werden dürfen. Alles, was die bisherigen Werke von Novalis nur erst dunkel dithyrambisch, lyrisch oder allegorisch andeuten, das enthüllt sich uns hier als eine überaus reiche und diffizile Fülle aktuellster Wirklichkeits=probleme, die die deutsche Seele von der Klassik an das ganze 19. Jahrhundert hindurch bis in unsere Gegenwart hinein auf das brennendste beschäftigt haben.

Ich weiß, daß eine solche Auffassung der „Fragmente" eine bis daher gänzlich ungewöhnliche, ja vielleicht für viele eine unerhörte ist. Dennoch aber denk' ich, daß sie ganz ungezwungen ist und die „Fragmente" durchaus organisch in das übrige Werk von Novalis einfügt.

Sie haben ja sicher keinerlei Disposition, weder nach einer Idee des „dritten Reiches" noch nach sonst einer

Richtung hin. Es sind völlig aphoristisch nebeneinander gestellte Reflexionen; so recht ein Chaos dionysischen Denkens, eine Art von wissenschaftlichen Saturnalien. Dennoch aber werden wir, sobald wir genauer hinsehen und sie einem wirklich eindringlichen und liebevollen Studium unterziehen, deutlich wieder jene unsere beiden Pole erkennen können, und schließlich eine einzige leitende, wie genial und erstaunlich durchgeführte Grundidee als Achse und so etwas wie eine Art kompositionellen Momentes wahrnehmen. **Die Grundidee einer neuen werdenden Psychophysis!** — Hier wird nicht mehr dithyrambisch-seherisch geschwärmt, hier ist keine Ekstase mehr: sondern hier wandern wir, um Maeterlincks trefflichen Ausdruck zu gebrauchen, „auf den eisigen Felsgraten des Gehirns".

Eine neue Psychophysis: alles spitzt sich hier auf sie zu, zielt auf sie hin. Sie ist der Koinzidenzpunkt, in dem sich alles eint; die ganze verwirrende und erstaunliche Fülle von Gesichtspunkten, Ideen, Materien, Lebens- und Erkenntnisfragen und -Gebieten, die hier behandelt wird.

Immer wieder tauchte mir unter dem Studium dieser „Fragmente" ein und derselbe Eindruck und Gedanke, eine und dieselbe Impression auf; ganz unwillkürlich. Alles spitzte sich mir, unwillkürlich, immer wieder auf die sonderbare Frage zu: Sind die missing link nicht die Diskussion des kommenden, werdenden Neutyps? Und sie wandte sich wohl auch ins Chemische: Sind die chemischen Vorgänge in der Retorte nicht die Diskussion der werdenden neuen chemischen Verbindung? Und gerade dieser letzte Vergleich war es, der sich immer einstellte.

Ich möchte tatsächlich die „Fragmente", um damit ihres innersten und fruchtbarsten Wesens habhaft zu werden, eine solche Diskussion nennen. Denn es handelt sich in der Tat hier nicht bloß um eine, mehr oder weniger „la science pour la science", bloß abstrakte, theoretische Bemühung; es handelt sich hier selbst nicht bloß um eine sehr erstaunliche Vorausahnung, oder vielleicht auch schon Begründung neuer vollkommenerer Wissenschaftlichkeit; sondern diese „Fragmente" stehen ganz im Zeichen einer individuellen Selbsterforschung und Ich-Ergründung, deren sonderbar „pathologischen", beziehungsweise durch die „Pathologie" differenzierten Inhalt ich hier wieder, im Sinn meiner früheren Novalis-Monographie, betonen möchte. — Sie könnten also zugleich begriffen werden als ein persönlich-individuelles, psycho-physisches Werden und zugleich als das Werden eines derartigen Types; sie sind nicht etwas Abstrakt-Wissenschaftliches, sondern sie sind etwas durchaus Lebendiges und Kompliziertes. Sie sind wissenschaftliche Theorie und unmittelbares organisches Werden zu gleicher Zeit. Sie sind das Fichtesche Ich, das beginnt diskutiert und in seiner Psychophysis expliziert zu werden; sie sind sein Werden. Es ist die Psychophysiologie des werdenden Neuen.

Und mit solchen Eigenschaften sind die „Fragmente" in unserer Literatur etwas ganz Einziges und Unerhörtes;

und sie sind zugleich der unmittelbarste geistige Extrakt der Seele unserer deutschen Frühromantik.

Gewiß nun sind ihre wissenschaftlichen Gesichtspunkte im einzelnen noch naiv, wohl auch dunkel, wohl auch gar dilettantisch — obschon sie, alles in allem, nicht bloß eine erstaunliche Divination dartun, sondern auch erstaunliche, rein wissenschaftliche Qualitäten besitzen, von denen unsere heutige Wissenschaft immer noch viel Anregung bekommen und lernen könnte — aber gerade diese „Mängel" machen sie zu dem Wichtigsten, was sie sein können: zu einer **individuellen** Aeußerung, und gar zu der einer **solchen** Individualität! — Bereits die Frühromantiker hatten ein lebhaftes Gefühl für ihre ungewöhnliche Bedeutung: uns heutigen aber erst muß solche Bedeutung sich völlig enthüllen.

Und noch eins: wir werden erstaunen, **wie gar sehr sie in vieler Hinsicht antizipierter Nietzsche sind!** Bis zu einem Grade, daß man nicht umhin kann, als zu meinen, Nietzsche müsse von ihrem Studium eine, in manchen Punkten geradezu entscheidende Anregung erfahren haben. Ich glaube, das wird eine ganz fruchtbare Wahrnehmung sein. Sie wird zum Verständnis und zur Erklärung von Nietzsches Persönlichkeit und geistigen Genese sehr viel beitragen. — Und mit wem haben wir uns heute so sehr und so bringlich abzufinden und ins klare zu setzen als mit ihm? — —

Ich gebrauchte oben den Vergleich von der Chemie und der Retorte. Und wirklich: alle die Bestandteile und Elemente, mit welchen wir in dem Klingsor-Märchen und in den „Lehrlingen von Sais" die Grundidee vom „dritten Reich" allegorisch sich andeuten sehen: Chemie, Psychologie, Physiologie, Philosophie, Ethik, Logik,

Pädagogik, Biologie, Geologie, Astronomie, Politik und Soziologie kreuzen sich hier in den „Fragmenten" in außerordentlich subtilen Reflexionen und Theoremen vor unseren Augen beständig wie chemische Elemente in einem chaotischen Prozeß, dem man doch deutlich die Anzeichen der „werdenden neuen Verbindung" abmerken kann.

Und es ist nun besonders die ausgesprochene m o n i s t i s ch e Grundstimmung dieser „Fragmente", die sie uns Neueren so nahe gebracht hat.

Ja, alles läuft hier auf Monismus hinaus, alles ist hier monistisch: aber dennoch handelt es sich, genau zugesehen, eigentlich ganz und gar nicht um so etwas wie einen werdenden, d o g m a t i s ch e n Monismus. Ich fürchte nur zu sehr, man meint heute, auf so etwas käme es an und wolle es überhaupt hinaus. Nein, es will nicht darauf hinaus, und kann's auch gar nicht: denn ein dogmatischer Monismus ist ein Unding und eine Unmöglichkeit. Was gibt es denn wohl eigentlich auch vageres als den Monismus? Er kann bei seiner unendlichen Elastizität immer nur ein Durchgangsstadium sein, eine Stimmung, aus der sich unfehlbar neue Dogmen herausbilden, die ihn ablösen. Er kann allerdings auch noch etwas anderes sein: kein Dogma, aber eine neue, ich möchte sagen, organische Stimmung und Disposition, eine psycho=physische neue Objektivität und Kapazität. Und das ist das überaus interessante! — Ich getraue mich fast die Hypothese auszusprechen, daß der Monismus als solche Stimmung stets in den Zeitläuften vorhanden war, wo eine neue organische Art sich bildete, oder doch wenigstens ein Rasseproblem sich lösen und klären wollte!

Im übrigen aber wird das Stadium des Monismus durch Dogmen abgelöst werden; und, die Historie lehrt uns, daß er tatsächlich von ihnen abgelöst wird. — So hätten wir, nach solcher Analogie, heute also auch in Zukunft neue religiöse Dogmen zu erwarten? — Es ist mit Analogieschlüssen eine mißliche Sache. Sie mögen einem diese und jene Notdienste tun, im übrigen aber nehme man sich vor ihnen in acht. Besonders aber heutzutage.

Nein, ich sage: wir haben heute keine neuen Dogmen zu erwarten; denn — das Kardinalproblem der Zeitläufte ist nicht, wie früher, vorwiegend **g e i s t i g** gestellt, sondern vielmehr vorwiegend **p h y s i o l o g i s ch**! — Wie aber, wenn die bisherigen religiösen Dogmen blieben, und von neuem in ihrer guten Ratio erkannt würden; gerade durch das Dunkelste, Mysteriöseste, das man sich vorstellen kann, durch das Geheimnis eines physiologischen Umwandlungsprozesses?

Aber ich muß mich begnügen, diese Frage und dies Thema hier nur erst zu stellen und anzudeuten. Im zweiten Teil dieser Arbeit werden wir uns näher mit ihr zu beschäftigen haben.

Hier haben wir vorderhand auf die „Fragmente" selbst näher einzugehen.

*

Wir haben sie heute in ihrem ganzen Umfange und in ihrer ursprünglichen Gestalt, nachdem den neueren Herausgebern sich das Freiherrlich Hardenbergsche Familienarchiv erschlossen hat. Wir haben sie in der Ausgabe von Heilborn (Berlin, 1891. Georg Reimer), und wir haben sie im 3. und 4. Band der Meißner-Willeschen Ausgabe von Novalis' sämtlichen Werken" (E. Diederichs, Jena).

Das Material ist uns also in reichlicher Fülle, zudem in kritisch revidierten und geordneten Ausgaben zur

Hand. Bruno Wille hat uns sogar im 4. Band der eben erwähnten Ausgabe das neue, durch die Heilbornsche Ausgabe aus dem Hardenbergschen Familienarchiv hinzukommende reichliche Material zu leichterer Uebersicht und bequemerem Studium in fünfzehn, mit zusammenfassenden Titeln versehene Rubriken gebracht.

Ich sagte oben, daß die „Fragmente" auf Monismus hinaus seien: aber ich will lieber sagen, daß sie auf R e l i g i o n hinaus sind.

Wir wissen aber, von Schleiermacher und Schelling her, in welchem Sinn die Frühromantiker auf Religion hinaus waren: sie waren nicht auf e i n e Religion hinaus, sondern auf d i e Religion, auf das Wesen der Religion überhaupt. Und solchermaßen ist denn auch der Novalis der „Fragmente" auf Religion hinaus.

Hier ist von dem dogmatisch-orthodoxen Herrnhuter Novalis so viel wie gar nichts mehr übrig; sondern Religion ist in den „Fragmenten" vor allem S o z i e t ä t und andererseits Psychophysis, und in solchem Sinn nichts Abstraktes mehr, sondern unmittelbare, konkretidentische, allerwirklichste o r g a n i s c h e E r s c h e i n u n g.

Wie sehr ist er von einer orthodox-dogmatischen oder gar a s k e t i s c h e n Auffassung des Christentums entfernt!

So heißt es etwa: „Der heilige Geist ist mehr als die Bibel. Er soll unser Lehrer des Christentums sein — nicht toter, irdischer, zweideutiger Buchstabe" (IV, 157. — Ich zitiere nach der Meißner-Willeschen Ausgabe, hier wie überall). Und ferner: „Das Lamentable unserer Kirchenmusik ist bloß der Religion der Buße, dem Alten Testament angemessen, in dem wir eigentlich noch sind.

Das Neue Testament ist uns noch ein Buch mit sieben Siegeln" u. s. w. (III, 51.)

Ferner: „Die Herrenhuter haben den Kindergeist einführen wollen. Aber ist es auch der echte? Oder nicht viel mehr Kindermuttergeist — alter Weibergeist? — Wenn Christus sagt, werdet wie die Kinder — so meint er indeterminierte Kinder — nicht verzogene, verweichlichte, süßliche, moderne Kinder." (III, 178. — Könnte diesen Aphorismus nicht Nietzsche geschrieben haben? Könnte er ihn nicht bis auf die stilistische Nuancierung geschrieben haben?)

Oder eine Notiz wie diese: „Derivation Gottes von »Gattung«." (IV, 173.) — Ist aus ihr nicht deutlich ersichtlich, wie sehr ihm Religion organisches Werden, Erneuerung und Wiederauferstehung des Fleisches bedeutet? Und Sozietät?

Mögen diese Zitate — wir müssen uns hier mit wenigen begnügen — andeuten, wie Novalis sich zu dem offiziellen und dogmatisch-orthodoxen Christentum stellt; und wie er aus diesem das Wesen aller Religion herausholt und in dem Wunder einer werdenden, sich erneuernden Psychophysis begreift.

In solchem Sinn nun muten einem die „Fragmente" an wie eine Art von wundersamer „wissenschaftlicher" Symphonie, die im wesentlichen das Grundthema der Fichteschen Philosophie — mit der wir Novalis immer und immer wieder, und auf das vielseitigste, interessanteste und eindringlichste sich beschäftigen sehen — in einer Weise unendlich transponiert und variiert, von der Fichte selbst sicher noch nichts ahnte. — Denn ist sie hier bei Novalis nicht bereits das Lied jenes identisch gewordenen Einen und Eigenen, der sich später aus der Fichteschen

Philosophie über Stirner zu Nietzsche her hervorklären sollte, und der sich bei Novalis bereits als psychophysisches Selbstproblem ahnt, weiß, erfaßt, und seiner letzten Bewußtheit sich entgegen zu entwickeln beginnt?

Mit Kant ist Gott, sind die Dogmen, ist selbst die Philosophie tot; sie haben mit ihm ihren Kreis geschlossen. Fichte leitet sie zum Ich zurück. Und dieses Ich wird als eine neue lebendige, organische, identische Einheit erkannt und begriffen. Spezieller historisch aber gesagt, und alles dies aus dem Bereich der Philosophie und Theorie in die lebendige Lebenspraxis übertragen: das Wertherproblem wird akut, es tritt in seine eigentlichste und bedeutsamste Krise; es wird alles in allem.

Wissenschaft, Kunst, Religion, Ethik, Natur und Geist: alles beginnt sich hier in einer innersten Verwandtschaft zu finden; es beginnt einen Reihen zu schließen und zu tanzen, um endlich leicht, elastisch und sozietär zu werden. Nicht nur die einzelnen Wissenschaften und Künste untereinander beginnen sich zu nähern und wundersam ineinander überzugehen, mit einem dunklen Lachen sich zu umschlingen: sondern Wissenschaft wird Kunst, Kunst Wissenschaft; Prosa Poesie und Poesie Prosa; Mathematik wird Musik, Musik Mathematik. Alles wird harmonisches, mögliches Chaos; singendes, wohllauttönendes Chaos, Welle und harmonischer Wechsel.

„Die künftige Welt," heißt es, „ist das vernünftige Chaos, das Chaos, das sich selbst durchdrang, das in sich und außer sich ist." (III, 37/38.)

Ferner: „Die Rechtslehre entspricht der Physiologie, die Moral der Psychologie. Die Vernunftgesetze der Rechts= und Sittenlehre in Naturgesetze verwandelt, geben die Grundgesetze der Physiologie und Psychologie." (III, 84.)

Geschichte wird Physik. „Die Physik überhaupt ist die ursprüngliche eigentliche Geschichte; die gewöhnlich sogenannte Geschichte ist nur abgeleitete Geschichte." (III, 86.) Wie sehr im Sinn unserer jüngsten Biologie!

Oder, folgender für jene Zeiten wie sehr revolutionäre Satz! „Sonderbar, daß das Innere des Menschen nur so dürftig betrachtet und so geistlos behandelt wird. Die sogenannte Psychologie gehört auch zu den Larven, welche die Stelle im Heiligtum eingenommen haben, wo echte Götterbilder stehen sollten. Wie wenig hat man noch die Physik für das Gemüt und das Gemüt für die Außenwelt benützt; Verstand, Phantastik, Vernunft, dies sind die dürftigen Fachwerke des Universums in uns." (III, 119.)

Oder: „Die Physik ist nichts als die Lehre von der Phantasie." (IV, 260.)

Oder: „Experimentalphysik des Gemüts. (Gedanken sind vom Ich durchdrungene, angeschaute Bewegungen und Aktionen." (IV, 261.)

Oder: „Genialische, edle, divinatorische, wundertätige, kluge, dumme . . . Pflanzen, Tiere, Steine, Elemente 2c. — Unendliche Individualität dieser Wesen — ihr musikalischer und Individualsinn — ihr Charakter — ihre Neigungen." (IV, 261.)

Mit letzter Deutlichkeit aber spricht sich aus, worauf alles hinaus will, in diesem Aphorismus: „Die Naturlehre muß nicht mehr kapitelweise, fachweise behandelt werden — sie muß ein Kontinuum, ein organisches Gewächs — ein Baum werden — oder ein Tier — oder ein M e n s ch." (III, 182.)

Und die innige Verschmelzung der Kunst, wo will's mit ihr hinaus?

„Wer mit dem Meißel malen, musizieren u. s. w. kurz zaubern könnte, bedürfte des Meißels nicht; der Meißel wäre ein Ueberfluß." (III, 129.) Ist die heutige Skulptur nicht bereits auf diesem interessanten Punkt angelangt?

Oder: „Mit der Zeit muß die Geschichte Märchen werden, sie wird wieder wie sie anfing." (III, 157.)

Gewiß! Denn wohin soll der bis aufs äußerste getriebene Widerstreit der Meinungen und Hypothesen treiben? Bis zu einer Synthese, die wir a l l e gelten lassen: als „Märchen"; und das ist der Querschnitt aller Wissenschaft, aller Rubriken, Normen, Theorien, Hypothesen und Meinungen; ihre Vollendung und ihre Krone. In ihm fühlen wir a l l e sub rosa die **Wahrheit**, und erleben sie. Als das, was wir ertragen können und was sie im letzten Grund sein muß.

Wie sehr sich Novalis bei alledem der Tragweite der Fichteschen Philosophie bewußt ist, spricht er gelegentlich aus. Er sagt: „Es wäre wohl möglich, daß Fichte Erfinder einer ganz neuen Art zu denken wäre, für die die Sprache noch keinen Namen hat. Der Erfinder ist vielleicht nicht der fertigste und sinnreichste Künstler auf seinem Instrumente, ob ich gleich nicht sage, daß es so sei. Es ist aber wahrscheinlich, daß es Menschen gibt und geben wird, die weit besser fichtisieren werden als Fichte. Es können w u n d e r b a r e K u n s t w e r k e hier entstehen, wenn man das Fichtisieren erst artistisch zu treiben beginnt." (IV, 96.) Hat Novalis hier nicht Friedrich Nietzsche vorausgeahnt? —

Und wie fruchtbar plötzlich Idealismus und Realismus sich versöhnen! „(Philosophie.) Der Idealismus sollte nicht dem Realismus entgegengesetzt werden, sondern dem Formalismus." (IV, 105.) — Etwas, was wir heute recht berücksichtigen sollten! Auch in der Literatur! Um den Abwegen zu steuern, auf die wir inzwischen wieder geraten sind! —

Er möchte eine „Naturgeschichte der Wissenschaften" schreiben. Wir würden dann erkennen, daß es nicht das Wissen allein ist, das uns glücklich macht, sondern die Qualität, die subjektive Beschaffenheit des Wissens. — Ist es nicht, als ob man hier ein bevorstehendes Schicksal des Wissens und der Wissenschaft ahnte? Könnte es nicht so kommen, — und haben wir vielleicht nicht schon die Anzeichen dafür? — daß Wissen und Wissenschaft auf der einen Seite Enzyklopädie, Mechanik, Tradition, wohlgeordneter „Urväter-Hausrat" wird, und auf der anderen Seite unbewußte, triebhafte Neufunktion eines erneuten und harmonisierten Organismus? — Etwas dergleichen spricht sich sehr tief und weitzielend, etwa auch in diesem Aphorismus aus: „Es gibt eine Sphäre, wo jeder Beweis ein Zirkel oder ein Irrtum, wo nichts demonstrabel ist; dies ist die Sphäre der gebildeten goldenen Zeit. Die polare Sphäre und diese harmonieren auch. Ich realisiere die goldne Zeit, indem ich die polare Sphäre ausbilde. Ich bin in ihr ohne Bewußtsein, insofern ich in der polaren ohne solches bin, und mit Bewußtsein, insofern ich in beiden mit solchem bin. So bin ich auch Natur und Geist ohne Bewußtsein nur zugleich — und beides und Krieg und Frieden nur zugleich ohne Bewußtsein und nur zugleich mit Bewußtsein." (IV, 109.) — Und es sagt sich ferner, wenn es heißt: "Wahrheit ist ein **vollständiger** Irrtum, wie Gesundheit eine **vollständige** Krankheit." — (Wäre zum Beispiel heute die interessante Erscheinung der Neurasthenie eine solche Krankheit, die darauf hinaus wäre eine **vollständige** und also Gesundheit zu werden? — Sehr sein ist es, daß hier Wahrheit und Gesundheit in Parallele gestellt werden!)

Um zum Abschluß noch einmal auf den obigen Begriff des Chaos zurückzukommen, so heißt es: "Das eigentliche philosophische System muß Freiheit und Unendlichkeit, oder, um es auffallend auszudrücken, Systemlosigkeit in ein System gebracht sein. Nur ein solches System kann die Fehler des Systems vermeiden und weder der Ungerechtigkeit noch der Anarchie geziehen werden." (IV, 225.)

Und: wer wird dieses System sein? . . .

*

Wir antworten wieder: jener Beziehungs-, jener Koinzidenzpunkt, jener Eine und sein psycho-physisches Werden, der vollkommen gewordene, harmonisierte Mensch und Europäer; er, der von der Urprämisse der Christenheit ausgegangen ist, der mit ihr steht und fällt, mit dem und durch den sie ihr eigentlichstes, ursprüngliches Wesen so zur reinen Vollendung bringt, wie überhaupt erst offenbaren und betätigen kann.

Und der dunkle Schritt drüber hinaus? Die notwendige Antithese? Auch sie finden wir in den "Fragmenten" bedacht, von denen uns einige solchen Inhalts direkt anmuten, als seien sie von Friedrich Nietzsche verfaßt.

So heißt es: „Der Akt des Sichselbstüberspringens ist überall der höchste, der Urpunkt, die Genesis des Lebens." (III, 89.) — Oder, von der Seite der Ethik her: „So hebt alle Moralität damit an, daß ich aus Tugend gegen die Tugend handle." (Ebenda.) — Ferner: „Wir sollen nicht bloß Menschen, wir sollen mehr als Menschen sein." (III, 124.)

Zwei Aphorismen, die gleichfalls das Thema des Uebermenschen tangieren, sind folgende. „Ob das Menschengeschlecht progrediendo geht, ist eine sonderbare, unbeantwortliche philosophische Frage. Warum fragt man nicht auch: verändert sich das Menschengeschlecht? Die Frage ist höher." (IV, 276.) Ein Merks! erstlich für unsere Bildungsphilister und Zivilisationsenthusiasten, und andererseits auch für diese und jene „Uebermenschen" in nuce! — Und der andere: „Jeder, sich absondernde, gewöhnlich affektiert scheinende Mensch ist denn doch ein Mensch, bei dem sich ein Grundsatz regt. Jedes unnatürliche Betragen ist Symptom einer angeschossenen Maxime. Selbständigkeit muß affektiert anfangen. Alle Moral fängt affektiert an. Sie gebietet Affektion. Aller Anfang ist ungeschickt." (IV, 318.)

Im übrigen, zur Aehnlichkeit Nietzsche-Novalis: „Die Zeit entsteht mit der Unlust, daher alle Unlust so lang und alle Lust so kurz. Absolute Lust ist e w i g, außer aller Zeit; relative Lust mehr oder weniger ein ungeteilter Moment." — „Ich löse sie ab und fahre fort. Das Endliche ist endlich. Was bleibt? Absolute Lust, Ewigkeit, unbedingtes Leben" ꝛc. (III, 76.)

Und nun zu dem eigentlichen, näheren psycho-physischen Problem. — Hier bieten die „Fragmente" eine unglaubliche Fülle der feinsten, diffizilsten und tiefsten Beobachtungen. Immer wieder habe ich ihnen gegenüber an Novalis' Tagebuch denken müssen. — Es würde sich lohnen, gerade all diese Aphorismen aus den „Fragmenten" herauszunehmen und in einem besonderen Buche zu vereinigen und nach ihren Gesichtspunkten zu ordnen. Man würde heute wieviel Nutzen und Aufklärung davon ziehen!

Ich werde ihrer, in einem gewissen Zusammenhang, eine Anzahl hier zitieren.

Als Motti könnte man folgende drüberstellen: „Gott will Götter." (III, 127.) „Wir werden die Welt verstehen, wenn wir uns selbst verstehen, weil wir und sie integrante Hälften sind. Gotteskinder, göttliche Kinder sind wir." (III, 165.) „Hypochondrie bahnt den Weg zur körperlichen Selbstkenntnis — Selbstbeherrschung und Selbstlebung." (III, 206.)

Novalis hat da ferner ein paar Aphorismen, die hier, am Eingang dieser Materie von großer Wichtigkeit sind, und die eine Fülle von Gesichtspunkten ausstrahlen. Es handelt sich um das hier so wichtige S e n s i b i l i t ä t s p r o b l e m.

Er sagt: „Jeder Körper, der eine Eigenschaft besitzt, hat auch eine Grenze dieser Eigenschaft, einen Eigenschaftspunkt, wo sie sensibel wird, wo sie entsteht, erscheint." (III, 137.) —

Wir könnten das ungezwungen aus dem individuell Organischen auf den sozietären Organismus einer Kultur übertragen. So hatte die griechische Sozietät einen solchen Eigenschaftspunkt, wo sie sensibel wurde: in der Zeit der Philosophen und Sophisten. Die solchermaßen sensibel gewordene Antike — die im übrigen was alles für unvergängliche Herrlichkeiten aus der griechischen Seele hervor offenbarte! — metastasierte sich an diesem Sensibilitätspunkt in den christlichen Geist. Indessen, wie Novalis ferner sagt: „Alles Wirksame, Wirkliche, Sensible ist schon subaltern, Resultat einer Antithese, einer Zersetzung. Das Echte, Wahrhafte ist nicht sensibel." Die Sophistik, die Philosophie war Verfall. Als Christentum aber ist sie nicht mehr sensibel. Sie hat durch jenen Sensibilitätspunkt hindurch, ihre Antithese aus sich herausgedacht, die gesund ist, als Christentum; was zurückbleibt, zerfällt, bleibt Sensibilität im Zerfallssinn. (Wir könnten von hier aus auch auf eine gute Definition von „Christ" und „Antichrist", von Dekadence und sensiblerer neuer Normalität kommen.)

Eins aber sehen wir hier bereits: wie überaus wichtig hier das Problem der Krankheit ist! Und Novalis frägt denn auch direkt: „ . . . könnte Krankheit nicht ein Mittel höherer Synthesis sein? Je fürchterlicher der Schmerz, desto höher die darin verborgene Lust? Jede Krankheit ist vielleicht ein notwendiger Anfang der innigeren Verbindung zweier Wesen, der notwendige Anfang der Liebe." (!!) (IV, 282.)

Ferner: „Alle Krankheiten gleichen der Sünde darin, daß sie Transzendenzen sind. Unsere Krankheiten sind alle Phänomene einer erhöhten Sensation, die in höhere Kräfte übergehen will. Wie der Mensch Gott werden wollte, sündigte er." (IV, 80.) — (Wir könnten fortfahren: da nun aber mal diese Sünde begangen ist und der Mensch in Krankheit geraten ist, muß er auch in den höheren, in den Zustand darüber hinaus dringen.)

Und weiter: „Es hat von jeher nur e i n e Krankheit, mithin auch nur e i n e Universalarznei gegeben. Mit der Sensibilität und ihren Organen, den Nerven, tritt Krankheit in die Natur. Es ist damit Freiheit, Willkür in die Natur gebracht und damit Sünde, Verstoß gegen den Willen der Natur, die Ursache allen Uebels. Es gibt nur solche Muskelkrankheiten, die aus Nervendespotismus entstehen. Der sittliche Mensch muß auch eine freie Natur haben, eine entgegenstrebende, eine zu erziehende, eine eigentümliche Natur." (III, 153.)

Ferner: „Krankheiten, besonders langwierige, sind Lehrjahre der Lebenskunst und der Gemütsbildung. Man muß sie durch tägliche Bemerkungen zu benützen suchen." (III, 153.)

Und ferner: „Krankheiten sind gewiß ein höchst wichtiger Gegenstand der Menschheit, da ihrer so unzählige sind und jeder Mensch so viel mit ihnen zu kämpfen hat. Wahrscheinlich sind sie der interessanteste Reiz und Stoff unseres Nachdenkens und unserer Tätigkeit. Hier lassen sich gewiß unendliche Früchte ernten, besonders, wie mich dünkt, im intellektuellen Felde, im Gebiet der Moral, Religion und Gott weiß in welchem wunderbaren Gebiet noch." — Er setzt hinzu: „Wie, wenn ich ein Prophet dieser Kunst werden sollte?" (III, 164.)

Was g e s c h i e h t nun aber in solcher Zone der Pathologie und Erneuerung? Wie l e i d e t Ich, wie f ü h l t Ich seinen Organismus und als w a s? Und w a s fühlt es alles als seinen Organismus? Und wie bildet er sich nun weiter und aus?

Nun, da ist etwa die Rede von den „mystischen Gliedern des Menschen — an die nur zu denken, schweigend sie zu bewegen, schon Wollust ist". (IV, 252.)

Das ist hier aber mehr als ein bildlicher Ausdruck; es handelt sich hier bis zu einem gewissen Grade um das Gefühl tatsächlicher G l i e d e r, die latent, in der Anlage vorhanden sind. Nun aber werden denn doch wohl geistige, seelische gemeint sein? Gewiß! Welche anderen könnten denn auch sonst gemeint sein? Aber sind sie denn etwas anderes als physische Glieder, zahllose Keime und Möglichkeiten von solchen in der Latenz? Ist denn nicht „geistig" und „physisch" eine Identität im letzten Grunde? Wandelt und bildet der Geist nicht die Physis? Wird nicht Innen immer und ewig und immer wieder zu Außen, und Außen nicht immer und ewig und immer wieder zu Innen? — Sobald ich aber in solcher Weise „Glieder fühle", sobald erst mal d i e s e s G e f ü h l vorhanden und solches Verständnis für die ewige Wechselbeziehung und Wechselmetamorphose von Innen und Außen, sollte da nicht von demselben Punkt an auch ein Gefühl für tatsächlich neu werdende physische, organische Funktionsveränderungen vorhanden sein, die doch wohl nicht umhin könnten, im Laufe fernerer Entwicklung „neue Glieder" zu erzeugen und auszubilden? — Fühlen, sehen wir die Tragweite dieser „Fragmente?" —

Nun hat da Novalis aber ferner einen Aphorismus, den wir direkt erstaunlich nennen müssen, und der uns ganz in die Tiefe solcher Meinung hineinführt. — Er sagt: „Wenn wir blind, taub und fühllos wären, unsere Seele hingegen vollkommen offen, unser Geist jetzige äußere Welt, so würde die innere Welt mit uns in dem Verhältnis stehen, wie jetzt die äußere Welt, und wer weiß, ob wir einen Unterschied gewahr würden, wenn wir beide Zustände vergleichen könnten. Wir würden so manches fühlen, wofür uns nur der Sinn fehlte, zum

Beispiel Licht, Schall ꝛc. Wir würden nur Veränderungen hervorbringen können, die Gedanken ähnlich wären, und wir würden ein Bestreben fühlen, uns jene Sinne zu verschaffen, die wir jetzt äußere Sinne nennen. Wer weiß, ob wir nicht nachgerade durch mannigfache Bestrebungen Augen, Ohren ꝛc. hervorbringen könnten, weil dann unser Körper so in unserer Gewalt stände, so ein Teil unserer inneren Welt ausmachte, als jetzt unsere Seele." (IV, 267.) — Ist hier nicht alles organische Werden in seinem innersten Wesen und Prinzip enthüllt und verstanden?

Und nun: Was also ist alles Organismus? Hier erreicht Novalis eine Divination und Energie der Empfindung und des Ausdruckes, die hinreißend ist! Und zugleich: man fühlt: was zieht das geheimnisvolle, neue Werden der Psychophysis nicht alles in seinen Bereich! Wie weiß sich hier in solcher „Pathologie" Endlich=Individuelles mit Ewig=Unendlichem in innigster Verbindung!

Es heißt: „Die Luft ist so gut Organ des Menschen wie das Blut." (III, 237.) Setzen wir das nur mit dem eben zitierten Aphorismus in Verbindung: was gewinnen wir da für erstaunliche Perspektiven! — Und wir erinnern uns wieder an jene „mystischen Glieder des Menschen" — an die nur zu denken, sie schweigend zu bewegen, schon Wollust ist."

Und welche Macht, welche Zuversicht, welchen Trost gibt uns hier die Erkenntnis, daß „alles Leben ein überschwenglicher Erneuerungsprozeß ist, der nur von der Seite den Schein eines Vernichtungsprozesses hat. Das Präzipitat des Lebens ist ein Lebendiges, Lebensfähiges". (IV, 335.)

Nun verstehen wir, wenn er sagt: „Ist unser Körper

selbst nichts als eine gemeinschaftliche Zentralwirkung unserer Sinne," — welch ein wunderbarer Ausdruck! — „haben wir Herrschaft über die Sinne, vermögen wir sie beliebig in Tätigkeit zu versetzen, sie gemeinschaftlich zu zentrieren, so hängt es ja nur von uns ab, uns einen Körper zu geben, welchen wir wollen. Ja, sind unsere Sinne nichts anderes als Modifikationen des Denkorganes, des absoluten Elementes, so werden wir mit der Herrschaft über dieses Element auch unsere Sinne nach Gefallen modifizieren und dirigieren können. — Der Maler hat so einigermaßen schon das Auge, der Musiker das Ohr, der Poet die Einbildungskraft, das Sprachorgan und die Empfindungen (oder vielmehr schon mehrere Organe zugleich, deren Wirkungen er vereinigt auf das Sprachorgan hinlenkt), der Philosoph das absolute Organ in seiner Gewalt und wirkt durch sie beliebig, stellt durch sie Geisterwelt dar. Genie ist nichts als Geist, in diesem tätigen Gebrauch der Organe. — Bisher haben wir nur einzelne Genies gehabt, der Geist soll aber total Genie werden." (III, 120.)

Und: „Auf dieselbe Art, wie wir die Bewegungen des Denkorganes zur Sprache bringen, wie wir sie in Gebärden äußern, in Handlungen ausprägen, wie wir uns überhaupt willkürlich bewegen und aufhalten, unsere Bewegungen vereinigen und vereinzeln, auf eben dieselbe Art müssen wir auch die inneren Organe unseres Körpers hemmen, vereinigen und vereinzeln lernen. Und unser ganzer Körper ist schlechterdings fähig, vom Geist in beliebige Bewegung gesetzt zu werden. Die Wirkungen der Furcht, des Schreckens, der Traurigkeit, des Neides, des Zornes, der Scham, der Freude, der Phantasie u. s. w. sind Indikationen genug. Ueberdies hat man genugsam

Beispiele von Menschen, die eine willkürliche Herrschaft über einzelne, gewöhnlich der Willkür entzogene Teile ihres Körpers erlangt haben. Dann wird jeder sein eigener Arzt sein, und sich ein vollständiges, sicheres und genaues Gefühl seines Körpers erwerben können, dann wird der Mensch erst wahrhaft unabhängig von der Natur, vielleicht sogar imstande sein, verlorene Glieder zu restaurieren, sich bloß durch seinen Willen zu töten" (hier erinnert man sich an seinen Vorsatz, sich nach dem Tode Sophiens zu töten; an den „Zielgedanken") „und dadurch erst wahre Aufschlüsse über Körper, Welt, Leben, Tod und Geisterwelt zu erlangen." (Immer wieder denken wir an das Tagebuch!) „Es wird dann vielleicht nur noch von ihm abhängen, einen Stoff zu beseelen, er wird seine Sinne zwingen, ihm die Gestalt zu produzieren, die er verlangt, um im eigentlichsten Sinn in seiner Welt leben zu können."

Dieser Aphorismus würde uns nun freilich, wenn wir ihm wohl auch heute bereits in mancher Hinsicht zustimmen, hier und da vielleicht allzu paradox und ausschweifend erscheinen. Wenn freilich wir in Rücksicht ziehen müßten, daß Novalis hier in dem Zeitraum zwischen Sophiens und seinem Tod ganz besondere Wahrnehmungen und Erfahrungen gemacht hat, die wir anderen kaum so leicht zu machen imstande sein würden. — Es könnte uns paradox erscheinen; wohl aber dann nicht mehr, wenn wir hier das Ich im kollektiven Sinn nehmen und den Begriff „en masse" hinzusetzen. Dann würde uns alles ohne weiteres begreiflich erscheinen und selbst das Verwegenste uns nicht mehr befremden. Wir hätten dann auch im Zustande einer vervollkommneten Sozietät eine wesentlich neue und denkbar vollkommenste Aktio und

Reaktio des Individuums in solchem sozietären Zusammenhang. Wir hätten einen Zustand — ich glaube, wir beginnen ihn sogar deutlich in diesen Zeiten bereits zu haben — wo die Grenzen zwischen m i r und I ch beständig ineinander übergehen; also U n b e w u ß t in jedem Augenblick in einer sehr vollkommenen, uns heute noch unabsehbaren Weise ins B e w u ß t s e i n bringt und von einem außerordentlich elastischen Bewußtsein sofort verstanden, fixiert und verwertet wird, während zugleich B e w u ß t sich beständig ins U n t e r b e w u ß t e verlieren oder sich gar ins Unterbewußte fallen lassen und sich von sich selbst entledigen kann. — Dies aber ist eine Sensibilitätszone gewesen, in der Novalis damals sicher gelebt hat, in der heute viele leben, und der wir uns von Tag zu Tag mehr anpassen werden und anpassen.

Sollte sie nicht zugleich auch die Zone einer beginnenden, noch neuen individuellen Auslese bedeuten und zu einer solchen sich immer mehr entwickeln? . . .

Doch: wir kommen nun zu dem Begriff „en masse", zu dem einer solidarisch gewordenen, harmonisierten Sozietät.

Auch hier sollen wenigstens einige dieser Aphorismen zitiert werden.

Es heißt etwa: „Ueber die menschliche Unsterblichkeit en masse. Ueber das Leben und Denken en masse. Gemeinschaft, Pluralismus ist unser innerstes Wesen, und vielleicht hat jeder Mensch einen eigentümlichen Anteil an dem, was ich denke und tue, und so ich an den Gedanken anderer Menschen." (IV, 311.)

Ein in diesem Sinn solidarisch, organisch und bewußt gewordene S o z i e t ä t hat den Zustand ihrer

Vollkommenheit erreicht; und in und mit ihr hat der Mensch seine Vollkommenheit erreicht. Novalis sagt etwa: „Alles, was von Gott prädiziert wird, enthält die menschliche Zukunftslehre. Jede Maschine, die jetzt von dem großen perpetuum mobile lebt, soll selbst perpetuum mobile, jeder Mensch, der jetzt von Gott und durch Gott lebt, soll selbst Gott sein." (IV, 356.)

Dann werden wir in diesem Zustand sein. „Eine vollkommene Konstitution — Bestimmung des Staatskörpers, der Staatsseele, des Staatsgeistes, macht alles ausdrückliche Gesetz überflüssig. Sind die Glieder genau bestimmt, so verstehen sich die Gesetze von selbst. Solange die Glieder noch nicht vollkommene Glieder sind, noch nicht genau bestimmt, so muß es Gesetze geben. Mit wahrer Kultur im allgemeinen vermindert sich die Zahl der Gesetze." (IV, 316.)

Aber freilich: damit vertragen sich vollkommen Aphorismen wie diese: „Republik und Monarchie werden durch einen Unionsakt vollkommen vereinigt. Es muß mehrere notwendige Stufen von Staaten geben, die aber durch eine Union vereinigt sein müssen." (IV, 315.)

Und: „Wie würden unsere Kosmopoliten erstaunen, wenn ihnen die Zeit des ewigen Friedens erschiene, und sie die höchste, gebildetste Menschheit in monarchischer Form erblickten?" (III, 318.)

Ein noch hierher gehöriger, sehr interessanter Aphorismus lautet: „Der vollendete Mensch muß gleichsam an mehreren Orten und in mehreren Menschen leben, ihm müssen beständig ein weiter Kreis und mannigfache Begebenheiten gegenwärtig sein. Hier bildet sich dann die wahre, großartige Gegenwart des Geistes, die den Menschen zum eigentlichen Weltbürger macht, und die ihn in jedem Augenblick seines Lebens durch die wohltätigsten Assoziationen reizt, stärkt und in die helle Stimmung einer besonnenen Tätigkeit versetzt." (III, 85.) — Ist dies nicht bereits die heutige europäische Stimmung? Und ist dies nicht schon die soziale Kollektivindividualität, deren jedes einzelne Glied in jenem verwegenen Sinn vollkommen sein muß, von dem wir Novalis eben haben sprechen hören? . . .

VI.

Ueberleitung.

Dies sind die „Fragmente" des Novalis und dies ist zugleich die tiefste und eigenste Seele unserer deutschen Frühromantik. Von der großen Revolution befruchtet, hat sie dennoch dem einseitig zivilisatorischen Elan derselben und seinen vagen Optimismen die unvergängliche Ratio der großen bisherigen Grundprinzipien menschlicher Kultur entgegengestellt und die Ideen der großen Revolution in sie aufgehen lassen.

Und alles läuft also schließlich auf eine vollendete allgemeine menschliche S o z i e t ä t hinaus; und zu allerletzt und zugleich auf eine vollendete menschliche I n d i v i d u a l i t ä t und P s y c h o p h y s i s. — Denn was Novalis da alles ausgeführt hat, gilt vom Weib selbstverständlich ebenso wie vom Mann. Nur mit dem Unterschied, daß um Novalis eigene Worte zu gebrauchen, hierbei „das Beiwesen des Mannes das Hauptwesen der Frau ist". (IV, 332.)

Nicht weniger liegt dies in diesem Aphorismus: „Die Frauen wissen nichts von Verhältnissen der Gemeinschaft — nur durch ihren Mann hängen sie mit Staat, Kirche, Publikum 2c. zusammen. Sie leben im eigentlichen Naturzustand." Man kann sagen: so werden sie gerade einst noch Urheberinnen einer Sozietät sein, die gleichbedeutend ist mit jenem chaotisch-anarchischen Naturzustand, in welchem die Institutionen selbstverständliche organische Funktionen geworden sind.

Gar manches und Gutes hat Novalis vom Weib gesagt, das aber stets, entgegen den Ausschreitungen unserer heutigen emanzipatorischen Bewegung, das Grundwesen des Weibes fest im Auge behält. Denn, in jedem Sinn: „Die Liebe ist der Endzweck der Weltgeschichte — das Amen des Universums." (III, 256.) Wir wissen, daß dies auf eine neue zeugerische Konstellation der doppelseitigen Individualität hinausgeht.

Wie tief geht er aber, und wie konzentrisch erfaßt er die innerste Mystik solcher Konstellation, wenn er sagt: „Das schöne Geheimnis der Jungfrau, das sie ebenso unaussprechlich anziehend macht, ist das Vorgefühl der Mutterschaft, die Ahndung einer künftigen Welt, die in ihr schlummert und sich aus ihr entwickeln soll. Sie ist das treffendste Ebenbild der Zukunft." (III, 278.) (Wie sehr muß er Sophie so empfunden haben! — Welche Charakteristik von Sophiens Weiblichkeit liegt in diesen Worten!) — Eine wundersame Zeile ist auch diese: „Ewige Jungfrauen — geborene Frauen." (IV, 351.) — Und: „Die Ehe bezeichnet eine neue höhere Epoche der Liebe — die gesellige, die lebendige Liebe." — Kann der Begriff der Ehe tiefer gefaßt werden?

Er geht bis in das allertiefste Geheimnis solchen Problems, wenn er sagt: „Verbindung, die auch für den Tod geschlossen ist, ist eine Hochzeit, die uns eine Genossin für die Nacht gibt. Im Tod ist die Liebe am süßesten; für die Liebenden ist der Tod die Brautnacht, ein Geheimnis süßer Mysterien." (IV, 324.)

Wir dürfen dies „Nacht" für jenes Reich der Nacht nehmen, von dem die „Hymnen an die Nacht" wissen. Dann streift der Aphorismus an das Problem des Uebermenschen. Dann haben wir es mit einem Geheimnis der Zuchtwahl zu tun. — — —

„Ist es nicht klug, für die Nacht ein geselliges Lager zu suchen?" (IV, 324.) Für die Nacht, die das Drüberhinaus über das Menschliche bedeutet? — „Darum ist klüglich gesinnt, — der auch Entschlummerte liebt." (IV, 324.) Denn, setzen wir hinzu: wer kennt die Nacht, in die er einst geht? Wer kennt ihre Gebiete und Zusammenhänge? Die des einen und die des anderen Todes? Wer aber erwartet uns in ihnen, wer füllt, ja! wer bedeutet sie, als die, die wir lieben und die schon in diese Nacht getaucht?

*

„Christus und Sophie": das ist alle Vollendung menschlicher Sozietät; das ist Sinn und Seele von Novalis' Leben und Werke, und beide sind das gleiche. Wo hinaus es nun aber mit uns will, und wo wir heute sind, und was das Heute verheißen und bereits sein und bedeuten könnte? Das wollen wir im zweiten Teil dieser Arbeit zu erkennen suchen.

Wir werden dabei ausgehen müssen, von einer Prüfung der Prämissen, auf denen unsere ganze europäische Kultur mit allem, was wir bis daher geworden sind, beruht.

Wie, wenn „Hellas" und der „Galiläer" sich nicht mehr als zwei feindliche Gegensätze fühlten? Wie, wenn das, was wir heute werden und leben, mehr wäre als eine bloße „Renaissance"? Wenn es wirklich die Morgenröte der großen Versöhnung bedeutete? Wie, wenn der Christus die große synthetische Persönlichkeit wäre, die große Synthese von „Christ" und „Antichrist"; wenn er der „Neue" wäre? . . .

Zweiter Teil.

I.
Das Christentum.

1. Der Christus.

Seit Nietzsche und der neuesten Mode des Renaissance-Schwarms und der Ich-Manie im Stil des Kondottieritums ist ja wohl das Christentum, dieser „Sklavenaufstand in der Moral", förmlich in Verruf gekommen; es scheint ihm geradezu etwas Odiöses anzuhaften. Daß Nietzsche so seine zwei Seiten hat, und zwar sehr, darüber sieht man freilich hinweg. Man geht ihm unentwegt auf jenen Leim, mit dem er alles, was heute an Narrheit bei uns vorhanden ist, ich weiß nicht zu welchem Nutz, an das Tageslicht bringt. —

Wir wollen doch weniger paradox sein und wollen sagen: das Christentum ist nach wie vor die erste, wichtigste, fundamentalste und wundersamste Prämisse, auf welcher die gegenwärtige Kultur Europas beruht.

Ist denn übrigens das Christentum wirklich nichts als jener „Sklavenaufstand in der Moral", und ist der Christus wirklich nichts als jenes sanfte Lamm Gottes, das sich unschuldig und geduldig zum Heil der werten

Menschheit abschlachten läßt? Ist er wirklich nichts, als das Idol aller pietistischen alten Waschweiber beiderlei Geschlechts? Ist er nichts, als jener „schöne Mann", der aus einem Pfannschmidtschen Gemälde herausgesprungen zu sein scheint? — Ich meine, wenn ihn unsere Altvorderen als den „Heliand", den mächtigen Heerkönig und Recken Gottes verehrten, und wenn Luther später solche herzhaftere Auffassung seiner Persönlichkeit in einem gewissen Sinn wieder aufleben ließ, so stimmt solcher Auffassung alles, was auch heute noch in uns germanisch empfindet, zu. Und, wenn wir den Christus in die heute durchaus mögliche richtige historische Beleuchtung rücken, so dürfen wir und müssen wir's auch heute noch.

Im folgenden wollen wir einen Versuch dazu machen. Indessen, wir werden solchen Versuch keineswegs in irgend einem rationalistisch-aufklärerischen Sinn anstellen; vielmehr, wir werden sehen, daß wir bei solcher Gelegenheit das wunderbare dieser Individualität, ihre Mystik und ihr Geheimnis, wie die Mystik und das Geheimnis der großen Individualität überhaupt nur um so klarer und herrlicher wahrnehmen werden.

*

Es ist nun zwar heute gar schon behauptet worden, es habe überhaupt nie einen Christus gegeben. Oder es habe zu jener Zeit viel Christusse gegeben; und es frage sich noch sehr, wie viel der, welcher der Christenheit als Heiland gilt, mit ihnen zu tun habe.

Indessen, solche Behauptungen sind so oberflächlich wie unhaltbar.

Vor allem ist es von vornherein fast schon ohne weiteres einleuchtend, daß irgend eine große, welt=

historische Bewegung in e i n e r großen Persönlichkeit ihr lebendigstes und konzentriertestes Agens haben m u ß; so viele Vorgänger und Nachfolger ihr auch vorangehen oder sich ihr anschließen.

Es werden damals sicher viele Propheten aufgetreten sein; ebenso sicher aber werden ihrer die allerwenigsten zu einer konzentrierten Initiative geeignet gewesen sein; und unter diesen allerwenigsten sicherlich wieder nur ein einziger. Das ist geradezu ein Naturgesetz. Es verhält sich, wie mit der Befruchtung des Muttereichens; von unzähligen zur Befruchtung bestimmten Einzelwesen siegt doch nur ein einziges und vollzieht die Befruchtung; ja, es ist sogar von der Natur so eingerichtet, daß überhaupt nur ein einziges die Befruchtung vollziehen k a n n! —

Daß aus der morschen, allenthalben zusammenstürzenden antiken Kultur selbst, so sehr sie des neuen befruchtenden religiösen Genius bedurfte und so sehr sie für dasselbe disponiert war, dieses Genie sich nicht erheben konnte, ist fast ohne weiteres klar. Selbst ein Plato, und wir müssen sogar hinzufügen: gerade ein Plato würde nie imstande gewesen sein, das Werk des Christus zu vollbringen. Und noch viel weniger als er, die immerhin doch praktischeren Mystiker der späteren neuplatonischen und pythagoreischen Philosophenschulen. In tausend Zwiespältigkeiten, Spitzfindigkeiten und Begriffsklaubereien verstrickt, vermochten sie wohl allenfalls das Heil vorauszuahnen, nie und nimmermehr aber es zu bewirken.

Einen ganz anderen Boden der Möglichkeit dagegen bot das ferne Judäa. Die semitische Rassezähigkeit, die in der Sekte der Pharisäer denn doch noch so eine Art von nationaler Selbständigkeit dem allmächtigen Rom gegenüber zu wahren wußte, was, wie wir wissen, allen anderen Provinzen des gewaltigen Imperiums unmöglich war, die immer noch rege Messias-Erwartung dieses merkwürdigen Volkes selbst, die nicht nur in einer Sekte, sondern im Volk selbst lebte, trotzdem es sich seit der Rückkehr aus dem babylonischen Exil immer mehr ethnisiert hatte: was für günstige Bedingungen, ja sogar direkte Nötigungen zum messianischen Auftreten!

Und dennoch: gerade bei dem verethnisierten Zustand des damaligen Palästina, wo die griechischen Ueberbleibsel der alexandrinischen Diadochenwirtschaft, wo die meerbefahrenden Phönizier, wo syrische Elemente, die Römer, und mit diesen allen wieder bis zu den germanischen Legionären wer weiß was alles für Heidentum sich durcheinandertrieb und gar auch mit der Bevölkerung sich mischte: die Möglichkeit und Notwendigkeit eines wie anderen Messias, als er jemals seinem Volke erstanden war!

Dies alles wäre zu berücksichtigen; und ferner der immer noch straffe Monotheismus der Juden; der Umstand, daß sie damals immer noch die religiös konzentrierteste Rasse der Mittelmeerkultur waren.

Nun aber haben wir ja auch die, wennschon knappen und spärlichen Aufzeichnungen der damaligen Historiker über den Christus. Warum waren sie wohl so knapp und spärlich? Doch wohl einzig aus dem Grunde, weil den Römern das Auftreten dieses Messias, der ja das Imperium politisch weiter nicht engagierte, so gut wie unbedeutend war. Wäre das nicht der Fall gewesen, so würden wir sicher ein sehr reichliches Quellenmaterial über den Christus bei den damaligen römischen Historikern haben.

Immerhin aber haben wir dennoch ein solches gutes und reichliches Quellenmaterial in den Evangelien und in der sonstigen Literatur des allererſten Chriſtentums. Wenn wir im übrigen nur verſtehen, es richtig zu leſen und zu verwerten. Dazu aber ſind wir, nach der wiſſenſchaftlichen Quellenkritik der neueren Theologie gar wohl imſtande. Wir ſind jetzt ſo weit, daß wir den Quellenwert der einzelnen Evangelien mit guter Sicherheit abſchätzen und feſtſtellen können. Wir ſind zum Beiſpiel imſtande, das Abhängigkeitsverhältnis der einzelnen Evangelien voneinander feſtzuſtellen. Wir wiſſen heute, daß das zweite Evangelium (Markus) die Grundſchrift iſt, welcher das erſte und dritte Evangelium ihre Angaben über die meiſten Erlebniſſe Jeſu verdanken. Sie folgen dabei noch einer anderen Quelle, einer Sammlung von Herrenworten, die auch das Markusevangelium ſich zu Nutz gemacht hat. Das vierte, das Johannisevangelium, nimmt eine Sonderſtellung ein.

Wir wiſſen heute, daß Markus in Geſellſchaft der Apoſtel Barnabas und Paulus lebte, die noch mit der Urgemeinde in enger Beziehung waren; ja, wir wiſſen ſogar, daß Markus dem Petrus ſelbſt als griechiſcher Dolmetſcher gedient hat, und daß er deſſen Vorträge ſtenographierte. — Alles in allem haben wir, wenn wir die menſchliche Perſönlichkeit des Chriſtus rekonſtruieren wollen, an Markus, an den Paulusbriefen und der Apoſtelgeſchichte einen guten Anhalt. Mit Vorſicht können wir auch dies und jenes aus dem erſten, dritten und vierten Evangelium benutzen.*)

---

*) Vgl. „Unſere Evangelien und ihr Quellenwert", von Prof. Dr. Wilhelm Soltau. Leipzig 1901. Dietrichſcher Verlag (Theodor Weicher).

Besonders das vierte und die beiden anderen Evangelien können uns ihrerseits dann wieder dazu dienen, die spätere christliche Mythologie von dem Urelement des zweiten Evangeliums und dem Leben des historischen Christus zu scheiden und dieses in Klarheit zu bringen. — Mitteilungen anderer damaliger Historiker und neuere Funde haben uns zu einer solchen Sichtung fernere wichtige Dienste geleistet, indem sie uns zeigten, auf welche Urbestandteile gewisse Hauptdogmen der später, n a c h der ersten Zeit des Urchristentums, ausgebildeten christlichen Mythologie zurückzuführen sind.

Gehen wir zunächst in aller Kürze darauf ein.

Wir wissen hier erstens, und wichtige Inschriftenfunde aus der Zeit des Augustus haben uns darüber Aufschluß gegeben, daß einer der merkwürdigsten Bestandteile der Geburtsgeschichte Jesu den Worten nachgebildet ist, die in jenen kleinasiatischen Inschriften und Edikten das Heil allen Völkern des Imperiums verkünden sollten, das der Welt durch die Geburt des Augustus zuteil geworden war; ein allerdings sehr großes Heil, weil durch Augustus die unseligen Triumviratswirren zu Ende gebracht werden sollten, welche das ganze Imperium mit endlosen, grausamen Proskriptionen und Kriegen zerrüttet hatten.

So heißt es in einer Inschrift von Priene*): „Nachdem nun die alles in unserem Leben leitende V o r s e h u n g Wetteifer und Streben wieder erweckt hat und den vollkommensten Schmuck unserem Leben verliehen hat dadurch, daß sie uns den Augustus verlieh, welchen sie zum W o h l e r g e h e n d e r

---

*) Vgl. Soltau: Anhang zum eben zitierten Buch.

Menschen (εἰς εὐεργεσιαν ἀνθρωπων) (vergl.: „den Menschen ein Wohlgefallen") mit Tugend erfüllt und ihn uns und unseren Nachkommen als **Heiland** (σωτηρα) gesandt hat, welcher jeden Krieg beseitigen und alles ordnen sollte (παυσοντα μεν πολεμον), Cäsar aber durch sein Erscheinen die Hoffnungen derer, die auf ihn hingewiesen haben, erfüllt hat" ꝛc. „ . . . der Geburtstag dieses **Gottes** aber der Anfang **der frohen Botschaft** über ihn für die Welt geworden ist . . ." (ἠρξεν δε τωι κοσμωι των δι' αὐτον εὐαγγελιων).

Wir wissen ferner aus diesen Inschriftenfunden, daß die „Weisen aus dem Morgenlande" identisch sind mit einer Gesandtschaft von Magiern, welche der Perserkönig an Nero geschickt hatte, um diesem zu huldigen; und daß diese vornehmen Magier, genau wie im biblischen Bericht, dann „auf anderen Wegen" in ihre Heimat zurückkehrten.

Wir wissen auch, daß es mythologische Bestandteile, aus **jüdischen** Prophetien übernommen sind, welche Jesus aus Davids Stamm und in Davids Stadt Bethlehem geboren sein lassen. Es ist erwiesen, daß jene „Schätzung", von welcher die Bibel berichtet, unmöglich ganz Judäa nach Bethlehem zusammengezogen haben kann; das ganze Land würde ja durch solch eine Anordnung in ein unmögliches Chaos aufgelöst worden sein. Nie hat das in Verwaltungsangelegenheiten so überaus praktische Rom eine solche Torheit anordnen können. — Also Josef und Maria sind nicht in Bethlehem gewesen, sondern, was auch das älteste, das Markusevangelium berichtet, Jesus ist in Nazareth geboren worden.

Man schließt nun, im Bestreben den Mythos von der „unbefleckten Empfängnis" zu beseitigen, Jesus sei gar nicht unehelicher, sondern ehelicher Abkunft, er sei ein Sohn des Josef gewesen. Doch braucht man eigentlich die Nachricht Matth. 1, V. 18. f., nach welcher Josef sein Weib anfangs verlassen wollte, weil sie nicht von ihm schwanger war, aus solchem Bestreben, jenen Mythos zu beseitigen, nicht zu verwerfen.

Alles macht es vielmehr überaus wahrscheinlich, daß Jesus tatsächlich unehelicher Geburt war. — In einem apogryphen Evangelium hat man eine Angabe gefunden, nach welcher Mirjam von Nazareth mit Pandera, einem Centurio der kalabresischen Legion, die in Judäa stand, ein Verhältnis gehabt habe, dessen Frucht Jesus gewesen sei. Ob dieser Pandera ein Hellene oder gar ein Germane war, jedenfalls ist er ein Arier gewesen. Man hat mit Recht auf die auffallend arischen Züge in Jesus Charakter hingewiesen. — Man findet diese Züge aber nicht etwa bloß in der späteren christlich-hellenistischen Mythologie, die sich an seine Person und Lehre anknüpfte, sondern in seiner historisch-menschlichen Persönlichkeit und Lehre eher noch deutlicher.

Wir müssen hier auch ferner bedenken, wie sehr gerade Samaria und Galiläa von einer Mischbevölkerung bewohnt war. Und besonders Nazareth scheint durch seine Mischbevölkerung in ganz Judäa geradezu verrufen gewesen zu sein.

Aber zu allem kann man auf seine uneheliche Abkunft schließen aus dem Dogma von der „unbefleckten Empfängnis" selbst. Ist doch dieses Dogma noch nicht einmal ein rein christliches, sondern es ist gänzlich und ohne Abzug aus dem griechisch-römischen Heidentum herübergenommen worden. Man weiß, daß sehr viele Helden der Antike, Könige und Kaiser göttlicher und unbefleckter Abkunft waren. Man weiß aber auch, daß damit gemeint ist, sie waren Kinder der Liebe und außerehelicher Geburt. So verhält es sich mit Alexander dem Großen zum Beispiel, und so verhält es sich, was hier sehr wichtig ist, wieder mit Augustus, dem Zeitgenossen des Christus. Es handelt sich hier meist um die Erneuerung einer Dynastie in einem kritischen Moment. Irgend ein „Gott" vollzog dann die Befruchtung, in irgend einer Gestalt. Augustus' Mutter wurde von Apollo in Gestalt einer Schlange befruchtet.

Ich möchte also für mein Teil jene Verse des Matthäusevangeliums, die zudem auch gar keine mystische, mythologische Färbung haben, nicht verwerfen, sondern ihnen einfach diesen Hintergrund geben. Der Evangelist erzählt hier ganz naiv das, was wirklich gewesen ist; und bringt einen sehr wirklichen, verräterisch wirklichen Zug in das Geburtsmysterium Jesu hinein. Hätte Josef von Maria erfahren, daß sie vom heiligen Geist empfangen hätte, so würde er sie kaum „gerügt" haben, oder gar die Absicht gehabt haben, sie zu verlassen. Er würde sich lediglich von Gott begnadet gefühlt haben, wie irgend ein ähnlicher menschlicher Vater in der Zeit des gläubigen Altertums. Aber in dem damaligen Galiläa wußte Josef, daß Maria vor ihm mit einem Mann Verkehr gehabt hatte, und hat sie verlassen wollen.

Also: wir halten daran fest, daß Jesus ein Kind der Liebe war. Und das erklärt sogleich einen guten Teil seines Schicksals, seiner Persönlichkeit und seiner Lehre.

*

Wenn wir nun alle spätere judenchristliche oder hellenistische Mythe aus dem Lebensbild Jesu ganz ausgeschieden haben, dann bleibt plötzlich ein sehr klarer, überraschend klarer Rest und ein in sich logisch durchaus abgerundetes Leben und Erlebnis, das sich in den Evangelien wie Oel von Wasser gegen alle übrigen Zutaten absondert. Es steht dann vor uns der Galiläer Rabbi Jesus von Nazareth, unehelicher Sohn der Maria, der zunächst als Wanderprophet und Lehrer auftritt, um dann im weiteren Verlauf seiner Lehrtätigkeit sich selbst als den Messias zu bezeichnen. Und ziehen wir vor allem übrigens seinen Konflikt mit den Pharisäern in Betracht, so gewinnt dieses Lebensbild die wünschenswerteste und geschlossenste Abrundung.

Des Rabbi Jesus, des Messias, Leben und Werk ist sein erst freundschaftliches, dann gespanntes und schließlich feindliches Verhältnis zu den Pharisäern und der sadduzäischen Priesterkaste. Und sein Ausgang ist das große Drama jenes jerusalemitischen Passahfestes; sein Untergang und zugleich sein großer, mit genialster Intelligenz ins Werk gesetzter Sieg über jene Sekte der Pharisäer und zugleich über die damalige gesamte religiöse Welt.

Den Verlauf dieses Dramas und seine jahrelange Vorbereitung vergegenwärtigen wir uns jetzt.

Dazu müssen wir, um die beiden Erscheinungen der Pharisäer und sadduzäischen Priesterkaste und zudem die damaligen Zustände in Palästina zu verstehen, ein wenig ausholen.*)

Die Kaste der Sadduzäer entsteht in der Zeit kurz nach der Rückkehr aus dem babylonischen Exil. Es besteht

---

*) Ich lehne mich hier an die treffliche Monographie an: „Jesus und die Pharisäer". Von Lic. Gerh. Füllkrug. Leipzig. Dietrichscher Verlag (Theodor Weicher). 1902.

damals eine Priesterherrschaft in Palästina. Im Hause Zadoks, dessen Urahn Aaron selbst ist, ist diese Priesterherrschaft erblich. Diese Priester heißen Z a d o k i t e n (daraus wurde später das hellenische Wort Sadduzäer, Σαδουκαιοι). Ihr Bestreben ging vor allem damals darauf, das aus dem Exil zurückgeführte Volk von den heidnischen Nachbarn streng abzusondern, und ferner von jenen Stämmen (besonders Samaria), die nicht mit in die Verbannung geführt waren, und sich inzwischen in ein heidnisches Mischvolk verwandelt hatten. — Doch allmählich entartet dieser zadokitische Priesteradel. Man nimmt es mit jener Absonderung nicht mehr genau genug. Man mußte nachgerade auch darauf bedacht sein, durch Bündnisse mit den umwohnenden Heiden gegen einen zweiten Ueberfall von Persien her sich sicherzustellen. Das nun aber führte neuerdings wieder zu zahlreichen Mischehen zwischen Juden und Heiden; und immer mehr wandelt die jüdische Bevölkerung sich in ein Mischvolk um. Das wieder hat Gleichgiltigkeit gegen das Gesetz, gegen Tempeldienst und Sabbatfeier zur Folge.

Um solchen Zustand zu steuern, tut sich nun eine Schar von Patrioten zusammen, die wieder auf eine strengere Absonderung gegen die Heiden und ein Aufhören der Mischehen hinagitieren. Sie halten sich streng an das Gesetz und suchen es durch einen Zaun von Geboten zu schützen. Das ist die Partei der Nibdalim (später Paruschim: Pharisäer). Eine mehr demokratische Partei, die dem degenerierten Priesteradel die Stange hält, mit der Zeit immer mehr Einfluß im Land und schließlich auch auf die Zadokiten selbst gewinnt. — Besonders seit dem Propheten Nehemja kräftigt sich der Einfluß der Pharisäer. Man würde die haltlosen Zadokiten vernichtet haben, hätten diese nicht die Vertretung des Volkes nach außen und einflußreiche Verbindungen gehabt und zudem Anhang an den heidnischen Bestandteilen des Landes und an der umwohnenden Heidenbevölkerung.

Nach dem Makkabäeraufstande machen die den Makkabäern folgenden Hasmonäer mit den Zadokiten gemeinsame Sache gegen die Pharisäer, ohne diesen jedoch einen wesentlichen Abbruch tun zu können. — Zur Zeit der römischen Herrschaft haben die Pharisäer eine bedeutende Macht über das Volk. Sie bedeuten die republikanische Partei gegenüber den Sabbuzäern und zugleich gegenüber Herodes und den Herodianern.

Wie in Palästina von jeher politische und religiöse Dinge in Einheit waren, so ist denn auch die Partei der Pharisäer nicht bloß eine politische, sondern zugleich auch eine religiöse Partei. Sie halten sich streng an das mosaische Gesetz. Aber sie legen eigentlich diesem selbst ein geringeres Gewicht bei als der mündlichen Gesetzestradition, die sie indessen willkürlich auch ihrerseits auf Moses zurückführen. Jedenfalls wird es mit der Zeit strafbarer, gegen diese Tradition als gegen das Gesetz selbst sich zu vergehen. Das Heil erwirbt man durch Thora und Aboda (Opferdienst). Opfer, Fasten, Gebete, die Zeremonien und Gebräuche, Sabbatfeier und Tischgemeinschaft spielen eine große und schließlich fast ausschließliche Rolle. Es ist eine totale Verknöcherung des Gesetzes in Kleinlichkeiten und toten Gebräuchen. Bei alledem verhalten sich die Pharisäer und ihr Anhang (der sogenannte Chaber-Bund) durchaus abschließend gegen das gemeine Volk, das Mischvolk (am ha arez). Durch den Chaber-Bund aber breiten die Pharisäer ihre Macht über das

ganze Land aus. Schonungslos verfolgen sie Anders=
gesinnte.

Nun aber hoffen sie ja durch all solche umständlichen
und mühselig=peinlichen Bemühungen auch ein handgreif=
liches, reelles Heil zu erlangen; und so spielt denn gerade
in der Zeit kurz vor Jesus' Auftreten die Messias=
hoffnung und =idee unter den Rechtgläubigen eine
große Rolle. Man hofft, daß der Messias kommen und
Israel vom Joch der Heiden, im weitesten Sinn, be=
freien, und Israel herrlich vor allen anderen Völkern
machen solle. Damit würde dann die Weltgeschichte ihr
Ende erreicht haben und Israel zu der von Gott ge=
wollten Vollendung gelangt sein. Durch Buße und gute
Werke bereitete man sich auf das Erscheinen des Messias
vor, von dem man erwartete, daß er sich aus Davids
Stamm erheben werde. Ein Vorläufer aber würde dem
eigentlichen Messias vorangehen. Man erwartete, daß
Elias vom Himmel kommen und die Ankunft des Messias
verkünden werde.

Man nahm denn auch, im Sinn dieser ganzen
Messiashoffnung, von dem Auftreten Johannes des
„Täufers" Notiz, und zeigte sich diesem, der sich mit
seinen Jüngern an die Gebräuche hielt und fastete, gut
gesinnt.

Da nun, aus all solchem durch solche brennende
Messiashoffnungen erregten Zeitpunkt heraus, tritt in
Nazareth der junge Rabbi Jesus auf. Ein kluger und
lebendiger Knabe, der unter der Mischbevölkerung
Galiläas aufwächst und deren Zustände mit offenen
Augen wahrnimmt; er selbst einer aus dem „am ha
arez", dem gemeinen Volk, dem Mischvolk. Er kommt
häufig nach Kapernaum, geht in die Synagogen, zeigt

sich gescheit und wißbegierig. Nicht weniger, wenn er gelegentlich der großen Feste mit den Eltern nach Jerusalem selbst hinaufkommt. — Er wächst heran und bereitet sich, völlig aus sich selbst und in jeder Hinsicht Autodidakt, auf die Lehrtätigkeit vor. Dann tritt er hervor; er kennt wohl selbst in der ersten Zeit noch nicht seinen messianischen Beruf. Er ist zunächst nichts als ein Wanderrabbi auf eigene Faust. Sein erstes Auftreten wird dem des „Täufers" ähnlich gewesen sein, wenn er sich freilich auch sogleich von diesem in einer sehr bedeutsamen Weise mit seiner Lehre unterschied, die er aus eigenem Nachdenken gewonnen und in der Umgebung seiner heimatlichen Mischbevölkerung ausgebildet hatte.

Wir können nun deutlich drei Perioden seiner Lehrtätigkeit unterscheiden. In der ersten dieser Perioden sucht er eine offenbare Annäherung an die Pharisäer und diese an ihn; in der zweiten kommt es zwischen ihm und den Pharisäern zu stetig zunehmenden Differenzen; in der dritten gehen diese Differenzen und gegenseitigen Mißverständnisse in tödliche Feindschaft über. In der zweiten Periode müssen wir annehmen, hat sich seine hohe Messiasidee zu bilden begonnen — mit der, ihm sicher bewußt, sein Schicksal die Wendung zum Tragischen nahm und nehmen mußte —; sie wuchs und wurde immer bewußter, bis sie in der dritten Periode zu reinster, bewußtester und vollkommenster Ausbildung gelangte. — Und es scheint mir bereits die zweite Periode zu sein, in welcher er eine mehr oder weniger nationale Sache, auf die er in seinen Anfängen sicher hinaus war, aufzugeben sich genötigt sah, und wo er — vires acquirit eundo — tragisch seine Bestimmung einer höheren und umfassenderen als nationalen Mission vorauserkannte; wenn sicher wohl auch nicht in ihrem vollen und ganzen Umfang.

*

Also zunächst aber sucht er die Pharisäer zu gewinnen und sie ihn; zunächst vertritt er noch eine ausschließlich nationale Sache.

Es gab ja vorerst auch noch so gar manche Uebereinstimmung zwischen ihm und den Pharisäern. Gegenüber den Zadokiten, die weder an die Unsterblichkeit noch an die jenseitige Verantwortlichkeit glaubten, noch auch an eine Vorsehung Gottes, diesen Realisten und Praktizi, glaubte Jesus, genau wie die Pharisäer, an die Unsterblichkeit, an die jenseitige Verantwortlichkeit und die Vorsehung Gottes. Er hatte mit ihnen durchaus die Vergeltungslehre gemein, nach welcher die Menschen am olam ha ba (jüngsten Tag) von ihren Taten Gott Rechenschaft ablegen mußten. Ferner spielte ja auch der Begriff der Aboda (Barmherzigkeitsbegriff, Begriff der Gnade) neben der Thora eine gewisse Rolle; ein Begriff, dem freilich Jesus von vornherein eine ganz neue und besondere Ausbildung gab. (Wohl bereits ein Anzeichen seines Mischblutes und seiner Abstammung aus einer Mischbevölkerung, aus dem „am ha arez".)

Seine erste Lehrtätigkeit besteht nun gerade darin, daß er, politisch gesagt, der Mischbevölkerung Rechte und eine bessere, den Zeitverhältnissen entsprechende Stellung, sicher zum Heil des ganzen Landes, dessen Zerklüftung damit beseitigt worden wäre, zu verschaffen trachtet; religiös-ethisch gesagt, daß er diese seine neue, erweiterte Auffassung von der Aboda, und von der Gnade Gottes und der Liebe zu all seinem Volk, und nicht nur für die wenigen, die sich durch besondere äußere Werke und

Zeremonien um diese Gnade und Liebe bemühen, zu verkündigen beginnt. — Er wandert durch das Land, tritt in Galiläa unter der Mischbevölkerung mit dieser Lehre auf, predigt und heilt, zur Bekräftigung solcher Predigt und Lehre, Kranke und verrichtet magische „Wunder", wie man das von den Propheten gewohnt war. Aber es steht fest, daß er solche Heilungen und Wunder mit einer ungewöhnlichen Gabe und auf besondere, staunenerregende Weise vollzieht; sicher mit einer besonderen persönlich=sympathetischen Gabe. Er ist keiner von den handwerksmäßigen Magiern, die man gewohnt war; er ist eine Persönlichkeit von ungewöhnlich spontanen, sympathetischen Eigenschaften, und das muß denn wohl von vornherein für die Entwicklung seines späteren Messiastums von Einfluß und Bedeutung gewesen sein.

Auch hier dürfen wir vielleicht einen Schluß auf seine arische Blutmischung ziehen. Er wird die außergewöhnlich kräftigen und guten physiologischen Eigenschaften eines „Sohnes der Liebe" gehabt haben, wie er von vornherein und seit früher Jugend eines solchen helle geistige Fähigkeiten und Anlagen zeigt. Er ist kein Eiferer, besitzt nichts von der fanatischen Herbheit der Magier rein semitischer Rasse. Er ist bei diesen Heilungen und Wundertaten ruhig, gesammelter, konzentrierter, „perikleisch" — wenn ich mir diesen Ausdruck gestatten darf —; er ist lind und sympathetisch, aus guten gesund=harmonischen, psycho=physischen Eigenschaften heraus; er hat das unmittelbar angenehme und wohltuende einer gesunden und vollkräftigen männlichen Physis.

Wir könnten gleich noch auf die anderen Anzeichen seines arischen Mischblutes eingehen.

Sie bestehen in einem sehr intimen und feinen, man möchte wieder sagen, sympathetischen Sinn für die Natur; wie bereits aus seinen wundersamen Gleichnissen genugsam erhellt. Das ist etwas wesentlich anderes, als der hebräische Natursinn, wie er uns in den Psalmen und bei den Propheten begegnet, und der nichts Idyllisches, intim und liebevoll sich in die Natur und gerade in ihre kleinen Erscheinungen — Bäume, Kräuter, Blumen — Hineinlebendes hat.

Sein Mischblut bekundet sich ferner dadurch, daß er den Freuden des Lebens gegenüber sich keineswegs asketisch verschließt. Seine Jünger dürfen essen, trinken, wie sie wollen, brauchen sich weder mit Fasten noch mit Bußübungen zu plagen. Er selbst nimmt an den reichen Gastmählern der Zollpächter teil, gelegentlich deren es sicher sehr lustig zuging; soweit, daß er bei seinen Gegnern in den Verruf eines „Fressers und Weinsäufers" kommt. Er nimmt teil an Hochzeiten und Familienfesten. Ganz und gar unterscheidet er sich mit all solchen Eigenschaften von dem semitischen Eiferer und Asketen Johannes. Wir dürfen vielleicht auch annehmen, daß er, der so keineswegs asketisch war, auch Umgang mit Weibern gehabt hat; die ihm jedenfalls eine besondere Sympathie entgegenbrachten und in seinem Gefolge waren. Sein gesunder Sinn läßt ihn, den im mischbevölkerten Galiläa aufgewachsenen Autodidakten, von Anfang an und instinktiv dem Gesetzesbuchstaben und der Tradition gegenüber auf den G e i s t des Gesetzes bringen und eingehen und ihn die bisherige Gottesidee in einer unerhörten Weise vertiefen. Wir sind genötigt, anzunehmen, abseits von einem hellenistisch-philosophischen Einfluß. — Er weiß ferner nichts von der herben, fanatischen Intoleranz der Pharisäer gegen Andersgläubige. Er ist zwar eigentlich nur zu „den verlorenen Kindern vom Hause Israel" gekommen und nicht zu den Heiden, dennoch bringt er es nicht übers Herz, etwa Syriern oder Phöniziern und Samaritanern, oder gar Römern Heilung zu versagen oder ihnen, wenn sie danach verlangen, an seinen neuen Heilswahrheiten teilnehmen zu lassen. Ein Zug, der bei dem Semiten Johannes, seinem Vorgänger, völlig ausgeschlossen gewesen wäre.

Sein Aeußeres werden wir uns wohlgestaltet vorzustellen haben. Er wird physisch gesund gewesen sein, denn er ist ein Kind der Liebe. — Er schadete, außer vielleicht in seiner Vorbereitungszeit, seiner Gesundheit und den Kräften seines Leibes nicht durch Fasten oder sonstige Askese. Er hat seine Heilungen und magischen Wundertaten sicher nicht in irgend einem künstlich gesteigerten Nerventrance zustande gebracht, sondern aus einem physischen Ueberfluß an sympathischen, natürlichen Nerven- und sonstigen physischen Kräften. Dafür spricht, daß man so oft sagt, er sei anders als die anderen Wundertäter. Er konnte es sich leisten, an festlichen Mahlzeiten teilzunehmen, ohne an solchen Fähigkeiten einzubüßen. Er zeigt ein ruhiges, stetes, gehaltenes Temperament, das wir vielleicht als ein sanguinisch-phlegmatisches bezeichnen können. Er ist eine heitere, freundliche, liebenswürdige, gehaltene und gütige Natur und doch mit allen Tiefen der seelischen Geheimnisse vertraut. Auf der anderen Seite ist er zugleich überaus klug, mutterwitzig, schlagfertig, geistesgegenwärtig und, wo es not tut, im geeigneten Moment, entfacht er die ganze spontane Macht seiner Energie und einer gewaltigen, unwiderstehlichen Beredsamkeit. Als ein solcher steht er den Pharisäern und dem semitischen Element gegenüber.

Er hat zunächst völlig auf eigene Faust gelehrt und Heilungen vollzogen; und sein Ruf hat sich im Lande von Tag zu Tag mehr verbreitet. Da nähern sich ihm die Pharisäer.

Zuerst genau so, wie sie sich Johannes genähert haben: mit Wohlwollen. Er hat nichts dagegen. Er sieht deutlich, worin er mit ihnen übereinstimmt. Er sieht von welch überaus großer Bedeutung ein Zusammengehen mit ihnen sein muß. Ja, er hat ein solches Zusammengehen, und muß es ganz selbstverständlich von Anfang an im Auge gehabt haben. Er hat ihre Annäherung vorausgesehen. Dennoch sind sie es, die sich ihm zuerst nähern; nicht er ihnen.

Er stimmt in so vielem mit ihnen überein. Auch er sieht die dringlichste Notwendigkeit einer Umänderung der gegenwärtigen Zustände. Er sieht gewiß auch ein, daß er die Pharisäer zu einer solchen durchaus vonnöten hat. Und so kommt er ihnen entgegen.

Indessen nicht wie ein Diplomat, der etwa aus praktischen Rücksichten Scheinkompromisse macht — dies wäre so recht eine Eigenschaft arisch-römisch-hellenischen Blutes und Geistes gewesen — sondern er vergibt sich ihnen gegenüber nicht das mindeste; gibt sich mit völliger Wahrhaftigkeit und Lauterkeit und in einem prächtig unbesorgten Selbstbewußtsein — eine echt arisch-germanische Eigenschaft — genau so wie er ist. — Er kommt ihnen entgegen; zeigt ihnen offen und frei was er meint, tut, denkt, will. Er handelt völlig als Mann; und so recht nach unserem germanischen Begriff als ein Mann; im mindesten weder wie ein Grieche noch wie ein Semit. Er handelt ohne weiteres, von vornherein und ganz selbstverständlich, durchaus aus seiner Natur heraus in dem Sinn, daß er sie im wesentlichsten überzeugen und zu sich herüberziehen will. Er erkennt, daß sie mit all ihren Kleinlichkeiten, mit ihrer Minze-, Till- und Kümmelpraxis und ihren peinlich knifflichen Haarspaltereien, daß sie vor allen Dingen mit ihrer bornierten und kurzsichtigen Intoleranz in d i e s e m Palästina, das von den Römern beherrscht ist, dessen Bevölkerung überall mit ethnischen Bestandteilen durchsetzt ist, nicht das geringste erreichen können. Wohl aber wäre alles zu erreichen gewesen, wenn sie sich mit ihm politisch und religiös-ethisch über seinen neuen Aboda-Begriff geeinigt hätten. Nur so hätten sie sich des ganzen Volkes, wie es nun damals schon mal war, bemächtigen können. So weit aber auch der Einfluß ihres Chaber-Bundes im Lande reichte und sich verzweigte: ihre unsinnige, hochmütige Verachtung des am ha arez hinderte, daß das Land zu gesunden und neuen organischen Zuständen gelangen konnte.

In solchem Sinn also nähert Jesus sich den Pharisäern, in der Absicht, mit ihnen an der Einigung und nationalen Hebung des Landes zu arbeiten. Er hat bereits eine geraume Zeit gelehrt und geheilt. Von allen Seiten strömt ihm das Volk zu, aus allen Provinzen des Landes. Ein Jünger nach dem anderen schließt sich ihm an; er beginnt bereits auch Jünger im weiteren, externeren Sinn zu haben. Er ist bereits eine Macht.

Da werden also die Pharisäer aufmerksam auf ihn. Zwar für den Messias selbst halten sie ihn keineswegs. Dennoch aber ist die Möglichkeit nicht ausgeschlossen, daß er ein hervorragender Prophet ist; und so beschließen sie, ihn in den Bereich ihrer Pläne zu ziehen. Zwar: seine Herkunft ist dunkel; aber immerhin ist es möglich, daß er ein heimlicher Chaber ist. Er lehrt aus eigener Vollmacht, hat autodidaktisch sich vorbereitet und gebildet: aber dennoch; sie nähern sich ihm. — Nicht nur in der Synagoge treffen sie mit ihm zusammen; sie würdigen ihn sogar — bei der hohen zeremoniellen Bedeutung dieses Gebrauches etwas ganz Außergewöhnliches und Unerhörtes — der Tischgemeinschaft; er wird zu ihren Mählern geladen. Wenn auch vorderhand noch mit Vorsicht, erweisen sie ihm so unerhörte Ehre, die direkt religiöse Bedeutung hat, und von der jeder Nicht-Chaber und Mann des am ha arez von vornherein und ausnahmslos ausgeschlossen ist. — Der Vollblutpharisäer Nikodemus sucht ihn persönlich auf, und er macht ihm, ganz im Sinn der damaligen Stimmung der Pharisäer gegen Jesus, das wichtige Kompliment: „Meister, wir wissen, daß du gekommen bist, ein Lehrer von Gottes Gnaden, denn keiner kann die Zeichen vollbringen, die du tust." Die Pharisäer sehen, daß sie's hier mit einer großen und außergewöhnlichen Persönlichkeit zu tun haben, und sie wissen gar gut, von wie außerordentlicher Wichtigkeit und Bedeutung das in den gegenwärtigen kritischen Zuständen ist. Ja, es erscheint ihnen jetzt sogar als möglich, daß er ein Vorbote des Messias ist. Sie leisten ihm sogar Beistand gegen Herodes, der ihm nachstellt, weil er argwöhnt, Jesus wolle sich der königlichen Gewalt bemächtigen.

Hier kann man nun wohl sagen, daß eine solche Möglichkeit auch nicht ausgeschlossen war. Die Mißwirtschaft der Herodianer war auf ihrem Höhepunkt. Rom aber wäre es gleichgiltig gewesen, ob sie oder wer anderes auf dem jüdischen Königsthron gesessen hätte; wenn er ihnen nur sonst keine Schwierigkeiten bereitet hätte. Wäre ein Kompromiß zwischen Jesus und den Pharisäern zustande gekommen, so wäre vielleicht nicht ausgeschlossen, daß ein Wechsel in der königlichen Herrschaft eingetreten wäre, daß man die Herodianer verjagt und etwa den Christus als einen nationalen, einen Volkskönig, auf den Thron gesetzt hätte. Palästina wäre nach wie vor unter römischer Oberherrschaft gewesen, das Land aber hätte sich besser gestanden.

Solche Möglichkeit war nicht ausgeschlossen. Ohne die Pharisäer war aber eine derartige politische Umwälzung völlig unmöglich. Sie wären, bei der großen politischen Bedeutung und Gewalt, die sie besaßen, unbedingt vonnöten gewesen, um mit den Herodianern und der sadduzäischen Priesterkaste fertig zu werden. Aber sie waren zu kleinlich, zu starr versteift in ihren politischen und religiösen Vorurteilen gegen das am ha arez; es ergab sich keine Möglichkeit, zu einer doch so durchaus notwendigen Einigung über den neuen, erweiterten Aboda-Begriff von Christus zu gelangen, und so zerschlug sich alles; der Kompromiß kam nicht zustande. Sie dachten zudem, in ihrem an Größenwahn streifenden Eigendünkel, lediglich daran, Jesus zu dem Werkzeug ihrer kleinlichen Sonderinteressen zu machen.

Aber hier hatten sie sich in ihm getäuscht. Hier war ihm nicht anzukommen. Er läßt von dem unter den damaligen Umständen einzig richtigen Gesichtspunkt nicht los, daß man mit dem jüdischen Volk rechnen müsse, wie es nun schon mal w a r und nicht mehr anders s e i n und w e r d e n konnte. Und sicher erkannte er auch mit völliger Klarheit, daß sonst überhaupt nichts mehr zu wollen und zu erreichen war.

Hier beginnen denn nun die Mißverständnisse zwischen ihm und den Pharisäern; und hier setzt zugleich seine eigentliche Größe ein; hier bricht sie aus ihm hervor; **hier beginnt sich ihm sein Messiasberuf zu klären!** — Von diesem Moment an entwickelt er sich erst zu der wundersamen, so völlig erstaunlich überragenden großen Persönlichkeit; von hier ab wird aus dem schlichten Wanderrabbi, der seinem Volke das religiöse und also auch das politische Heil bringen wollte — dies beides ist ja nach den jüdischen Begriffen das gleiche — **zum Heiland der Welt.**

Wir müssen hier noch verweilen; bei dieser großen und wunderbaren Krise, mit ihrer wahrhaft göttlich=übermenschlichen Entscheidung, mit ihrem so verwunder=sam erstaunlichen, großen neuen Gesichtspunkt.

Wie wohl hatte sie sich im stillen bis dahin in Jesus vorbereitet?

Wir sagten bereits: es ist wohl so gut wie unzweifel=haft, daß er zu der raffinierten wort= und begriff=klauberischen hellenistischen Philosophie von damals in keinerlei eindringlichere Berührung gekommen ist. Die einfachen, großen, und im Grunde doch auch, wenn auch — durch die Umbildung des Aboda=Begriffes — wesent=lich veränderten, judäischen Züge seiner Lehre beweisen das auf das deutlichste und unmittelbarste. Dieser Hellenis=mus würde ihm durchaus und total gegen die innerste Natur gegangen sein. — Dennoch aber: stellen wir uns den jugendlichen Rabbi vor, wie er in diesem ethnischen Galiläa lehrend umherzog. Was gewahrt er nicht alles! Mit was allem kommt er nicht zusammen! Was drängt sich ihm nicht alles in den Gesichtskreis! — Welche vielseitigen Impressionen, Sensationen, Gedanken und Ideen mag ihm nicht die Zollwirtschaft der Römer, das tägliche Leben und Treiben der Römer, die Thermen, die Theater und was alles dergleichen, angeregt haben! Dazu der Anblick der Soldaten! Der Anblick der germanischen Legionäre! Er wird, wie er stets mit dem Volk in persönlicher Berührung war, Berichte von allen Regionen des großen Imperiums angehört haben; von Italien, Griechenland, Kleinasien, Spanien, Nordafrika, Gallien, dem fernen Germanien. Wie wird ihn das alles, wenn schon nebenbei, beschäftigt, welche Horizonte wird es in dieser großen Seele, in dieser gewaltigen Vorstellungskraft eröffnet haben! — Welche mächtige Vorstellung von dem großen sozialen Weben und Wesen des gewaltigen Imperiums wird vor seinem Geiste gestanden haben. — Wie wird er das alles bereits, mit psychophysischer Unwillkürlichkeit doch wohl schon, mit seinen eigenen religiösen Vorstellungen, seinem Gottesbegriff in Beziehung gebracht haben! —

Ferner: wie werden ihn die Heilungen beschäftigt haben, die er zuweilen, nicht nur an Samaritanern, sondern auch an Syriern, Phöniziern, Römern vollzog, und die er doch eigentlich als eine Inkonsequenz empfand; wie interessant wird er sich nämlich mit ihnen abgefunden haben! Wie kam es, daß er solche Heilungen hatte vollziehen, daß er diesen Heiden gar von seiner Lehre hatte sprechen können? Hatte ihn nicht sein Herz, das Erbarmen an ihrem Leid und an ihrer Heilsbedürftigkeit hingenommen? Schlug also sein Herz in menschlich-natürlicher Anteilnahme nicht auch für die Heiden? Und hatte er nicht selbst in dem römischen Hauptmann in Kapernaum den Menschen erkannt und einen vor Gott gerechten Mann, obschon er kein Jude, sondern ein Heide und Römer war?

Es versteht sich zwar von selbst, daß ihn das immer noch nicht die Vorstellung von einem Heiland aller Welt und aller Völker vor die Seele rückte. Das ist völlig ausgeschlossen und unmöglich. Nach wie vor galt seine Mission vornehmlich den „verlorenen Kindern aus dem Hause Israel": aber es beschäftigte ihn dennoch mit großen, dunklen, erstaunlichen Empfindungen; und andererseits zog es auch eine ganz bestimmte Folge nach. Offenbar mußte ihm das alles den Begriff der Aboda, der göttlichen Gnade, immer mehr vertiefen: und weit über den national-religiösen hinaus, und eigentlich immer mehr gänzlich von dem national-politischen engeren Gesichtspunkt ab.

Mit solchen Hintergrundstimmungen, die sich zudem sicher immer mehr festigten, ja! die wohl auch schon hier und da mit ganz absonderlichen Ideen und Konsequenzen in seiner Seele sich klärten, verhandelte er nun mit den Pharisäern. War es möglich und denkbar, daß es zwischen ihnen auch nur zu irgend einem Kompromiß kommen konnte?

In demselben Augenblick nun aber, wo diese Unmöglichkeit in letzte und unausweichlichste Klarheit trat, muß Jesus in einer furchtbaren seelischen Krise gewesen sein.

Vergegenwärtigen wir uns: er sah, daß, wenn zum Heil der Nation etwas geschehen sollte, so waren die Pharisäer unbedingt und durchaus vonnöten. Eine Möglichkeit, mit ihnen zu kompromittieren, war aber, wie sich's zeigte, völlig ausgeschlossen. So war denn seine Heilsarbeit und sein Lebensberuf in demselben Augenblick null und nichtig. Oder hätte er irgend einen beliebigen unbedeutenden Wanderlehrer spielen können? Auch das wäre, selbst wenn er es hätte wollen können, unmöglich gewesen. Die Pharisäer würden ihn ja nicht einen Schritt mehr im Lande haben tun lassen. Nein, er wäre total fertig gewesen.

Dieser Zustand hätte ihn vernichten können. Aber, es war nicht möglich, daß er durch ihn vernichtet wurde. Denn in diesem Augenblick regte sich in ihm all jener dunkle seelische Inhalt, dieses seltsame, untergründige Werden und enthüllte ihm die Lage in aller Klarheit, und zeigte ihm, was zu tun war und was unvermeidlich bevorstand.

Er erkannte, daß die Pharisäer und ihr Chaber-Bund unter allen Umständen eine dem Tode verfallene Institution waren. Er erkannte zugleich aber auch, daß mit ihnen das alte nationale Element Palästinas rettungslos dem Untergang verfallen war, und es mit dem gesamten Volk als nationalen Bestand ein Ende haben mußte.

Was war nun zu tun? Sein nunmehriges feindliches Verhältnis zu den Pharisäern erhellt das auf das unverkennbarste. Es war unausweichlich: sie würden ihm mit aller Zähigkeit und allem Fanatismus nachstellen; nicht einen Augenblick mehr würden sie ihn in Ruhe lassen. Er mußte also, unter allen Umständen, war durchaus gezwungen, den Kampf mit ihnen bis aufs äußerste zu bestehen. Und dieses Aeußerste? O, er erkannte das mit aller Deutlichkeit: dieses Aeußerste würde seinen persönlichen Untergang bedeuten.

Er m u ß t e den Kampf bestehen, und dieser m u ß t e mit seinem persönlichen Untergange enden: aber, blieb ihm nun weiter nichts übrig, als sein Leben so teuer als möglich zu verkaufen? Oder: war etwa noch eine andere Möglichkeit vorhanden? Natürlich keinen Augenblick mehr die, das Land zu vereinen und ihm eine nationale Religion zu erneuern. Aber eine andere Möglichkeit sah er: d i e s a l l e s s o z u l e n k e n, d a ß s e i n U n t e r g a n g z u g l e i c h d e r d e r P h a r i= s ä e r b e d e u t e n w ü r d e! Und in der Tat, sie waren an dem Gegner geraten, der sie abtat; in demselben Augenblick, wo sie ihn abtaten.

Was nun aber würde dieser Untergang der Pharisäer bedeuten? O, dies erkannte er mit aller Klarheit. Den Untergang der Juden als Nation. Aber: was war hier noch zu hoffen? Dieser Untergang war ohnehin unvermeidlich. Dieses Volk war dem Verderben verfallen, so gut wie ihr Tempel. Die Mißwirtschaft der Herodianer, die Obergewalt der Römer, eine bis zum Irrsinn bornierte und blinde, völlig unfruchtbare nationale Partei: das war bereits kein Volk mehr. Also: es kam darauf an, die Pharisäer zu vernichten, und damit den tatsächlichen und positiven status quo zu kären.

Für die Juden war kein Heil mehr möglich. Judäa gehörte, wie der ganze Erdkreis den Römern. So war es tatsächlich und konnte nicht anders sein. Er erkannte das allgemeine Ende, den Zusammenbruch der Nationen. Und in diesem Augenblick reifte in ihm die große Messiasidee, die sich heimlich schon lange in ihm vorbereitet hatte; zuerst ihm selbst noch ganz unbewußt. In diesem Augenblick mußte sich all der geheimste Inhalt seiner Seele kären.

Aber in welchem Sinn wird er sich als den Messias angesehen haben?

Schon früher, gelegentlich jener Heilungen, die er zuweilen, so nebenbei, an Syriern, Phöniziern und Samaritanern vollzogen, wird er den naheliegenden Schluß gezogen haben, daß diese Leute, die von dem Moment der Heilung an an ihn glaubten, mit ihm **rein menschlich** geeint, und daß sie fortan die **Seinen** waren, obgleich sie Heiden und nicht Juden waren. Es war also durchaus möglich und tatsächlich, daß nicht sowohl stammesverwandte Nationaljuden, sondern auch Heiden **die Seinen** sein konnten. Nun aber sah er, wie von Tag zu Tag sein Anhang, wie die, die an ihn glaubten, sich mehrten, wie ein mächtiges und unauslöschliches Gedächtnis im Volke, unter Juden und Heiden — denn sein Ruf als Prophet war ja bereits nach Syrien und noch weiter über die Grenzen Palästinas hinausgedrungen — festwurzelte und sein gewaltiges, neues, menschliches Wirken bewahrte. Er hatte also bereits eine Gemeinde. Juden und auch schon Heiden waren sein; und sie waren ein und das gleiche in ihm, durch ihn, durch den Glauben an ihn und seine neue Lehre. — Auf was kam es nun an? Darauf, daß er mit Aufbietung aller Kräfte diese Gemeinde noch vergrößerte, daß er sein Gedächtnis durch unerhörte Geschehnisse auch über den Kreis seines Anhanges hinaus ein- für allemal befestigte. Dann war in dem allgemeinen damaligen Weltuntergang ein Heil und eine Sicherheit; in ihm und seiner Lehre. Während alles zerfiel, wuchs und blühte und festigte sich hier ein neues Leben und eine neue Gemeinschaft.

Dies alles aber würde er bewirken, wenn er sich als den gottgesandten Messias selbst offenbarte. Und in welchem Sinn er das tatsächlich war, erkannte er jetzt mit aller Klarheit.

Von diesem Augenblick an begann er mit aller Konsequenz auf sein Ziel loszugehen: das Ansehen der Pharisäer gänzlich unmöglich zu machen, und sie dadurch zu vernichten; und zugleich seine neue Gemeinde zu kräftigen und zu vermehren.

Verfolgen wir solches Unternehmen jetzt eingehender.

*

Wie er dies nun alles durchführt, das verrät nichts weniger als einen „Schwärmer" oder einen „Phantasten". Vielmehr vereinigt er hier geradezu alle wieder ungleich mehr g e r m a n i s c h e n als griechischen Eigenschaften von Mutterwitz völlig mit semitischer Zähigkeit.

Die Pharisäer ihrerseits haben im Verlauf der zweiten Periode nach und nach erkannt, daß Jesus nicht der Mann ist, der sich zu dem Werkzeug ihrer eigensüchtigen Sonderinteressen hergeben wird. Er ist ihnen nun nicht mehr der Chaber, sondern völlig nur noch ein beliebiger Mensch aus dem am ha arez, also etwas durchaus Niedriges und Verächtliches; ein Mensch ohne Herkunft und Legitimation. Es heißt nun: Was kann aus Nazareth Gutes kommen? Und: aus Galiläa kann nie und nimmermehr ein Prophet erstehen. Immer mehr nehmen sie Anstoß, daß er mit dem gemeinen Volk verkehrt, mit Zöllnern und Sündern ißt. Ja, was ihm die Pharisäer nie verziehen: er beruft sogar den Zöllner Levi zu seinem Jünger, und nimmt die Einladung zu dem großen Abschiedsmahl an, das Levi seinen Berufsgenossen gibt. Aehnlich beruft er auch noch einen anderen Zöllner, Matthäus aus Jericho. — Mit Absicht ferner, um die Aufmerksamkeit der Pharisäer erst so recht auf sich zu lenken, vollzieht er Heilungen am Sabbat. Die Pharisäer empfinden das als Fronde und Herausforderung.

Sie lassen zunächst ihre Wut an denen aus, die er geheilt hat. An ihn selbst, dessen Anhang von Tag zu Tag wächst, wagen sie sich noch nicht heran. Dann bezichtigen sie ihn der Irreligiosität, sagen, daß seine Heilkraft von den Dämonen stamme. Sie nennen ihn einen Gotteslästerer, weil er sich Gottes Sohn nenne und Gott sich gleichstelle; weil er Sünden vergebe aus eigener Machtvollkommenheit.

Jesus antwortet ihnen durch neue, bis dahin unerhört gewesene Heilungen: er heilt einen Besessenen, der blind und stumm ist. Dies unerhörte Wunder entflammt das Volk bereits so, daß man ausruft, er sei Davids Nachkomme und der Messias. — Die Feindschaft der Pharisäer steigert sich dadurch dermaßen, daß sie ihn bereits einen Samariter nennen. Das schlimmste Schmäh- und Schandwort, das ein rechtgläubiger Jude kannte. Sobald Jesus in dieser Zeit nach Judäa hinaufkommt, ist er genötigt, sich vor direkten Nachstellungen der Pharisäer zu hüten.

Jetzt beginnt er nun auch mit aller Schärfe öffentlich gegen sie zu predigen. Mit all ihren schwachen Seiten stellt er sie schonungslos vor allem Volk bloß, von dem sie bisher als fromme und gerechte Männer hochgeachtet wurden. Jesus nennt sie falsche Propheten und warnt das Volk vor ihnen. Er geht so weit, daß er die Heiden und das am ha arez über sie stellt.

Von da an beginnen die Pharisäer, um ihn unschädlich zu machen, gegen ihn einen planmäßigen Krieg. In diesem Krieg steht Jesus ihnen ganz allein gegenüber: denn das Volk bleibt im wesentlichen neutral und seine Jünger sind ohnmächtig.

Zunächst stellen die Pharisäer ihm verfängliche Fragen. Er läßt sie glänzend abfallen. Wieder mit einer ruhigen, bedachten Klugheit und einer Geistesgegenwart und Schlagfertigkeit, die rein semitisches Blut kaum in dieser Weise vermocht hätte.

Da dies also nichts nützt, umstellen sie ihn mit Spionen. Auf Schritt und Tritt. Sie gewinnen Leute aus dem Volk, die Aufläufe arrangieren und Jesus Kranke zutreiben müssen. — Auch mit diesen Manövern bleiben sie ohnmächtig. — Nun suchen sie ihn auf eine raffinierte Weise, als ließen sie ihm im übrigen Gerechtigkeit zuteil werden, beim Volk aus dem Kredit zu bringen. Das Volk brauche Wohlstand, Befreiung von der Fremdherrschaft; Jesus aber sei ein bloßer Schwärmer, der sie lediglich nasführe. — Diese Methode erzielt denn auch einigen Erfolg; viele fallen wieder von Jesus ab. —

Die Pharisäer sehen indessen ein, daß sie im besten Fall das Volk nur sehr langsam von ihm abbringen können; Eile aber tut not. So setzen sie sich denn mit ihren Nebenbuhlern, den Herodianern, in Verbindung und versuchen, ob sie Jesus spurlos verschwinden lassen können.

Jesus antwortet seinerseits hierauf aber gerade damit, daß er an einem Laubhüttenfest nach Jerusalem geht und in dem Tempel vor allem Volk predigt; und zwar auf eine Weise, daß sein Anhang unter dem Volk sich vergrößert wie nie zuvor. Die Pharisäer suchen ihn durch

Diener der Sadduzäer ergreifen zu lassen; aber diese Diener, zum Teil von seiner Rede selbst hingerissen, zum Teil aus Angst vor dem Volk, wagen nicht, Hand an ihn zu legen: denn Jesus hat so viel Stimmung für sich, daß das Volk ihn abermals als Messias begrüßt.

Indessen merkt Jesus jetzt wohl, daß die Entscheidung naht, und daß er — bei der Neutralität des Volkes im ganzen — die zähen Verfolgungen der Pharisäer auf die Dauer nicht wird bestehen können. Er rüstet sich also zum letzten Kampf und bereitet die Entscheidung mit großer Umsicht vor. Er weiß, daß es ihm das Leben kosten wird. Aber er sagt sich, unter allen Umständen muß es in Jerusalem geschehen, zu einer Zeit, wo sehr viel Volk dort sich angesammelt hat, und sein Tod einen um so tieferen und nachhaltigeren Eindruck macht. Er fängt an, seine Jünger auf diesen Ausgang vorzubereiten; er erweckt ihre besondere Sympathie, erteilt ihnen den Auftrag zu späterer Mission und Verbreitung seiner neuen Lehre.

Zunächst ist im übrigen seine Taktik die, daß er überall im Lande mit einer bis dahin unerhörten Heftigkeit und Schonungslosigkeit gegen die Pharisäer predigt. Die schärfsten und unnachsichtigsten Schmähworte sind ihm jetzt gerade recht. Außerdem lehrt er seine Jünger und informiert sie mit besonderer Eindringlichkeit, und macht sie mit seinen neuen, umfassenderen, seinen Messiasideen vertraut, bindet sie wie nie zuvor an seine Person und seine Lehre. Begeistert schließen sie sich ihm zu engstem Bund an, wie sie es noch nie bis daher getan.

Vom Volk weiß er, daß es ihm nichts nützen kann. Aber sein Leben ist wenigstens vor ihm sicher. Er weiß, nur die Pharisäer und Herodianer werden ihn töten. Aber auch sie können und werden es nur nach vorangegangenem Gericht des Synedrions.

Immer mehr nähert sich das letzte Passahfest, das die Entscheidung bringen wird. Er hat überall mit unauslöschlichen Worten gegen die Pharisäer gepredigt, hat auch Heilungen vollzogen. Auch in Peräa ist er umhergezogen und hat dort für sich Stimmung gemacht und seinen Anhang vermehrt. — Da, während er noch in Peräa predigt, kommt das Schicksal seinen Absichten zu Hilfe. Es gelangt eine Botschaft zu ihm aus Bethanien bei Jerusalem, von den Angehörigen seines Freundes Lazarus. Dieser sei todkrank, Jesus möge ihn heilen. Jesus aber wartet erst absichtlich noch zwei Tage und bricht dann erst nach Judäa und Bethanien auf.

Die ganze Gegend zwischen Bethanien und Jerusalem ist in dieser Zeit schon von Volk belebt, das zum Passah nach Jerusalem hinaufzieht und für die Passahzeit in Hütten und Zelten im weiten Umkreis um die Stadt herum wohnt.

Als Jesus in das Haus des Lazarus kommt, wird ihm mitgeteilt, dieser sei tot und liege bereits ein paar Tage im Grabe. Jesus begibt sich, umgeben von vielem Volk, sogleich zur Begräbnisstätte hinaus. Dort, unter besonders feierlichen Vorbereitungen, Gebet u. s. w., erweckt er mit besonders lauter Stimme Lazarus von den Toten. (Das Wunder scheint durchsichtig zu sein!)

Er erregt eine Sensation wie noch niemals in all seiner Lehrzeit. Wie ein Lauffeuer verbreitet sich die Kunde von dem Wunder in Bethanien, von da aus durch alles Volk, das um Jerusalem her lagert, und dann bis in die Stadt selbst hinein. Bethanien verwandelt sich in einen Wallfahrtsort, von allen Seiten her, auch aus der Stadt selbst heraus, strömt das Volk nach Bethanien.

Die Pharisäer, die von all dem so plötzlich hören, und die ihn in Furcht glaubten und irgendwo im Hinterlande von Peräa, geraten in mächtige Angst. Alles spricht von der unerhörten Wundertat, spricht für den Rabbi; Tausende von neuen Anhängern hat er gewonnen. — Wenn Jesus jetzt nach Jerusalem hineinkommt, so, sagen sie sich, steht Ehre, Ansehen, ja die Existenz der jüdischen Obrigkeit auf dem Spiel. Sogleich hält das Synedrion eine geheime Sitzung ab. Man beschließt endgiltig, Jesus zu töten. Aber man will nicht gewaltsam gegen ihn vorgehen, sondern ihn zunächst im Tempel in eine Disputation verstricken und sein Ansehen vor dem Volk zunichte machen. Man will ihn also noch bis zum Passah gewähren lassen. Am Passah selbst durfte man dann nichts gegen ihn unternehmen, wohl aber sobald das Volk sich dann verlaufen haben würde. Immerhin sucht man noch durch ein Edikt, das man durch alle Provinzen erläßt, überhaupt zu verhindern, daß Jesus nach Jerusalem komme.

Vor diesem Edikt zieht Jesus sich zunächst mit seinen Jüngern für einige Zeit bis zum Passah in die Einöde zurück. — Ganz plötzlich und unerwartet taucht er kurz vor dem Passah wieder auf, und zwar wieder in Bethanien. Alle Welt weiß noch von dem Wunder, und weiß auch von dem Edikt. Man weiß, daß man bei Strafe der Ausstoßung von dem Aufenthalt Jesu dem Synedrion Nachricht zu geben hat. Aber niemand erteilt, obgleich alle Welt nach Bethanien eilt, dem Synedrion Anzeige.

In diesen Tagen nun zieht Jesus, vor allem geleitet von den Scharen seines engeren galiläischen Heimatsvolkes, aber auch noch von vielem anderen Volk, festlich in Jerusalem ein und wird mit Jauchzen, Zurufen und Hymnen als der **Messias** und der Nachkomme Davids ausgerufen.

Die Pharisäer drängen sich an ihn heran und machen ihm Vorwürfe, wollen ihn vermögen, sich nicht also nennen zu lassen, aber er begibt sich unter dem festlichen Geleite des Volkes zum Tempel, vertreibt dort die Tempelkrämer und heilt Kranke, die man zu ihm bringt.

Alsdann fordert er die Pharisäer in die Schranken. Es kommt zu einem großen Redekampf im Tempel, vor allem Volk, in welchem die Pharisäer trotz äußerster Anstrengung von seinem überlegenen Geist Punkt für Punkt widerlegt und abgeführt werden. Nicht besser ergeht es, vor allem Volk, den Zadokiten, als sie ihrerseits den Kampf aufnehmen. Sie wagen ihn vor dem Volk, das ihn beständig als den Messias begrüßt, nicht zu greifen und entfernen sich. Jesus aber bleibt bei dem Volk und hält in die Tausende hinein seine letzte gewaltige Rede gegen die Zadokiten und Pharisäer, jene Rede, mit welcher er sie für alle Zeit vor dem Volk entlarvt und ihrem Prestige den Todesstoß versetzt.

Die Angst der Pharisäer ist unbeschreiblich. Man fürchtet, daß ihn das Volk zum König mache und die jüdische Obrigkeit stürze, ja, daß er etwas gegen die Römer unternehmen könne. Rom aber würde sich dann an sie halten, und sie würden es zu büßen haben.

Dann kommt, als die Passahwoche zu Ende ist, seine Ergreifung, sein Leiden und sein Tod. Alsdann die Bildung der ersten Gemeinde in Jerusalem, und mit der Verbreitung der Wunder seiner Auferstehung die seiner Lehre; die Verbreitung der Gemeinde über Judäa, über die Welt.

2. Die Bergpredigt.

Aber, der „Sklavenaufstand in der Moral" hat seine Tafeln. — Indessen: darf man die Bergpredigt wirklich so unbesehens für solche ethische Tafeln des Christentums ansehen? Ich fürchte, wir haben es hier mit nichts als einem Bonmot Nietzsches zu tun, mit dem wir zum mindesten nachgerade keinen Unfug mehr treiben sollten.

Ich sage: es handelt sich hier weder um eine kanonische Ethik des Christentums noch auch gar um eine Sklavenmoral.

Eine solche kanonische Ethik ist vor allen Dingen äußerst knapp und sachlich. Eigentliche „ethische Tafeln" stehen fest und identisch da mit jedem Satz, und leiden weder Bildlichkeit irgendwelcher Art noch auch Erklärungen. Sie sind kategorische Imperative. — Nichts weniger aber als solche kategorischen Imperative enthält die Bergpredigt. Nehme man sie doch endlich für nichts anderes als eben für eine Predigt. — Die eigentliche Ethik des Christus ist knapper als es jemals irgend eine andere Ethik war. Sie ist selbst knapper als die mosaische, die doch wohl — wie erstaunlich und interessant bei einer doch so sehr Metapher und Allegorie liebenden orientalischen Rasse! — sicher bereits ein Muster von Knappheit und Sachlichkeit ist.

Die Ethik des Christus faßt sich in diesem einen Satz: „Liebe Gott und deinen Nächsten wie dich selbst." Das ist ihm alles in allem; das ist „das Gesetz und die Propheten".

Also: eine P r e d i g t ist die Bergpredigt, und eben nichts anderes als eine Predigt. Und als solche ist sie, weil der Christus hier einen ganz besonderen Eindruck erzielen will, in ihrer Ausdrucksweise außerordentlich d r a st i s ch, und zwar drastisch bis zum P a r a d o x e n. Und weshalb ist sie so bis zum Paradoxen drastisch? — Erstlich ist der Christus ja überhaupt genötigt, stets in seinen Reden orientalische Anschaulichkeit zu entwickeln, in Bildern und Gleichnissen und oft auch so unterstrichen wie möglich zu reden. Zweitens aber hat er das bei dieser Gelegenheit besonders vonnöten, denn die Bergpredigt gilt ausschließlich den Pharisäern und Schriftgelehrten. Sie ist zudem offenbar zu einem Zeitpunkt gehalten, wo sein Verhältnis zu den Pharisäern sich bereits zu lockern begann; zu irgend einem Zeitpunkt der zweiten von den drei Perioden, über die wir im vorigen Abschnitt gehandelt haben.

Diese große Rede gegen, oder sagen wir besser, an die Pharisäer ist noch keineswegs feindlich; sie hat noch durchaus nicht den Charakter einer Kampfrede. Sie bietet einen wesentlich anderen Eindruck als die späteren Reden, welche er gegen die Pharisäer richtete und in denen er sie schonungslos ins Gebet nimmt. Sie ist zwar sehr offen und geradezu, aber immerhin beabsichtigt sie vorderhand nichts, als den Pharisäern die Unsinnigkeit ihres äußerlichen Gesetzesdienstes vor Augen zu rücken und sie von ihr zu überzeugen. Er hält ihnen zum erstenmal mit aller Eindringlichkeit und Ausführlichkeit seinen Standpunkt entgegen und erklärt sich ihnen.

Sehen wir uns die Bergpredigt daraufhin an.

Auf die einleitenden Seligpreisungen (Makarismen), die ja wohl besonders seither immer für eine solche ethische Tafel des Christus angesehen wurden, und neuerdings als eine „Ethik der Sklavenmoral", gehe ich hier weiter nicht ein. Bei Licht besehen, bedeuten sie nämlich nichts anderes als die bereits mit aller verblüffenden und berechnet verblüffenden Drastik gesetzte Thesis der ganzen großen Rede. Sie fassen in neun kurzen und knappen Sätzen den hauptsächlichsten Sinn zusammen, in welchem er im folgenden die Pharisäer zu korrigieren gedenkt. — Ich halte mich hier an die klassische Fassung der Bergpredigt im Matthäusevangelium. Sie setzt mit dem fünften Kapitel und mit den neun Makarismen ein, bis zu Vers 10. — Von Vers 10 bis 16 nimmt er bereits direkten, wenn auch nicht direkt ausgesprochenen und adressierten, Bezug auch auf die Pharisäer, und eigentlich vor allem auf sie. Er beginnt ihnen zu zeigen und vorzuhalten, wie sie sein, leben und handeln sollten, bei der hervorragenden Stellung, die sie unter allem Volke einnehmen, wie sie aber in ihrer Verblendung und Versteiftheit in Wirklichkeit leider n i c h t handeln. Er zeigt ihnen, worauf es ankommt, daß Volk und Land Heil gewinne; es ist selbstverständlich, daß das auch seine politisch-soziale Beziehung einschließt; wir wissen, nochmals!, wie innig und eng Politik und Religion in Palästina seit Urzeiten verknüpft waren, und wie ja gerade die Pharisäer darauf hinaus waren, diesen gelockerten oder gar zerstörten Urbestand wieder herzustellen.

Von Vers 17 ab kommt er zur Sache. Er erklärt zunächst s e i n e Stellungnahme zum mosaischen Gesetz.

Er sagt: „17. Ihr sollt nicht wähnen, daß ich gekommen bin, das Gesetz oder die Propheten aufzulösen. Ich bin nicht gekommen aufzulösen, sondern zu erfüllen. 18. Denn ich sage euch wahrlich: Bis daß Himmel und Erde zergehe, wird nicht zergehen der kleinste Buchstabe, noch ein Titel vom Gesetz, bis daß es alles geschehe."

Und nun kommt auch gleich der ganz direkte Bezug auf die Pharisäer. — Es heißt: „19. Wer nun eins von diesen kleinsten Geboten auflöset, und lehret die Leute also, der wird der Kleinste heißen im Himmelreich; wer es aber tut und lehret, der wird groß heißen im Himmelreich. 20. Denn ich sage euch: Es sei denn eure Gerechtigkeit besser als die der Schriftgelehrten und Pharisäer, so werdet ihr nicht in das Himmelreich kommen."

Er ist nicht gekommen, das Gesetz aufzulösen. Denn, das Gesetz hat unerschütterliche Dauer bis zu dem Zeitpunkt, wo es völlig erfüllt wird, das heißt, wo es die Menschen soweit erzogen hat, daß es ihnen in Fleisch und Blut übergegangen, ihnen zur selbstverständlichen, unwillkürlichen Funktion geworden ist. (Wenn wir uns in diesen Sinn vertiefen, haben wir da nicht wiederum ganz merkbar, in der Latenz, nicht nur eine geistige, sondern auch eine leibliche, psycho-physische Entwicklung einbegriffen?) Nicht der kleinste Buchstabe vom Gesetz wird vergehen, bis zu der Zeit dieser letzten Erfüllung.

Es erhellt übrigens, daß Jesus hier nicht bloß auf das eigentliche Gesetz Moses zielt, sondern daß er auch die wesentlichsten und notwendigsten Hinzufügungen, respektive Erweiterungen oder zeitlichen Anpassungen des Gesetzes, wie sie von den großen Propheten vollzogen worden waren, gelten läßt und unter das Gesetz mit einbegreift.

Wir bedenken, wir recht er hat, denn es ist kaum vorstellbar, daß es eine klassischere, sachlichere und umfassendere und dabei knappere Zusammenfassung der Gebote geben könnte, deren Beobachtung den Zusammenhalt und das Gedeihen einer Sozietät ausmachen, als die Tafel der zehn Gebote. Während es sich freilich von selbst verstand, daß die sonstigen Vorschriften und Gebote, die Moses seinem Volk in so zahlreicher Fülle gab, die sich auf das soziale Kleinleben, Handel und Wandel, auf den Ritus u. s. w. bezogen, im weiteren Verlauf der sozialen Entwicklung des jüdischen Volkes manche Umwandlung und Anpassung erfahren mußten. Die zehn Gebote aber passen schlechthin für jede Sozietät bis auf den heutigen Tag.

Es kann sich also gar nicht darum handeln, ja, es ist unmöglich, diese Gebote durch andere zu ersetzen. Wohl aber wird die fortgesetzte Nötigung, sie zu befolgen, diejenigen im Lauf der Zeit umwandeln, die auf sie verpflichtet sind. Diese Gebote wollen dereinst und sollen völlig erfüllt werden. Und wie sie jetzt zu erfüllen sind, darum handelt es sich hier. Und es handelt sich darum, wie man seinen Lebenswandel und sein inneres Leben, Fühlen und Denken einzurichten hat, daß diese Gebote ganz und ohneweiters in der Sozietät erfüllt werden und gegen sie überhaupt nicht mehr gehandelt werden kann. Auf eine solche letzte und völlige Erfüllung ist Jesus hinaus; auf eine Erfüllung, welche der geschriebenen Tafeln entbehren kann. Anders gesagt: er ist auf eine Verfeinerung und Differenzierung der menschlichen Seele hinaus. Und ganz deutlich: er weiß und sieht eine solche Verfeinerung und Differenzierung bereits, und er selbst lebt und repräsentiert sie in seinem eigenen Wandel. Er ist solch ein neuer, höherer Mensch, und er ruft die Seinigen; er ruft sie zu einer neuen, zu s e i n e r Sozietät, die vollendete Tatsache sein soll am letzten Tag, am Tag des Gerichts, wo sich die Schafe von den Böcken endgiltig scheiden werden, das heißt, wo diese neue Sozietät in ihrer Vollendung sich von der alten endgiltig abscheidet: die

Sozietät der Erfüllung, des e r f ü l l t e n Gesetzes, des Fleisch und Blut, unwillkürliche, organische Funktion gewordenen Gesetzes.

Kein anderer Sinn liegt den zitierten Versen zugrunde, und kein anderer der Bergpredigt überhaupt; ihr und der paradoxen Drastik ihres unterstrichenen Ausdruckes. Es ist heute, wo wir in der Lage sind, die Evangelien und die Bergpredigt mit Hilfe einer so außerordentlich ausgebildeten historischen und sonstigen Kritik in die rechte Beleuchtung zu rücken, geradezu läppisch, beständig etwa auf jener Forderung, daß man auch die andere Backe zum Schlag hinhalten sollte, herumzureiten. Nie hat Christus das gemeint. Es handelt sich hier nur um einen sehr drastischen Ausdruck. Im wesentlichen hat er völlig recht und sieht er das Richtige voraus, mag es vielleicht gleich in seiner eigensten, reinsten Gestalt und Vollendung anderer als menschlicher Art sein. — Wir werden davon gleich noch weiter zu handeln haben.

Ich bedauere, den griechischen Text des Neuen Testamentes nicht zur Hand zu haben, jedenfalls aber ergibt sich bereits aus allem Zusammenhang mit hinreichender Deutlichkeit, daß Jesus unter „auflösen" des Gesetzes hier eine Analyse und Interpretation desselben versteht, und zwar eine äußerliche, scholastische, wie die Pharisäer sie kannten und übten. Es erhellt aus Vers 19. „Wer nun eines von diesen kleinsten Geboten auflöst und lehret die Leute also" 2c. Dies „und lehret die Leute also" läßt uns keinen Zweifel, daß Jesus unter einer Auflösung des Gesetzes, hier und in diesem Zusammenhang, in welchem er es gänzlich mit den Pharisäern zu tun hat, eine solche scholastische Interpretation des Gesetzes versteht.

Wir erwähnten schon früher, daß die Pharisäer das Gesetz dem Volk in einer von ihnen selbst geprägten, sehr zweifelhaften Scheidemünze boten, und daß man bei dem völlig unnatürlichen Zustand angelangt war, daß eine Verachtung dieser Scheidemünze, dieser „Minze-, Till- und Kümmel"-Kleinkrämerei strafwürdiger sein sollte vor Gott, als eine Verletzung des ursprünglichen kanonischen Gesetzes selbst. — Dies also taten die Pharisäer: sie interpretierten das Gesetz, „lösten" es in ihrer Weise „auf" und „lehrten die Leute also".

Hat er bis daher die Pharisäer noch nicht direkt angeredet, so tut er's in Vers 20 und die Beziehung der ganzen großen Rede auf die Pharisäer tritt in vollständige Klarheit. Nebenbei, ihr ganzer Bau und ihre Disposition ist die denkbar prächtigste und vollkommenste. Sie wird, da Matthäus sicher wie die übrigen Evangelisten hier die Sammlung jenes älteren Dokumentes der „Herrenworte" (λογια κυριακα) benützt hat, die historische sein.

Vers 21 fährt Jesus, nunmehr mit beständigem, unmittelbarstem Bezug auf die Pharisäer, fort: „21. Ihr habt gehört, daß zu den Alten gesagt ist: du sollst nicht töten; wer aber tötet, der soll des Gerichtes schuldig sein. — 22. Ich aber sage euch: wer mit seinem Bruder zürnet, der ist des Gerichtes schuldig; wer aber zu seinem Bruder sagt: Racha! der ist des Rats (des Synedrions) schuldig; wer aber sagt: du Narr, der ist des höllischen Feuers schuldig."

Vers 21 gibt Jesus den Wortlaut des mosaischen Gesetzes. Dieses, meint Jesus, halten die Pharisäer durchaus und strikte; natürlich. Niemals wird einer von ihnen jemals jemand totgeschlagen haben oder totschlagen. Dagegen aber halten sie es nun für durchaus keine

Gesetzesübertretung (Averra), auf jemand Haß und Zorn zu richten, oder dem Nächsten Fluch oder die übelsten Schmähworte entgegenzuschleudern. Von dergleichen ist ja im Wortlaut des Gesetzes auch gar nicht die Rede. Es ist ja nicht ausdrücklich verboten. — Sie übersehen, daß man nicht bloß sich an den Wortlaut des Gesetzes zu halten hat, sondern daß man vor allem auch v o r b e u g e n muß, daß das Gesetz übertreten wird; man soll keinen Anlaß zur Uebertretung des Gesetzes verursachen, indem man seinen Nächsten durch Haß, Zorn, Fluch, Schmäh= worte in eine seelische Verfassung bringt, daß er totschlägt. — Jesus zielt hier nach zwei Richtungen.

Erstlich hat er wieder das Verhalten der Pharisäer gegen das Volk, das Mischvolk, das nicht rein jüdische Volk, das am ha arez im Auge; dieses Verhalten, was die unseligen, zerrütteten Zustände jenes Palästina ver= schuldete; zweitens aber — das überragende der Berg= predigt wie seiner Lehre überhaupt — hat er die rein menschliche Seite der Angelegenheit im Auge. Man soll nicht nur den am ha arez, sondern man soll seinem Mit= menschen überhaupt — der Begriff „Mensch" in solch umfassendem Sinne m u ß t e sich ja damals, in den Zeiten jener großen Rassenfusionen und Rassenver= klitterungen des römischen Imperiums erheben — durch ein Verhalten, wie er es gekennzeichnet, keinen Anlaß zum Totschlag geben.

Jesus fährt fort: „23. Darum, wenn du deine Gabe auf dem Altar opferst und wirst allda eingedenk, daß dein Bruder etwas gegen dich habe; 24. so laß allda deine Gabe und gehe zuvor und versöhne dich mit deinem Bruder, und alsdann komme und opfere deine Gabe."

Dieselbe Verruchtheit der Pharisäer, die zwar

mit pünktlicher Genauigkeit ihren Opferpflichten und sonstigen gottesdienstlichen Zeremonien nachkommen, es aber für durchaus keine Uebertretung halten, dies mit einem Herzen voll Haß und Hochmut gegen ihren Mitmenschen zu tun, und auch dadurch hundertfache wirkliche Uebertretungen des Gesetzes zu verursachen.

In den nächsten Versen kritisiert er dann in ganz demselben Sinn das Verhalten der Pharisäer gegenüber den anderen mosaischen Hauptgeboten, ihr Verhalten dem Ehebruch, dem Eid gegenüber u. s. f. Und alsdann die bekannte, neuerdings so töricht und oberflächlich kommentierte Stelle vom Backenstreich, in welcher wir es also lediglich mit einem drastisch-paradoxen, einem unterstrichenen Ausdruck zu tun haben, wie für jedem auf der flachen Hand liegen sollte, welcher die Weise orientalischer Beredsamkeit und Demonstration gehörig berücksichtigt. Hätte Christus hier eine kanonisch verbindliche, ethische Norm, eine Tafel aufgestellt, so würde er sich unfehlbar exakter und sachlich knapper ausgedrückt haben, und genau in der Weise, wie Moses das in seinen zehn Geboten getan.

Verweilen wir hier aber noch einen Augenblick. Weshalb spricht er denn überhaupt hier in einer solchen drastisch-paradoxen Weise? In seinen späteren Reden gegen die Pharisäer hat er sie nicht mehr. Es ist auch zu beachten, daß sich das Volk, das ihm zuhört, hier und jedesmal, wenn er in solcher Weise spricht, über seine Rede entsetzt oder verwundert, während es ihm doch für gewöhnlich, in seinen schönen Gleichnisreden, zu folgen imstande ist. Das Volk hat dann jedesmal diese Paradoxen für die eigentliche, wahre Meinung genommen, genau wie das auch heute seitens der Unverständigen und Oberflächlichen geschieht. Es hat sich verwundert oder gar entsetzt; mit anderen Worten, es hat solche Meinung, in gewisser Beziehung, zurückgewiesen. Dennoch aber wohl nicht so ganz. Und auch hier nicht, gelegentlich der Bergpredigt. Denn es hat doch wohl deutlich den Bezug seiner Rede auf die anwesenden Pharisäer gemerkt, und hat gefühlt, daß er zu diesen besonders gesprochen hat, auf eine höhere und feinere Art diesen etwas besonders hat sagen und zu verstehen geben wollen.

Und so ist es; so müssen wir es auch auffassen. Diese drastische, paradox unterstrichene Redeweise ist besonders auf die Pharisäer gemünzt gewesen; und die Pharisäer werden denn auch ganz genau gewußt haben, was er damit meinte.

Was denn aber meinte er? Er meinte: ihr, die ihr aus allem anderen Volk hervorragt, die ihr dem Volk mit gutem Beispiel vorangehen sollt, die ihr dem Volk gegenüber von Gott ja doch wohl mit besonderen geistigen und sittlichen Gaben ausgestattet seid, ihr habt mit solcher Vorzugsstellung und solchen Gaben zugleich auch von Gott besondere Pflichten auferlegt bekommen. Es genügt nicht, daß ihr strikt dem äußeren Wortlaut des Gesetzes nachkommt, es genügt nicht, daß ihr mit peinlicher Genauigkeit die vorgeschriebenen Zeremoniells und gottesdienstlichen Verpflichtungen erfüllt: was ist denn das in eurem Fall auch für ein besonderes Verdienst; ihr, die ihr weiter nichts zu tun habt, die ihr mit Gütern gesegnet seid, die ihr in einer geachteten sozialen Stellung seid: nein! ihr sollt vor allem das Gesetz und die gottesdienstlichen Vorschriften auch mit der richtigen inneren Gesinnung erfüllen. Und ihr sollt und müßt, nach solcher euch von Gott verliehenen Vorzugsstellung, sogar noch mehr leisten als das. Eure Mitmenschen, die in so gedrückter Lebenslage sind, die hundert für eine Not und Mühsal des Alltags drückt, zudem das harte Vorurteil des eigentlichen älteren jüdischen Rassestammes — das ihr übrigens auch noch nährt und verschärft —: eure Mitmenschen, wenn sie nicht nur nicht das Gesetz und den Gottesdienst so peinlich genau besolgen wie ihr, sondern wenn sie auch gar in ihrer Not und in ihrem Unverstand unrecht tun, euch wohl sogar ein Leid zufügen: sie sollen von euch deshalb nicht noch mehr verachtet werden, ihr sollt es ihnen nicht auf die gleiche Weise zurückgeben, und alles dadurch noch schlimmer machen und noch mehr in Verwirrung bringen, sondern ihr, und gerade ihr, sollt und müßt einen Pflock oder wohl gar ihrer zwei ihnen gegenüber zurückstecken; ihr sollt ihnen eher Böses mit Gutem vergelten. Wenn ihr das aber nicht tut: was denn habt ihr irgend für einen Vorzug vor ihnen? Ja, ihr seid ihnen dann nicht etwa bloß gleich, sondern ihr, und gerade ihr, seid dann sogar noch viel schlechter als sie. Gott wird am Tage seines Gerichtes ihnen hundertmal vergeben, und euch, gerade euch, nicht ein einziges Mal; und ihr täuscht euch, wenn ihr meint, ihr Egoisten, ihr hättet euch mit all eurer strikten äußeren Erfüllung des Gesetzes, mit all eurem Beten und Fasten, und all eurer peinlichen Sabbatheilighaltung auch nur ein einziges, winzigstes Verdienst vor Gott erworben.

Dies also hat er im Auge; dies will er mit solcher drastischen Redeweise den Pharisäern und gerade ihnen, und einzig ihnen, zu Gemüt führen. Das Volk selbst, das ihm zuhört, soll von solcher Rede und solchem Ausdruck nicht mehr verstehen als, daß die Pharisäer unrecht tun, wenn sie das Gesetz in so kleinlicher und äußerlicher Weise befolgen; im übrigen gibt er den Pharisäern und einzig ihnen zu verstehen, wie sie, und gerade und vor allen und einzig sie handeln und leben sollen. Das Volk selbst braucht dies nicht weiter zu verstehen; denn das geht ihm über den Horizont. Die Elite aber soll, muß ihn verstehen, und versteht ihn sicher auch nur zu gut.

Er sagt: „44. Ich aber sage euch: liebet eure Feinde; segnet, die euch fluchen; tut wohl denen, die euch hassen, bittet für die, die euch beleidigen und verfolgen. . . . 46. Denn so ihr liebet, die euch lieben, was werdet ihr denn für Lohn haben? Tun nicht dasselbe auch die Zöllner? 47. Und so ihr zu euren Brüdern freundlich tut, was tut ihr Sonderliches? Tun nicht die Zöllner auch also?"

Angesichts solcher Worte grenzt es fast an Fahrlässigkeit, von „Sklavenmoral" zu sprechen. — Nein! **sondern es handelt sich hier einzig und lediglich um die „ethischen Tafeln" für die geistige Elite des Volkes; und nicht nur für die damalige, sondern auch für die heutige.** Sie hat noch je und je den Charakter einer solchen verwirkt, wenn sie solche ganz besondere Tafeln nicht befolgte. —

Es gibt nun auch eine äußerliche und scheinbare Befolgung solcher Tafeln; der eine hochmütige Mißachtung des Mitmenschen zugrunde liegt. Es ist selbstverständlich, daß sie ebenso verwerflich ist, wie die damalige Handlungsweise der Pharisäer. Auch sie wird das vorhandene Uebel in einer Sozietät lediglich verschärfen, anstatt es zu mindern. Und mit ihr wird die betreffende „Elite" sofort gleichfalls den Charakter einer solchen verwirkt haben. — Auf was Jesus, gleichgiltig, ob bewußt oder unbewußt, offenbar hinzielt, das ist ein patriarchalischer Zustand, der Zustand eines „goldenen Zeitalters", wie er zur Zeit der Väter herrschte und wie er auch wieder herbeigeführt werden soll. Ein Zustand, wo die Sozietät eine einzige Familie bildet. Solcher Zustand war möglich, und solcher Zustand wird und muß auch einstmals sicher, in der Zeit, wo das Gesetz erfüllt, wo es den Menschen in Fleisch und Blut übergegangen ist, wieder möglich sein . . .

Im übrigen ist zu berücksichtigen, daß der Christus damals in dem allgemeinen Zusammenbruch und Weltuntergang der antiken Menschheit tatsächlich eine solche Elite geschaffen hat; eine unüberwindliche „ecclesia militans". Unüberwindlich damals gerade durch die strikte Befolgung dieser paradoxen „ethischen Tafeln" der Bergpredigt . . .

Also: es handelt sich in der Bergpredigt nicht um eine Ethik für Sklaven, sondern: zunächst um eine solche für die Pharisäer den am ha arez, dem jüdischen Mischvolk gegenüber, das ja doch zudem drei Vierteile des nationalen Bestandes ausmachte; und es handelt sich andererseits um eine Ethik für eine geistige und sittliche Elite überhaupt. Eine Elite, die einst noch, wie Jesus es in den die Rede einleitenden Seligpreisungen verheißt, den Erdkreis besitzen soll. Und, wird sie ihn nicht besitzen? Sie, die durch hundert und aber hundert noch so fürchterliche und blutige Verfolgungen hindurch, nicht nur ein historisch-dogmatisches, wir könnten sagen, ein ethnisches Christentum zum Sieg geführt, eine „ecclesia triumphans" konstituiert hat, sondern in letzter Hinsicht den Erdkreis zu seinen letzten wissenschaftlichen und technischen Vollkommenheiten gereift hat, denen wir uns heute die wunderbarsten sozialen Vollendungen und

Konsequenzen für eine vielleicht nicht gar so ferne Zukunft zu prophezeien getrauen?

*

Nun soll uns aber der Gesichtspunkt von der „Sklavenmoral" hier doch noch ein wenig näher interessieren. Denn es liegt in dem Begriff denn doch auch wieder ein ganz guter Sinn, der seine völlige historische Bestätigung findet.

Für die jüdischen Zustände zur Zeit des Christus hat es allerdings kaum einen Sinn und Verstand.

Wir haben schon früher diese Zustände charakterisiert. Aber wir wollen hier jene soziale Lage noch einmal kurz überschauen, und darauf hinweisen, worauf es ankam.

Jenes Palästina und jenes Judenvolk war nicht mehr das zur Zeit der Hohenpriester, Richter oder Könige, sondern eigentlich ganz und gar ein Mischvolk, durchsetzt die alte Rasse von semitischen Heiden, von ägyptischen, griechischen, persischen und wer weiß was alles für Volks- und Rassebestandteilen. Dennoch nun aber hatte dies Judenvolk immerhin noch einen gewissen Zusammenhang. Eine, wennschon degenerierte, so doch immerhin in Ansehen stehende Priesterkaste war vorhanden; und was s e h r viel wert war, der nationale Grundstock der alten Rasse bewies sich, in der Sekte der Pharisäer und ihrem über das ganze Land hin verbreiteten Chaber-Bund, immerhin noch als sehr lebenszäh; bis zu einem Grad, daß Judäa Rom gegenüber doch noch nicht so völlig versklavt war wie andere Völker, sondern daß es eigentlich für Rom eine harte Nuß war. — Es wäre nun darauf angekommen, daß der alte nationale Rassestock mit diesen Zuständen gerechnet hätte und für sie fermentativ geworden wäre. Es handelte sich hier nicht um eine rein nationale Frage, sondern ein solches Problem war hier im Sinn einer Rasseverschmelzung zu lösen. Eine solche konnte aber durch einen so verknöcherten Modus, wie der der Pharisäer war, nie und nimmer erreicht werden. Das nationale Prinzip hätte sich ungleich elastischer beweisen müssen. Genau in dem Sinn, wie Jesus wollte und meinte. Es handelte sich hier um Toleranz. Es handelte sich um etwas, was neuerdings, unter ziemlich ähnlichen Zuständen in Amerika, Whitman mit der „treuen", der „athletischen Liebe der Kameraden" bezeichnete. Es handelte sich um im besten Sinn humane Gesichtspunkte. Lediglich sie waren hier möglich; aber nie und nimmermehr eine verknöcherte und hundertfach verschnörkelte Thora.

Christus' eigentlichste Ethik war also keineswegs hier, und bei solchen Zuständen eine „Sklavenmoral", sondern in Wirklichkeit vielmehr eine neue Volksmoral, ein Modus, und der einzig mögliche und angemessene, Palästina wieder zu einer neuen Nation zusammenzuschweißen.

Indessen, wenn ein Nerv verkalkt, so ist der ganze Organismus dem Tod verfallen. Die Pharisäer und ihr Chaber-Bund waren dieser verkalkte Nerv, da war nicht mehr zu helfen. Die ganze jüdische Nation mußte als solche zugrunde gehen.

Aber Christus hatte das richtige Prinzip nicht nur für eine Nation, sondern — das Große, Geniale, überaus Weitgreifende, das schlechthin göttliche seiner Idee — tatsächlich für den ganzen damaligen „Erdkreis", für das gewaltige „Imperium Romanum" unbewußt gefunden.

Denn war dieses Imperium in damaliger Zeit denn etwas anderes im großen als was Judäa im kleinen war? Genau das gleiche! Ein chaotisches Gemenge von ungeheuren Rassefusionen. Keine Thora der Welt hätte es vereinen können. Selbst der bewunderungswürdige, administrative Apparat und Mechanismus Rom begann zu versagen. Hier war nichts Sicheres, Festes und Verläßliches mehr. Hier war ein einziges babylonisches Chaos.

Aber: die alten Schranken der Nationen und Rassen waren zum erstenmal durchbrochen worden. Die Nationen und Rassen gewannen ein neues Gefühl, daß sie einander verwandter seien, als sie in ihrer bisherigen gegenseitigen hermetischen Abgeschlossenheit geahnt hatten. Dem Altertum ging damals der Begriff der gemeinsamen Menschlichkeit auf. Und dies war der große Sieg der Idee des Christus; und sie wurde nicht nur zum neuen belebenden Geist der Nationen und des Imperiums: sie wurde nicht minder zum Sammelwort einer neuen lebendigen Auslese in diesem ungeheuren Gemenge von Völkern, Rassen und Nationen. — Was kein noch so großer, abstrakter Philosoph der hellenistischen Kultur vermocht hätte, das vermochte und wirkte der Christus. Mit seiner hohen Lehre der Gotteskindschaft und der in solchem Sinn allgemeinen Brüderlichkeit aller Menschen wirkte und schuf er eine praktische Elite, die tatsächlich den Erdkreis umgestalten und sein Leben zu neuen und unerhörten Vollendungen führen sollte.

Jesus, selbst also sicherlich ein semitisch-arisches Mischblut, hat mit seiner Lehre und Ethik die Parole einer neuen Auslese gegeben. Eine Elite begann in einem ganz eigenen Sinn international zu werden, und sich unter den Menschen hervorzuheben; eine Elite, die das Altertum nicht gekannt, die sie höchstens abstrakt-theoretisch in klugen, genialen Philosophenköpfen bisher geahnt hatte; denn, wenn wir die Mystiker der damaligen Zeit betrachten, so müssen wir über ihre unerhörten Divinationen nach solcher Richtung staunen.

Um all dies handelte es sich also, und keineswegs um einen „Sklavenaufstand in der Moral". — Oder meinetwegen dennoch. Aber in welchem Sinn? Was war und bedeutete damals „Sklave"?

Sklaven waren die Optimaten, ja selbst die Könige der von Rom unterjochten Länder. Sklaven waren deren Mittelstände und ärmeren Klassen.

Und der Sklavenstand als solcher: aus welchen Bestandteilen setzte er sich zusammen? Nun, was konnte damals nicht alles in Sklaverei verkauft werden! Künstler, Philosophen, Dichter, Gelehrte, Lehrer: sie waren Sklaven. Die beste Intelligenz des Imperiums war zum größten Teil im Besitz der Sklaven. Vornehm und gering, edel und schlecht, die Bevölkerung ganzer Städte und Landschaften konnte das Los der Sklaverei erfahren.

Nun bleibt trotzdem zwar der Umstand bestehen, daß das Los der Sklaverei verschlagen macht, feig, hinterlistig, verlogen, und welche Untugenden man sonst dem Sklaven nachsagen darf. Aber sind solche Untugenden nicht zugleich die Keime neuer und differenzierter, zunächst intellektueller, und dann auch sittlicher Tugenden, die sich im rechten Milieu als solche entfalten und neue Kultur wirken können? Feinere, beweglichere Kultur? Und eine sozietärere von vornherein? Denn wer kennt sich gegenseitig so gut, und mißkennt sich gegenseitig so wenig, versteht sich zudem so praktisch, wer hat so nötig zusammenzuhalten als der Sklave? Lüge und Verschlagenheit kann feinere, elastischere geistige Beweglichkeit werden; gegenseitige, nicht überspannte, Kenntnis voneinander kann zur Milde und zur Toleranz werden; Feigheit zur Vorsicht und Besonnenheit u. s. w. Und zwar konnten hier die vielen besseren und geistig höhergestellten Elemente des Sklavenstandes auf die übrigen veredelnd wirken. — Jedenfalls: das Alte, Herrschende hatte total abgewirtschaftet und dem Sklaven, wie er damals war, gehörte die Welt und die Zukunft, von dem Augenblick an, wo er durch das Christentum ein neues Milieu erhielt und ein neues kulturwirkendes Ferment.

"Seid klug wie die Schlangen und ohne Falsch wie die Tauben." Dieses Wort erhob den Sklaven zum Mann. Ein Mannesideal, wie es sich in der höheren und verfeinerten hellenischen Kultur schon längst vorgezeichnet und angekündigt hatte; durch die beiden Idealbilder des Gottes Hermes und des untadligen Helden, des "göttlichen Vieldulders", des "Πολυμητις Οὐδυσσευς".

3. Die Entwicklung des Christentums.

Die gesamte Aera des Christentums gliedert sich ungezwungen in drei Stadien. Schelling in seiner "Philosophie der Offenbarung" hat diese drei Stadien, mir scheint: nicht unglücklich, nach den drei Hauptaposteln Petrus, Paulus und Johannes genannt. Das Christentum des Petrus bedeutete ihm der Katholizismus; das des Paulus der Protestantismus; das dritte, Vollendungsstadium, des Christentums, das Christentum "des Jüngers, den er lieb hatte", das Johanneische, ist erst jetzt im Anzuge; in unseren Zeiten, wo die beiden Stadien des Katholizismus und des Protestantismus im Begriff sind, überwunden zu werden. Es würde gleichbedeutend sein mit dem alle übrigen Stadien und sonstigen europäischen Kulturbestände in eine höhere, harmonische Einheit zusammenfassenden Zustand der vollendeten Sozietät, und würde damit zu dem reinen Geist seines Ursprunges und Urhebers zurückkehren.

Wir, denen diese Gedankengänge und diese Terminologie Schellings heute fremder sind, wollen hier von 1. einem semitisch-gräko-italischen oder einem antiken Christentum, 2. von einem germanisch-feudalen oder protestantischen und 3. von einem humanistisch-sozietären, modernen oder sich vollendenden Christentum sprechen, dessen erste Ansätze in das Zeitalter der Renaissance fallen. — Das also, was Schelling das Johanneische Christentum nennt, ist bereits vorhanden und im Werden.

Wir müssen hinzufügen, es war überhaupt von allem Anfang an vorhanden; es war die eigentliche Thesis und Seele des Christentums überhaupt. Aber sie hatte sich zunächst abzufinden mit dem horrenden Chaos der zusammenbrechenden antiken Mittelmeerkultur. Sie überwand es und gewann einen jungfräulicheren Boden in den neuen germanischen Rassen; denen gegenüber man allerdings so recht von Protestantismus von vornherein und im Prinzip sprechen kann. Es war das junge, neue Leben an und für sich, das gegen die greise, verendende Antike protestierte; mit den Kriegszügen in der Kaiserzeit und mit denen der Völkerwanderung zuerst, später dann in der beständigen Gegensätzlichkeit von Kaiser und Papst.

Aber auch dieses Stadium ist im Prinzip bereits überwunden. Nachdem es seinen innersten Geist in der Erscheinung des eigentlichen Protestantismus nach außen gestellt und als Protestantismus seiner sich bewußt ge-

worden war, hatte jenes von Anfang her wirkende Ur=
christentum auch das ethnische Germanentum und zu=
gleich die Feudalität gebrochen, und hat nun Raum zu
seiner letzten reinsten Erfüllung und Darstellung seines
ursprünglichen Geistes. Es beginnt zu werden, was es
war: vollendete, reine Sozietät schlechthin!

Das bezeichnet in knappsten Zügen das Werk des
Christus und die Entfaltung dieses Werkes. Sein
Problem aber wird sich uns gerade in diesem jüngsten
Stadium seiner Entwicklung so recht eigentlich als ein
Rasseproblem zu enthüllen beginnen.

*

Wir werden das jetzt noch näher erkennen.

Alles beginnt mit der Jerusalemitischen Ur=
gemeinde, wie sie sich sogleich in jener großen Passahwoche
gebildet und fest zusammengeschlossen hatte.

Was ist sie? Ihre wichtigste Eigenschaft ist, daß sie
sich jeglicher national=reformatorischen Tendenzen, die
sicher der Christus selbst in der ersten Zeit seines Auf=
tretens noch im Auge hatte, begeben hat. Sie ist eine
völlig neue Gemeinschaft; ein in jedem bisherigen Sinn
unqualifizierbare; eine Gemeinschaft völlig für sich, die
lediglich ihren eigenen Maßstäben unterliegt.

Zwar: sie ist zunächst noch eine sehr exklusive jüdisch=
christliche Genossenschaft; aber doch in einem neuen, rein
menschlichen Sinn gemeinsame Gotteskindschaft. Im
übrigen ist die Gemeinde, was ihren äußerlich=sozialen
Charakter anbetrifft, Mischvolk; ein Mischvolk, das also
eigentlich in einem exakten Sinn keiner Nationalität
oder Rasse recht eigens angehört; und in einem geistig=
religiösen Sinn bereits gar nicht mehr. Also: in jeder

Hinsicht, nochmals, ein ganz eigenes und besonderes seltsames Gebilde. Eigentlich: in einem gewissen Grad bereits eine neue Rasse im Keim. Die sich nun übrigens mit solcher Eigenschaft zu erweitern und zu entwickeln beginnt; ganz wie sie muß und aus ihrem Prinzip heraus.

Wir entsinnen uns, daß ja der Christus bereits nicht nur Samaritanern Heilung und Heil hatte zuteil werden lassen, sondern sogar gelegentlich eigentlichen Heiden: Syriern, Phöniziern, selbst Römern. Außerdem hat er später, wie das bei ihm solchen ersten „Inkonsequenzen" gegenüber nicht anders sein konnte, mehr wie einmal bedacht, ob nicht alle Heiden des Heils teilhaftig werden sollten.

Solche bei ihm zunächst noch mehr latente Tendenz seiner Lehre mußte sich denn in der Urgemeinde gar bald in Gestalt einer sehr kennzeichnenden S p a l t u n g bemerkbar machen. In der Tat zweigt sich denn auch gar bald von dem jüdisch-semitischen Christentum und der ersten e i g e n t l i c h e n Gemeinde des Christus das heidnisch-paulinische ab. Die Apostel ziehen aus und bringen das neue Heil den Heiden. Zunächst bereisen sie Kleinasien und Syrien, dehnen dann ihre Apostelfahrten von Jonien über die griechischen Inseln und Griechenland selbst aus; und endlich auch auf Italien, Nordafrika und auf das ganze Imperium.

Je weiter nun und je siegreicher sich das Missionswerk ausdehnt, um so mehr muß sich notwendigerweise der Geist der Urgemeinde trüben und das erste Keimgebilde, wie bei jedem organischen Wachstumsvorgang, verschwinden.

Ansätze zu einer christlichen Mythologie waren von vornherein, bereits in der Urgemeinde, vorhanden; wenn=

gleich nicht in einer so abstrakt=symbolistischen und dog=
matisch=verbindlichen Form, wie sie sich später immer
mehr ausbildet, festigt, kristallisiert, um dann von einem
gewissen Zeitpunkt an für lange Zeit den lebendigen Ur=
geist der Bewegung total, und zuweilen nur allzu geil,
zu überwuchern. Zunächst befindet sich diese erste Mytho=
logie noch in engster, menschlicher Einheit mit der Person
des Christus; so wie er gewesen war, wie man ihn per=
sönlich gekannt, gesehen, gehört hatte; ein Eindruck, der
sich immerhin in der Urgemeinde ein paar Generationen
durch erhalten konnte. Man muß bedenken, daß diese erste
Gemeinde zunächst aus sehr einfachen Menschen bestand,
die sich das übermenschliche, erstaunliche, das unerhörte
Wirken des Christus, seine menschlich=persönlichen un=
mittelbaren Kräfte und außergewöhnlichen Fähigkeiten
in ihrer schlichten Weise zurechtlegten. Man muß ferner
bedenken, daß Christus viele Kranke geheilt hatte, und
daß diese der Gemeinde als Mitglieder angehörten.
Welche Krankheiten wird denn nun aber der Christus
vor allem geheilt haben? Sicher organische Krankheiten
zum allergeringsten Teil; wohl aber zu allermeist Krank=
heiten h y s t e r i s c h e n Charakters, entweder rein
hysterische Krankheiten, oder auch solche, die mit der
Hysterie zusammenhängen; wie Besessenheit, Lähmungen
der Glieder, der Augen, der Sprache, Zustände von
Starrkrämpfen und dergleichen. D a s a b e r s i n d
g e r a d e K r a n k h e i t e n, w i e s i e s i c h i n
Z e i t e n s o l c h e r s o z i a l e n u n d r e l i g i ö s e n
K r i s e n b e s o n d e r s h ä u f e n! Viele von solchen
Kranken, die er geheilt, waren also in der Gemeinde vor=
handen; und es versteht sich von selbst, daß bei ihrer
Disposition zu halluzinatorischen Zuständen — die viel=

leicht in den meisten dieser Fälle als eine ganz besondere, sehr intensiv identische Art der Vorstellung und des Denkens zu werten sind! — sich gar bald eine christliche Mythologie entwickeln mußte; deren Vorstellungskreise wir übrigens nicht, wie's heute der Fall ist, vom Standpunkte der exakten Wissenschaften aus verachten oder geringschätzen, sondern vielmehr als eine wunderbare, unmittelbare Erkenntnis der großen übermenschlichen Individualität in ihren tieferen menschlichen und kosmischen Zusammenhängen werten und achten sollten.

Der Zustand Palästinas aber war ja nun identisch mit dem des ganzen Imperiums. Und überall grassierten damals, in allen Ländern und Rassen, diese hysterischen Krankheiten und Zustände. Was Wunder, wenn jene erste Mythologie überall geglaubt, verstanden wurde, und überall Verbreitung und wohl sogar, durch die seelischen Erlebnisse und Zustände der ersten Heiligen und Märtyrer B e s t ä t i g u n g fand!

Immerhin war diese erste primitive Mythologie der Urgemeinde noch ziemlich unwesentlich; sie war noch viel mehr die schlichte, erreichbare, unmittelbar menschliche Wahrnehmung des eigentlichen Problems. Sie hatte noch nichts Abstraktes und Künstliches; sie litt noch an keinem Kalkül. Sie war noch schlichte W a h r h e i t . Sie war noch nichts als der schlichte, unmittelbar bindende Geist des Christus, seine fortlebende lebendige Erinnerung unter denen, die ihn selbst noch gekannt und gesehen. Sie war eigentlich noch lange nicht einmal die Hauptsache; die Hauptsache war vielmehr das Zusammenhalten, die sozietäre Sympathie, Gütergemeinschaft u. s. w., kurz: das Leben und die tägliche Praxis in des Meisters Sinn und Geist und nach seinem eigenen Vorbild.

Die beginnende Spaltung bezeichnet sich so recht durch die bald entstehende Sekte der Ebioniten. Sie wäre unmöglich gewesen, wenn jene Mythologie bereits dogmatisch fest und durchaus verbindlich gewesen wäre. Denn diese Sekte bedeutet sogar so etwas wie einen Rückschritt des eigentlichen Prinzips, wohl im engeren und reineren judäisch=semitischen Sinn, zu den Lehren der Pharisäer hin. Die Ebioniten begannen, mit annähernd pharisäischer Spitzfindigkeit zu lehren, daß eigentlich gar kein Unterschied zwischen Moses und Christus wäre, daß das Zeremonialgesetz zur Seligkeit unbedingt nötig sei, und ähnliches.

Diese Ebioniten zeigen nun im übrigen so recht das Schicksal an, das dem jungen Christentum bevorstand. Schon Paulus und die sonstigen späteren Apostel, die zwar noch in die Zeit des Christus hineinreichten, ihn aber selbst persönlich nicht mehr gesehen und gehört hatten, sondern nur durch Hörensagen von ihm wußten, sehen sich genötigt, die neue Lehre besonders dem griechischen und römischen Heidentum mundgerecht zu machen. Es werden bereits bewußt und mit Berechnung der alten primitiven „wahren Mythologie" neue Elemente hinzugefügt; die Göttlichkeit des Augustus und dessen jungfräuliche Geburt, die Zeichen und Wunder bei dieser Geburt und anderes dergleichen, das nachher fester, dogmatischer Bestand der christlichen Mythologie wurde, wird auf Christus übertragen. Vom Johannisevangelium an wird die junge Lehre sogar mit den neuplatonischen und neupythagoreischen Ideenkreisen verquickt; nicht mehr in einer unmittelbar ekstatischen Weise, von einem intensiven, inneren Erleben aus, sondern bereits vermöge eines verstandesmäßigen, logisch-philosophischen, ja sophistischen Kalküls.

Bis zu diesem Zeitpunkt ungefähr reicht wohl die allererste Anfangsperiode des Christentums; die Zeit der sogenannten apostolischen Väter und der ersten Apologeten. Es sind die Apostel, es sind Barnabas, Hermas, Klemens, Romanus, Ignatius, Polykarp, Papias, Justin der Märtyrer u. s. w.

Es sind diese noch einfache, schlichte Männer, die sich von dem Geist der eigentlichen Apostel und von der Einfachheit der Urgemeinde noch nicht allzusehr entfernt haben. Aber es sind doch immerhin zumeist schon Griechen und Römer, die sich einerseits das Christentum in ihrer Weise zurechtlegen und andererseits sich bereits genötigt sehen — Uebergang zu der eigentlichen Periode der Verfolgungen — es dem Heidentum gegenüber zu verteidigen.

Mit dieser Periode beginnt der eigentliche erste große dialektische Kampf zwischen dem Christentum und den gebildeten, höchst kultivierten antiken Philosophenschulen (Stoa, Neuplatonismus u. s. w.). Das geht nicht ohne Kompromisse und Modifikationen nach beiden Seiten hin ab, wenngleich sich, notwendigerweise, das Christentum als der stärkere der beiden Gegner erweist.

Die Periode der Trübnis des Urgeistes hat damit begonnen, und sie nimmt im Lauf der nächsten Jahrhunderte zu. Es entstehen die großen und die zahllosen kleinen Häresien; es entsteht die Gnostik, der Kompromiß zwischen Hellenismus und Christentum; der Manichäismus, der Kompromiß zwischen Parsismus und Christentum. Es erstehen aber auch die Gestalten der großen Kirchenlehrer: Tertullian, Cyprian, Origenes, Antonius der Einsiedler. Sie, in denen sich das Christentum endgiltig mit der römisch-hellenistischen Antike auseinandersetzt, und die das Fundament legen für das Christentum als Staatsreligion.

Indessen, wie das Christentum nun schließlich Staatsreligion geworden ist, zeigt es sich bald wieder um- und endlich gar überwuchert von dem wüsten Gestrüpp der Sekten und Häresien, dem wir gegenüberstehen wie einem Chaos von Wahnsinn und Aberwitz; und das uns erkennen läßt, wie unmöglich es war, daß die zusammenbrechende Antike der lebendige Träger des neuen Geistes bleiben oder werden konnte. Vermochte doch selbst die große eigentliche christliche Staatsreligion ihre Einheit nicht zu bewahren unter der verhängnisvollen Einwirkung des wortklauberischen und spintisierenden Geistes der antiken Sophistik, und zerfiel sie in das Schisma der Athanasier, der West-, und der Arianer, der Ost-Religion. Die so ungemein interessante Erscheinung des Julian Apostata bezeichnet den Gipfel der gräulichen Zustände jenes tragikomischen allgemeinen Chaos.

Dennoch hatte der „Galliäer" gesiegt. Das Christentum war feste Staatsreligion geworden. Zwei große Gestalten wie die des Ambrosius und des Aurelius Augustinus wurden ihr zudem mächtige geistige Säulen ihres Bestandes und zugleich Wahrer und Erneuerer ihrer Würde und ursprünglichen reineren Geistigkeit.

In dieser Zeit nun aber setzt jene bedeutsame „Anmaßung" des Bischofs von Rom ein, über die sich die übrigen Bischöfe des Imperiums damals so bitter beklagten. Indessen gerade diese „Anmaßung" und diese sich festigende Macht und Bedeutung des Bischofs von

Rom war für die Konzentration der christlichen Staatsreligion von größter Wichtigkeit; und zudem wurde sie der bedeutungsvollste Faktor für die Bekehrung des germanischen Heidentums. — Leo I., der Große, und ähnliche hervorragende Persönlichkeiten auf dem Bischofsstuhl von Rom erstanden. In Gregor I. erreicht dieses neue Institut eine erste höchste Blüte und Machtfülle, die für die Ausbreitung des Christentums unter den Germanen von größter Bedeutung wurde.

Die erste Diskussion des Christentums, seine Auseinandersetzung mit dem Geist der Antike ist vollendet. Sie hat zu einem vollständigen und endgiltigen Sieg des Christentums geführt. Das Christentum ist Staatsreligion geworden. Es hat seine siegreiche Macht in dem neuen großen Papsttum konzentriert.

Wie arm ist solchen Tatsachen gegenüber das neuerliche Gerede, das Christentum habe die europäische Kultur lediglich zurückgebracht. Nein: es war der unaufhaltsame, gewaltige Siegeslauf eines reinen Menschentums, das sich aus einem furchtbaren, allgemeinen Zusammenbruch nicht nur der hellenisch=römischen Antike, sondern aller bisherigen menschlichen Kulturformen heraus erhob; ein Sieg ewigen Lebens über den Tod, der zugleich noch alles rettete, und in seinen noch fruchtbaren Keimen in sich aufnahm, was von dem Kulturgeist des Altertums überhaupt noch zu retten war. — Man bedauert etwa, daß allerdings antike Philosophie, Wissenschaft und Kunst zunächst vom Christentum vernichtet wurde. Aber sie wurde gar nicht vernichtet. Sie war längst an die Grenzen ihrer Möglichkeiten gelangt. Die Philosophie war in die elendeste Sophisterei ausgeartet; die Wissenschaft war schon lange in ihren ersten Anfängen stecken geblieben;

und sie mußte in ihnen stecken bleiben, weil die zivilisatorischen Bedingungen für ihre fernere Entwicklung zunächst noch gar nicht vorhanden waren, und soweit sie vorhanden waren, in den endlosen sozialen Wirrnissen der Kaiserzeit vernichtet wurden; nicht minder aber war die Kunst in völlige Dekadence geraten. Ein neuer lebendiger Geist in der Antike selbst war nicht mehr vorhanden, der ihr neues Leben hätte geben können; der Geist des Christentums, der sie später zu neuem Leben erwecken sollte, war noch viel zu jung, hatte sich noch viel zu sehr gegen das wüste Chaos der agonisierenden Antike zu wehren, und später dann auf lange hin, in der Zeit seiner Einwirkung auf die Germanen, vorderhand ungleich wichtigere Aufgaben zu erledigen. — Die Zeit der Wissenschaften war noch lange nicht gekommen. Es bedurfte erst neuer intellektueller Organe, da die der Antike schon längst total verbraucht waren, und es bedurfte zudem anderer, neuer zivilisatorischer Fundamente und Funktionen, die erst nach Erledigung der großen religiösen, und politisch-sozialen neuen Probleme und Unruhen nach langem, mühevollem Ringen erzielt werden konnten. Nicht mehr durch die total erschöpfte Antike, sondern durch das junge christianisierte Germanentum. — Von den Triumviratskriegen des alten Imperiums bis zur Zeit Karls des Großen hin war ja Europa nichts anderes als der wilde Tummelplatz unerhörter Rassefusionen.

In diesen Fusionen aber ist das Christentum, in welcher Form und Gestalt jeweilen auch immer, das einzige geistige und kulturelle Ferment; das Christentum und kein anderes. Es hält, in wie roher und getrübter

Form auch immer zu gewissen Zeitläuften, die große neue Parole einer neuen Menschlichkeit und der Sozietät aufrecht; in Zeiten, wo alle Sozietät für immer aus den Fugen zu gehen drohte.

Mochte das Papsttum von Rom eine recht grobe und weltliche Institution sein, so war sie doch damals der grobe Klotz auf den groben Keil; sie bewährte Macht und Konzentration; und mit aller Bewußtheit und unbeirrbar sicherer Energie. Wie anders hätten die germanischen Barbaren durch die neue, notwendige Kulturidee überwunden und gebändigt werden können?

Hier nun aber hatte die christliche Uridee das Rohmaterial einer ganz neuen, frischen, jungen Rasse vor sich. Hier geriet sie in die Waldfrische einer ursprünglichen Naturreligion hinein, der jede dialektisch-philosophische, sophistisch-vergreiste Finesse fern war. — Und hier trat es ein in seine zweite große dialektische Periode; abermals in das Stadium einer Diskussion.

An frische, soziale Urbestände kam es heran. Es kam in einen Bereich, wo das Weib, wo die Ehe noch einen patriarchalischen Urbestand zeigte, und wo dieser Bestand ganz mit dem unwillkürlichen Rasseinstinkt noch übereinstimmte. Es kam in einen Bereich, wo das Weib eine ganz andere Stellung einnahm als in der antiken Kultur, wo es als Mutter geehrt und mit heiliger Scheu verehrt wurde. — Kein Wunder, daß das Christentum hier eine noch nie erlebte Diskussion erfahren mußte; eine Diskussion, die doch gerade seiner reinen Uridee mit solchen, wennschon noch rohen und barbarischen Beständen, durchaus entgegen kam; besonders, was so außerordentlich wichtig ist, in der Wertschätzung, die das Weib bei den Germanen erfuhr! — Wie hätte der Christus nicht der

„Heliand" und geistige „Heerkönig" dieser Germanen werden sollen?

Die Periode dieser neuen Diskussion nun dauerte das Zeitalter der Feudalität hindurch bis zur Renaissance hin. In der Erscheinung unserer deutschen Reformation begann die germanische Rasse dann endlich das Christentum in seiner Weise zu begreifen; in der richtigen, in der U r w e i s e. — Von da an erst konnten endlich auch die Wissenschaften und Künste wieder aufgenommen werden, von da an, wo sie in der Antike stehen geblieben waren. Und mit den Wissenschaften konnte sich endlich auch ein zivilisatorisch-sozialer und vor allem technischer Aufschwung erheben, der in Gemeinschaft mit der erneuerten christlichen Uridee die letzten Erfüllungen Europas und die vollendete Sozietät erzielen wird . . .

II.

Der Antichrist.

Wir kehren jetzt zu der Gestalt des Christus zurück, von der wir ausgegangen sind. Wir kehren zurück zu dem tiefen und schwierigen Problem der großen Individualität überhaupt; das von jeher ein zweiseitiges und zweischneidiges war und ein solches auch in alle Zukunft bleiben wird; das letzte Mysterium schlechthin.

Wenn wir den Christus hier jetzt mit seinem „Antipoden", dem „Antichrist", konfrontieren wollen, so sind wir uns bewußt, daß wir das eigentlich weniger in einem religiös=geistigen Sinn, als vielmehr in einem wesentlicheren: in einem religiös=psycho=physischen Sinn tun.

Das Problem des „Antichrist" ist bereits in der Urzeit des Christentums mit einer tiefen und seltsamen Mystik aufgetaucht, und hat sich durch die ganze Aera des Christentums hindurch gehalten und weiter entwickelt, bis es nach einer ziemlichen Pause, in unseren jüngsten Tagen in höchst interessanter und bedeutsamer Weise wieder aufgenommen wurde.

Der Antichrist bezeichnet die Seite der menschlichen Individualität, die dem Christus feindlich und entgegengesetzt ist. Was aber ist ihm entgegengesetzt? Halten wir uns von aller, so sehr krausen und verworren-arabeskenhaften Mystik fern, die diesen Begriff im Lauf der christlichen Jahrhunderte immer wieder umsponnen hat, so werden wir sagen müssen, am besten ganz historisch: der Antichrist bedeutet alles Heidentum, welches dem Christus von jeher entgegenstand. Der Antichrist wäre also zunächst die Personifikation a l l e s antiken Heidentums, besonders natürlich des hellenisch-römischen. In dieser Form war er damals ein Ding, das sich selbst unmöglich geworden war; ein Etwas, das zwischen Leben und Tod agonisierte, und das von dem neuen Prinzip, dem Christus, den endgiltigen Todesstoß bekam; eine Erscheinung und eine Gestalt, die sich in das Urchaos auflöste. War er das nun aber auch in Hinsicht auf die doch so hohe, geistige Kultur des griechischen Altertums ganz und gar? — Es scheint so; aber genau zugesehen ist das durchaus nicht der Fall. — Sondern: es handelt sich hier um etwas anderes, ungleich Wichtigeres und eigentlicheres: es handelt sich um eine durchaus psycho-physische, organische Eigenschaft. Gewiß: das Christentum hat sich in vielen Perioden ikonoklastisch erwiesen, heidnischer Wissenschaft und Kunst feindlich. A b e r n i e m a l s d e r C h r i s t u s u n d d a s r e i n e c h r i s t l i c h e P r i n z i p s e l b s t. Man könnte zwar sagen: dieses hätte sich hier zum mindesten indifferent erwiesen. Aber auch das stimmt nicht so ganz. — Abgesehen, daß das immerhin wenigstens eine n e u t r a l e Stimmung wäre. Indirekt aber hat sich der Christ durchaus nicht indifferent verhalten. Denn: er war kein Asket und kein Eiferer. Er aß und trank, und verachtete keineswegs die

Freuden und alles, was das Dasein schmückt und erhöht. Es wäre denkbar, daß er gelegentlich gegen die Wissenschaft gesprochen hätte; aber: wer, der ein so hoher, klarer, gesunder und unverzwickter Intellekt war wie er, hätte gegen die damalige Wissenschaft, in ihrer völligen Verrottung, nicht sprechen, wer hätte sie nicht ablehnen sollen? — Um die frühere Blüte der antiken Wissenschaft und Kunst aber hat er sich einfach nicht bekümmert und — er durfte sich auch gar nicht um sie bekümmern. — Er war weder gerecht noch auch ungerecht gegen sie. Und das war gut. Ja, — wenngleich ich damit heute auch auf harten Widerspruch stoßen werde — es wäre sogar nötig, unerläßlich, es wäre gut gewesen, wenn er sich unter Umständen — wenn dies überhaupt vorstellbar wäre — hätte sie sich ihm direkt in den Weg gestellt, ihr gegenüber ungerecht verhalten hätte. Denn, wenn nicht ihr Prinzip, so war doch mit der Antike überhaupt ihre Form und ihre Erscheinung abgeschlossen und erledigt mit der antiken Sozietät überhaupt. Er hatte es nicht mit dem Fertigen, Erstarrenden, sondern einzig mit dem Werdenden, Weiterstrebenden zu tun. Das aber war, noch einmal! etwas viel Wichtigeres und eigentlicheres als irgend eine bisherige Kunst und Wissenschaft, ja, als Kunst und Wissenschaft überhaupt, das war die Idee, das war die organisch drängende Notwendigkeit einer neuen Sozietät! — Wer übrigens will denn und kann klipp und klar sagen, daß Kunst und Wissenschaft in all ihrer bisherigen Erscheinung die höchsten seelischen Möglichkeiten ausmachen, die im Grundtrieb alles organischen Werdens liegen? Kann es denn nicht auch Möglichkeiten geben, die über ihnen stehen und die über sie hinausragen? Daß wir uns solche übermenschlichen, organisch-seelischen Kräfte, Mächte und Möglichkeiten noch nicht vorstellen können, was sagt das hier? Genug, wenn unsere Logik auf sie schließen und ihre Möglichkeit an und für sich zugeben kann. — Das ist ein sehr wichtiger Gesichtspunkt, den man durchaus nicht außer acht lassen darf! —

Im übrigen aber hat jene spätere ikonoklastische zeitweilige Barbarei des historischen Christentums mit dem reinen christlichen Urprinzip direkt nichts zu tun; und was sie etwa indirekt mit ihm zu tun haben könnte: ja, das birgt vielleicht gerade neue, zwar unbestimmbare, aber an und für sich nicht unmögliche neue seelische Ansätze, Bildungen und Offenbarungen, die über **menschliche** Begriffe hinaus sind, und aus noch nie dagewesenen psycho-physischen **wesentlichen** Umbildungen in irgend einer Zukunft sich ergeben könnten?

Im Prinzip nun aber hat der Christus gegen die alten hohen Künste und Wissenschaften durchaus **nichts** ausgesprochen. Wenn er vielleicht auch nicht eingehender über diese Probleme nachgedacht hat, so könnte man doch sicher ganz gut sagen, daß sein eminent praktisches **Gefühl** sicher **gewußt** hat, daß **diese** Prinzipien der Realisierung seines **höheren** religiösen Prinzipes unter Umständen nützlich und förderlich sein konnten.

Wir können, zusammenfassend, sagen: Künste und Wissenschaften sind im Prinzip **nicht** „Antichrist"; sie sind es nur **dann**, wenn sie in verharrenden Zustand geraten, wenn sie Erscheinungen des absterbenden Lebens, des Todes sind; nie aber, wenn sie Erscheinungen und Aeußerungen des werdenden Lebens sind. — Das wäre dem Christus und **ist** ihm sicher durchaus selbstverständlich gewesen, oder er wäre ein Narr, eine so arme und beschränkte Intelligenz, solch ein borniertor Dummkopf gewesen, wie etwa später, in der Zeit der Renaissance, in solcher Hinsicht der gute Savonarola mit seiner florentinischen Bilderstürmerei.

Um aber diesen Ikonoklasmus in eine gerechtere Beleuchtung zu rücken, wollen wir ihn hier einmal gelegentlich einer sehr feinen kleinen Anekdote betrachten.

Zur Zeit Julians bricht in Konstantinopel nächtlicherweile ein Mönchlein aus seinem Kloster in den benachbarten Tempel des Dionysos ein. Hier klettert er an der von Julian erst kürzlich restaurierten Statue des Gottes in die Höhe und bricht ihr die zwei wunderbaren Saphire aus, die ihr als Augen eingesetzt sind. Mit ihnen begibt es sich verstohlen in sein Kloster zurück, geht in die Klosterkirche, wo ein stattliches Kruzifix steht, und setzt die beiden Saphire in eine Verzierung von dessen Postament.

Vergegenwärtigen wir uns, was das Mönchlein da getan hat; es ist sehr wichtig und für unsere Frage gar erhellend.

Man wird sagen: es habe eine ikonoklastische Barbarei begangen; denn es hat eines der herrlichsten Kunstwerke des damaligen Byzanz verunstaltet. Aber das zu sagen, würde doch auch wieder unbesehens und oberflächlich sein. Wenigstens handelt es sich hier nicht durchaus um Kunstbarbarei, denn das Mönchlein setzt, wohlzumerken! die beiden Saphire dem, freilich in einem noch neuen Kunstverstand, nicht minder kunstvollen Kruzifix in der Klosterkirche ein. — Also: das Christentum ist durchaus nicht kunstfeindlich im P r i n z i p; es hat, und zwar schon lange, angefangen, eine neue Kunst zu erzeugen, die immerhin nur erst noch in ihren Anfängen stehen mag. (Wie es übrigens auch bereits schon lange eine neue Hymnendichtung erzeugt hat, die der antiken Dichtungsform zu einer sehr interessanten und fruchtbar neuen Um- und Weitergestaltung verholfen hatte.)

Wäre das Christentum von seinem ersten Prinzip, von der großen schöpferischen **Individualität** selbst aus kunstfeindlich gewesen, so würde eine neue christliche Kunst unmöglich gewesen sein; total unmöglich. Ja, wir dürfen, alles genau in Betracht gezogen, sagen: es würde mit aller menschlichen Kunst überhaupt ein Ende gehabt haben! — Man wird sagen, immerhin sei das junge Christentum schließlich von der Antike hier zu einem Kompromiß **gezwungen** worden. Aber, auch das ist nicht der Fall. Bedenken wir doch nur, mit welch starrer, unbeugsam starrer Konsequenz und zäher Beharrlichkeit das Christentum seine **wesentlichsten** Prinzipien behauptete; gegen alle noch so mörderischen Angriffe. Aber hier handelte es sich gar nicht um einen unüberwindlichen Widerspruch im Urprinzip. Der Christus hatte hier ganz und gar nichts Kunstfeindliches geäußert. Er selbst war ja als Redner ein außerordentlicher Künstler und Dichter; sowohl in Anbetracht der vollendeten Komposition seiner Reden wie auch in Anbetracht ihrer herrlich und so überaus poetisch ausgeführten Allegorien und Gleichnisse. Es lag also im Urprinzip des Christentums gar wohl auch der Keim und die Möglichkeit einer neuen Kunstentwicklung; zum mindesten stand ihr nichts Direktes im Weg.

So hat denn auch unser in Rede stehendes Mönchlein durchaus empfunden, und so hat es gehandelt.

Zugleich aber hat es — und hier kommen wir auf

einen sehr wichtigen Punkt — als ein H e l d gehandelt. Und geradezu als ein Held.

Denn wie betrachtete man denn eine solche heidnische Statue? Die Mehrzahl der damaligen Heiden zwar empfand ihr gegenüber durchaus keine religiöse Ehrfurcht und Scheu mehr; die sich höchstens noch in den niedrigsten Schichten damals als eine Art von Aberglaube hielt. Die Gebildeten aber beachteten sie nur noch nach ihrem Kunstwert.

Wesentlich anders aber verhielt es sich mit den damaligen Christen. Sie, ungleich religiöser gestimmt und beständig religiös gestimmt, betrachteten die Bildnisse der Götter noch mit ganz anderen Augen. Für sie waren die Götter noch als Dämonen vorhanden; und darin lag nicht etwa bloß Aberglaube, sondern die tiefere Ratio einer Urnotwendigkeit solcher Göttergebilde. Der Glaube war damals überall verbreitet, daß in diesen Götterbildern kleine geschwänzte Teufel und allerlei teuflischer Unrat stäke. Diese kleinen geschwänzten Teufel waren nun zwar weiter nichts als Mäuse und Ratten, die sich in den meist hohlgearbeiteten Götterstatuen häuslich eingerichtet hatten, und, wenn diese umgerissen und demoliert wurden, in Scharen zum Vorschein kamen; und der teuflische Unrat war nichts als Werg, Pech oder wer weiß alles für Material oder Apparat, der höchstwahrscheinlich bei besonderen Gelegenheiten seine Rolle spielte, wenn die Bildnisse besondere wunderbare Lebenszeichen zu geben hatten: aber immerhin, dieser Aberglaube zeigt deutlich, wie die Christen jene Bildnisse mit ungleich stärkerer religiöser Scheu betrachteten, als die damaligen Heiden. Genau so wird auch unser Mönchlein empfunden haben, und es wird ihm keine Kleinigkeit gewesen sein, in nächtlicher Stunde in dem todeinsamen Tempelinnern dem Dionysos die Saphiraugen auszubrechen. Er hat das sicher nur vermocht im felsenfesten Glauben an den Beistand des Christus drüben in seiner Klosterkirche.

Genau so wie das Mönchlein empfanden aber die meisten Ikonoklasten jener Zeit. Es ist zudem so charakteristisch, daß solche Scheu vor den alten Götterbildern sich auf altromanischem Gebiet bis tief in die Kunstblüte der Renaissance hinein erhalten hat. — Diesem Umstand gegenüber möchte ich sogar denen beistimmen, welche die damalige italienische Kunstblüte im Grunde ermöglicht denken durch die starke germanische Rassenmischung, die besonders Norditalien zur Zeit der Völkerwanderung erfuhr. Das germanische Rassenelement war das von vornherein ungleich unbefangenere.

Davon aber hier so viel und nicht mehr. Wir kehren wieder zu dem Problem des Antichristen zurück.

Wir definierten den Antichrist zunächst also mit dem absterbenden, dem Tod verfallenen Altertum. Alles wirkliche erledigte Altertum, alles ausgelebte war im Prinzip antichristlich und gegen das neue vorwärtsdrängende Lebensprinzip des Christentums; alles M e n s c h l i c h e dagegen, alles womit das Altertum seine lebendige Seele — n i c h t bloß in der Erscheinung des Christentums — in die Zukunft weiterentwickelte oder auch vorderhand als latenten Keim bewahrte, war nie und nimmermehr gegen das neue Lebensprinzip; und war also auch keineswegs Antichrist. Das müssen wir durchaus fest ins Auge fassen. Denn gerade hier gibt's neuerdings die unleidlichsten Konfusionen.

Den Ikonoklasmus haben wir ja eben ins klare gesetzt. Er rottete mit und an den alten Bildnissen lediglich das wirklich Antichristliche und unmöglich Gewordene aus. Dies war es denn auch keineswegs, das etwa in der Zeit der Renaissance wieder aufgelebt wäre; sondern einzig das, wenn nicht im engeren, so doch im weiteren Sinn Christliche; das heißt, das lebendige, unsterbliche, rein Menschliche. — Das alte religiöse Prinzip der Antike war tot und blieb tot. Man bewunderte das unsterblich Menschliche in den alten Bildnissen, empfand dieses mit einer ganz neuen Seele und belebte es mit dieser neuen, modernen, gerade durch das Christentum differenzierteren Seele. Alle späteren klassischen Reaktionen in der Kunst bedeuten nur noch ein leeres, artistisches Spiel mit Formen. Sie haben absolut keine Bedeutung. Höchstens insofern, als man die Neigung der germanischen Rasse zu allzu krausen Bizarrerien — die indessen mit dem christlichen Urprinzip als solchem durchaus nichts zu tun haben! — mit der edlen Einfachheit der antiken Form einschränkte. Und wie es sich mit der Kunst, genau so verhielt es sich auch mit der Dichtung, der Geschichtsschreibung und der Wissenschaft.

Wenn damals eine Art Götterdämmerung zwischen Antike und Christentum herrschte, so bedeutete sie doch nichts als eine, ganz und gar nicht gegen das lebendig fortschreitende christliche Grundprinzip verstoßende Wiederaufnahme gewisser lebendiger, allgemein menschlicher — man möchte sagen höherer Gattungstriebe nach einer ganz bestimmten Seite hin und deren Revision, Ein- und Uebergestaltung in den neuen Kulturgeist. Diese Revision und Uebergestaltung aber vollzog „der Christ", der sich bis daher lediglich um zunächst ungleich wichtigere Dinge zu bekümmern gehabt — nämlich um die gewaltigsten sozialen Rassearrangements! — keineswegs aber dieser neuerdings so berühmt gewordene „Antichrist"; der L e b e n d i g e, aber nicht der T o t e.

*

Jetzt aber werden wir eine gründliche Ueberraschung und ein wahres Wunder erleben!

Ich sage: wir dürfen den Antichristen durchaus nicht einzig und allein so fassen, wie wir ihn bisher gefaßt haben. Dies war zwar die zunächst notwendige, die naheliegendste, im gewissen Sinn sogar eigentlichste Fassung, aber keineswegs die einzige, die wir diesem Begriff zu geben haben. Er will auch noch eine andere. Und gerade die ist außerordentlich wichtig und inhaltsreich!

Je aufmerksamer wir die Entwicklung der christlichen Religion und Kultur betrachten und studieren, um so mehr müssen wir zwischen dem eigentlichen christlichen Urprinzip in seiner Reinheit unterscheiden, und zwischen, sagen wir einmal, einer Materie, welche dieses Prinzip zu bearbeiten, oder sagen wir noch besser: mit der es sich abzufinden hatte. — In dieser Materie liegt notwendigerweise eine ganz bestimmte statische Grundeigenschaft. Nicht minder aber liegt eine solche statische Grundeigenschaft in dem im höchsten Sinn dynamischen Prinzip, das sich mit ihr abfindet. Jene statische Grundeigenschaft der vorhin gedachten Materie aber ist keineswegs etwa bereits sicher und ausgemessen; aber ganz gewiß ist so viel sicher, daß sie bereits ausgemachter ist, als die unseres dynamischen Prinzips, die freilich noch in nichts besteht als in einer ungeheuer konzentrierten, rein dynamischen P o t e n z, und die erst noch diese Konzentration zur eigentlichen Statik auszubilden hat, die zunächst immer noch auf eine eigentliche Statik, oder Stabilisierung nur erst hindrängt.

Mit anderen Worten: es gibt noch keine feste, im Sinn des Urprinzips christliche Sozietät; eine solche will erst noch werden, und fügen wir hinzu: muß und wird werden!

Was hinderte sie noch, eine solche zu werden? Die Moles der alten Statik, mit der sie im Abfindungsprozeß steht, und die noch nicht zuläßt, daß die neue dynamische Potenz sich zu einer neuen Statik stabilisiert. — Es kommt darauf an, die Grenze der alten Statik zu finden; die Grenze, wo das dynamische Prinzip von ihr loskommt und sich seinerseits festigen, das heißt: mit den ihm innewohnenden neuen Möglichkeiten entfalten kann. — Mit letzter Deutlichkeit: der neue werdende Mensch hat sich mit dem alten erst noch ganz abzufinden. Er ist ein gewordener, hat seine Statik gefunden, in demselben Augenblick, wo ihn der alte losläßt und zurückbleibend in einem definitiven Gewordensein verharrt.

Mit dem eigentlichen Antichrist ist die neue dynamische Potenz, das christliche Prinzip, fertig geworden. Der antike Mensch ist erledigt. Aber es hatte sich ein neuer „Antichrist" erhoben, das barbarisch germanische Element. Das christliche Prinzip bemächtigte sich seiner, um es gleichfalls zu besiegen, und zugleich die lebendigen Elemente der Antike, das in einem reineren, vorwärtsstrebenden Sinn Menschliche derselben in das neue germanische Element hinein- und hinüberzurücken. Es wurde abgefunden und transformiert; aber es blieb auch hier eine alte Statik, und eine, die bleiben wird. Das was wir Christentum nennen, ist ein anderes Christentum als das antike es war: aber — der Antichrist beginnt in Klarheit zu treten! — es bleibt auch hier eine Statik. Und jetzt scheint sogleich auch die gemeinsame Eigenschaft der alten Statik in Deutlichkeit zu treten. Und zwar will sie sich enthüllen, als das alte ethnische Moment schlechthin. Das christliche Urprinzip gestaltete die alten **Formen** des Heidentums — **des alten Adam** — um, gestaltete sie in wiederholten Synthesen ineinander über, aber das ethnische Moment bleibt als statisches Grundelement und unveräußerliches Moment zurück. Es hat zwar die neue Form des Christentums; aber dieses Christentum ist nicht identisch mit seinem reinen Urprinzip, sondern es ist nur eine Wirkung, Schöpfung, ein — Residuum desselben: es ist ein ethnisches Christentum; das heißt, ein durch durchaus ethnische Denkformen in feste, unveräußerliche Dogmen und Symbole gebundenes. **Es erweist sich also, daß das ethnische Element nicht über die Dogmen und Symbole**, oder über eine solche Denk- und Empfindungsform **hinauskann**. Und es erweist sich ferner, daß dieselben seine Statik, sein unveräußerliches, festes Charakteristikum sind. — An diesem Punkt beginnt sich das wirkende dynamische Prinzip von seiner Wirkung, seinem Residuum zu trennen. Und es ist der Moment, wo es ihm gegenüber erkennbar werden wird in seiner reinsten Gestalt und Deutlichkeit.

Nun wird hier etwas höchst Verwunderliches sich ereignen. Das, was Christentum ist, in seiner gewordenen historischen Gestalt und Form und in solcher verharrend, wird sein reines dynamisches Urprinzip zu sich in Gegensatz stellen als ein antichristliches Prinzip; als welches dieses selbst, soweit es etwa vorhanden ist, sich wohl auch zuweilen gar selber bezeichnet! Während es doch gerade umgekehrt sich so verhält, daß es das reine christlich-dynamische Prinzip ist, während das zurückbleibende verharrende Christentum eine äußerste Möglichkeit des ethnischen Elementes ist und also Antichrist schlechtweg! — Diese kuriose Aehnlichkeit und Konfusion von Christ und Antichrist haben wir jetzt zu erleben, und — wir erleben sie bereits. —

Aber wir wollen jetzt zu erkennen suchen, daß das sich tatsächlich so verhält.
Die Gestalt und Persönlichkeit des Christus. —
Wir hatten uns mit den guten Mitteln, die uns die wissenschaftliche Kritik heute an die Hand gibt, die historisch-menschliche Gestalt des Christus aus dem mythologischen, dogmatischen und sonstigen ethnischen Beiwerk der Evangelien hervorgeklärt.

Wir sahen, daß der Christus selbst von Geburt, nach allen Anzeichen, ein Mischling war; eine Kreuzung arischen und semitischen Blutes, geboren in einer Provinz, deren Bewohner Mischvolk waren, in einer Stadt, die durch ihre Mischbevölkerung direkt verrufen war. Wir sahen, daß Jesus kein Asket war, im Sinn der alten Propheten und seines unmittelbaren Vorgängers „Johannes des Täufers". Er aß und trank, wohnte Gastmählern von Zollpächtern bei und verschloß sich nicht den Freuden des Lebens, und er gestattete das auch seinen Jüngern. Er war fröhlich mit den Fröhlichen und trauerte mit den Trauernden. Nichts Menschliches war ihm fremd. Er verrichtete Heilungen und „Wunder" gegen alle bisherige gewohnte Art und Erfahrung; also vor allem nicht in der handwerksmäßigen Art der bisherigen Magier, nicht vermöge asketisch-künstlicher Nervenspannung, sondern vermöge der natürlichen, sympathetischen Kräfte seiner organischen Psychophysis; mit der ihm innewohnenden großen Liebeskraft. Er war kein Eiferer, Phantast und Schwärmer, sondern ein kluger und bedachter Mann, ein kluger und besonnener, überaus umsichtiger Taktiker, der aber, wo es darauf ankam, rücksichtslos alle gewaltigen Energien seines Temperamentes entband. Er war abhold dem Opfer- und Götzendienst; selbst dem des **Götzen** Jehovah, dessen Tempel er den Untergang voraussagte. Er war abhold den Zeremonien, Gesetzen, Gesetzchen und Tüttelchen. Er war ein so unerhört freier Mensch, wie kein noch so vorgeschrittener und vorurteilsloser griechischer Philosoph. Was er war war er naiv und spontan, in jedem Augenblick mit der ganzen Persönlichkeit und zugleich mit einer in der damaligen antiken Welt unerhörten, fast übermenschlich unmittelbaren und praktisch-aktiven Frömmigkeit. Er hatte die Religion als solche. Der schaffende, nicht unpersönlich, sondern persönlich schaffende Gottgeist — persönlich im „Sohn" und als „Sohn"; das heißt, als die sichtbare große, überragende Individualität — aber doch als Weltgeist unpersönlich über der großen, sichtbaren Individualität stehende Geist, die Nächstenliebe, das reinste Bruderschafts- und Sozietätsgefühl: das war sein ganzes Bekenntnis und seine ganze Religion. — Wie alle Großen und Einsamen aber eignete ihm jene Mystik des tiefsten Weltwiderspruches; er hatte dessen Konflikte gelebt, er besaß jenes letzte Wissen, das er keinem seiner Jünger mitteilen konnte. Er hatte mit dem „Teufel" gerungen, hatte seine „Höllenfahrt" bestanden. Er, der selbst den Seinen, wie ein Bann und Hort, so doch zugleich auch ein undurchbringliches Rätsel blieb. Er hatte die tiefste seiner Einsamkeiten in jener Nacht von

Gethsemane gelitten und ertragen; niemand von den Seinen hatte sie zu teilen vermocht.

Das ist der Christ.

Halten wir ihm jetzt die entgegen, die man seine Antipoden nennt; vergleichen wir ihn mit dem „Antichrist".

Mit Vorliebe hat man neuerdings etwa die Gestalten Julians des Apostaten und Leonardo da Vincis dem Christ als Verkörperungen des „Antichrist" entgegengestellt; die beide in zwei interessanten kritischen Zeitpunkten der christlichen Aera hervortraten.

Aber sind sie denn in Wirklichkeit Typen des Antichrist? Nein, sondern sie s c h e i n e n es nur zu sein; können solche nur für den ersten oberflächlichen Blick sein.

Mit Recht weist man auf die Aehnlichkeiten zwischen diesen beiden großen Männern hin. Man sollte aber noch viel mehr auf die auffallende Aehnlichkeit achten, die sie mit der Gestalt des Christus selbst darbieten!

Zunächst aber ist es von Interesse darauf zu achten, wie sie sich gegen den Christus und gegeneinander selbst unterscheiden; mit welchen individuellen Eigenschaften sie einen gemeinsamen Typ variieren.

Wir wollen hier nicht so sehr darauf achten, daß der eine ein Kaiser war, der andere ein Künstler und Techniker. Der bedeutsamere und wesentlichere Unterschied ist uns der, daß der eine ein ausgesprochener Hypochonder, ein Choleriker, eine zwiespältige, der andere dagegen eine einheitliche Natur war. — Sagen wir es gleich: in dieser zwiespältigen Weise changiert der gemeinsame Typ die ganze christliche Aera hindurch. Indessen nicht so gar sehr, daß nicht — vorläufig noch — selbst die zweite einheitlichere, die Leonardo-Nuance, unter die wir zum Beispiel auch Goethe einzuordnen haben, Spuren jener Hypochondrie der Julian-Nuance aufwiese. Sicherlich lassen sie sich auch bei dem Christus selbst finden. Der Mythus von seiner „Höllenfahrt" weist sicherlich darauf hin; auch seine Leidensnacht in Gethsemane, und gar manche sonstige, wenngleich mehr indirekte Spur. Bei allen Nuancen des Typus beruht solche Eigenschaft auf einer höchst interessanten Empfindung der Vereinsamung und Einzigkeit, an der selbst ein Goethe gelitten, und Leonardo, inmitten des rohen und wilden Kondottieri-Milieus seiner Zeit, sicher noch ungleich mehr als Goethe. Insgesamt fühlt dieser Typ sich nicht in Einklang mit seiner Umgebung. Er trägt in sich gleichsam die sonderbare Sehnsucht nach einer Heimat, in der er sich erst so recht eigentlich zu Hause fühlen könnte. Er fühlt sich in irgend einem Sinn nicht rangiert; nicht in s e i n e r Sozietät. — Und lebt doch auch wieder — da, wo er, wie bei Leonardo und Goethe, die einheitlichere Nuance zeigt — bereits in einer neuen, ob nun höheren oder nur bereits wesentlich anderen Welt und Heimat; lebt in wesentlich neuen Lebenshorizonten, deren er doch aber auch wieder noch nicht durchaus froh zu werden vermag.

Völlig zwiespältig, durchaus hypochondrisch aber ist also einzig die Nuance Julian. Und so nuanciert sich der gemeinsame Typ in ganz besonderen Konfliktszeiten; u n d z w a r s e h r k e n n z e i c h n e n d e r w e i s e d a, w o d a s r e i n c h r i s t l i c h e P r i n z i p v ö l l i g u n t e r z u g e h e n s c h e i n t! Das ist das überaus merkwürdige! Und das sollte man bei Julian doch gerade recht besonders und aufmerksam berücksichtigen! —

Julian ist von Anlage durchaus Christ; und zwar Christ im reinsten und vollkommensten Sinn, im Ursinn. Das heißt, er ist im reinsten Sinn, wie der Christ, Mensch. "Mensch", jener so neue umfassendste Gattungs= und Artbegriff, der sich damals in der zusammen= brechenden Antike zum erstenmal klar aus dem Ethne (nationalem Heidentum) heraus erhob. Er ist genau in dem Sinn "Mensch", wie sein "Feind", der "Galiläer".

Aber seine Hypochondrie. Man könnte sie zum Teil auf seine Jugenderlebnisse zurückführen. Beständig, von klein auf, war sein und seines Bruders Gallus Leben von Kaiser Konstantius bedroht. Und zwar war Julian sich dessen jederzeit bewußt. Er lebte beständig im Schatten des drohenden Todes. Aber dennoch, nein! nicht darauf ist eigentlich seine Hypochondrie zurückzuführen. Er hatte sich an diese ihm stetig drohende Gefahr gewöhnt. Er war eine starke Natur. Er verachtete diese Gefahr; und stellte ihr zudem eine außerordentlich geschickte und ausgebildete Verstellungsgabe sehr aktiv entgegen. Solche Hypo= chondrie würde schon eher Feigheit und Unmännlichkeit ge= wesen sein, Eigenschaften, die Julian fern waren. — Sondern: da er von allem Anfang an bei allen seinen sonstigen wertvollen und hervorragenden Eigenschaften eine Neigung zur Reflexion und zu einem ernstlich= objektiven philosophischen Nachdenken hatte, mußte ihm diese ihn kennzeichnende Hypochondrie gerade aus den un= säglich chaotischen und verrotteten Zuständen des da= maligen Christentums erwachsen.

Jenes Christentum war ja schlimmer als das schlimmste Heidentum. Und die Agonie dieses Heidentums hatte hier das reine christliche Prinzip mit vollendetster Geilheit überwuchert. Der sterbende eigentlichste "Anti=

christ" feierte im Gebiet der christlichen Religion noch einmal einen vollendeten Triumph in einem bis zum Irrsinn wüsten Hexensabbat zwischen Heiden- und Christentum. Da gab's Arianer und Athanasianer, Homoousier und Homoiousier, zwischen denen es auf Tod und Leben ums Jota ging; da sind Montanisten, Manichäer, Gnostiker, Donatisten, Hermianer, Priszillianer, Kainiten, Karpokratianer u. s. w., da sind gar so scheußliche Sekten, wie die der Zirkumzillionen und Paternianer und andere ihresgleichen; und das liegt sich gegenseitig in den Haaren wie ein toll gewordenes Affenhaus. — Wie ein grimmig lachender Gott steht schließlich Julian über diesem wahnwitzigen Getümmel, das er durch sein nicht unübel berechnetes, mit heimlicher Ironie erlassenes Toleranz-Edikt entfesselt hat.

Ist einem nicht geradezu zumute, als sei der „Galiläer" wieder erstanden und habe aus der Tiefe eines göttlich ironischen Grimmes dieses Edikt erlassen, um jene wüste Hydra des Antichrist durch sich selbst zu vernichten? Ist Julian n i c h t der Christ, der den alten Kampf mit dem Antichrist von neuem, nur in einer anderen Weise kämpft? Ist das n i c h t das alte „Otterngezücht", sind das nicht jene „Heuchler", „übertünchten Gräber voll Moder und Totengebein", sind das n i c h t wieder die alten „Wölfe in Schafskleidern" und außerdem noch hundert anderer Unrat? Völlig sind sie es! — Und schier an seinem einstigen Werk verzweifelnd und doch in ewig göttlicher, wenn auch hier umdüsterter Mannheit nimmt er den alten Kampf auf; bereit, alles in Trümmer zu schlagen. — Doch innerlich, trotz allem und allem, bis zum letzten Atemzug sich selbst getreu: wie endet E r als Julian? Mit jenem berühmten

„Vicisti, Galilaee!"; mit jenem Ausruf zwischen Ironie und Verwunderung geht er in die tieferen Zusammenhänge Seines großen Daseins hinein und zurück.

Ja, und ist er zuzeiten, in kleineren Erscheinungen als die Julians nicht geradezu ein furchtbarer, ja schauriger Dämon gewesen, dieser Typ, der das verrottete „Volk Gottes" durch unerhörte, übermenschliche Greueltaten zu Gott und Christentum zurückgeführt hat? Und hat es nicht Zeiten gegeben, wo alles Volk, hoch und niedrig, nachdem er für solche Greueltaten hingerichtet war, auf den Knien zu Gott für das Heil seiner Seele betete? — Dies sind die purpurn dunkelsten Tiefen seiner übermenschlichen Tragik. Sie haben sich oft genug in jenem brutalen Zeitalter des Ueberganges von Feudalität zur Moderne aufgetan; im Bezirk gerade der rohen, germanischen Urkraft, die es zu bewältigen galt. Und e r war dann stets eine der damaligen Zeit gegenüber verfeinerte und sehr religiöse Natur, die in die Schwachheit solchen ungeheuerlichen Irrsinns fiel. Denn nur, wo ein solches übermenschliche Scheusal aus solch einem feinen, religiösen Konflikt und Widerspruch zu einem solchen wurde, haben wir es mit dem in Rede stehenden Typ zu tun. In jedem anderen Fall war er nichts als eine Erscheinung und Spezifikation von Rasse-Degeneration; Ableben, Agonie.

Jedenfalls: ob Julian, oder sonstwer seiner Art: immer dürfen und können wir bei ihm das tiefere, differenziertere, objektivere, beweglichere Fühlen, die umfangreichere, vergeistigtere Reflexion des Christ-Types konstatieren. Immer findet sich die gleiche Vorurteilslosigkeit, die gleiche Gesetz-, Formel- und Dogmenentbundenheit mehr oder weniger vor; und sein kennzeichnender Trieb nach einer harmonisierten, vereinten Umgebung und höheren Sozietät . . .

Ihm gegenüber nun die Erscheinung Leonardos.

Eine durchaus seltsame Gestalt ist Leonardo. Wir werden später noch ausführlicher auf ihn zurückzukommen haben. An dieser Stelle soll nur so viel über ihn gesagt werden: Seine tiefste Bedeutung liegt vielleicht nicht so sehr in seiner künstlerischen Leistung, als in seinen wissenschaftlichen und technischen Bestrebungen. Fast sein vornehmstes Verdienst ist ein zivilisatorisches. — Man möchte sagen: er ist der Christus in einer Metastase als Hermes. Er ist der Vater, wenn nicht gar auch der modernen Wissenschaft, so doch vor allem der Technik. Jene Technik, die seit der Renaissance, Schlag für Schlag, einen so rapiden Aufschwung nehmen und irgend einer letzten Kulturhöhe, irgend einem äußersten kulturellen Höhenstand der Menschheit das notwendige zivilisatorische Fundament bereiten sollte. Er ist der Seher und Progone des elektrischen und mathematischen Zeitalters; des Zeitalters des unerhörtesten menschheitlichen Kommerzes.

Sollte jenes zivilisatorische Fundament in seiner Vollendung der Schauplatz jenes sonderbaren Wunders sein, wo der Antichrist als Christ zurückbleibt und der Christ als Antichrist — weiterschreitet? . . .

III.

Eine neue Religion?

Wir sehen bereits, daß das Christentum in seinen Vollendungen steht; daß es im Begriff ist, den Zirkel seiner Wirkung und Entwicklung zu schließen. Wenn eine Religion in ein solches Stadium ihrer Entwicklung getreten ist, dann pflegt sich sogleich und zugleich auch die Notwendigkeit einer religiösen Neubildung zu ergeben. Tritt eine solche Notwendigkeit auch in unseren Zeitläuften zutage? Befinden wir uns in dem Anfangsstadium einer neuen Religion?

Es scheint durchaus der Fall zu sein. Jene Dynamik, die von jeher religiöse Neubildungen erzeugte, hat die natürliche und organische Beharrlichkeit, in der Richtung ihrer Funktion weiterzustreben. — Kein Wunder also, wenn wir heute die mannigfachsten Bestrebungen zu religiösen Neubildungen in Europa wahrnehmen; und daß sogar viele heute unter uns der Meinung sind, eine neue Religion sei bereits im Werden.

Ja, man hat für solch eine neue Religion auch bereits einen Namen: man nennt sie Monismus. Einer von ihren ersten Fürsprechern, Ernst Häckel, spricht in seinen „Welträtseln" sogar schon von „monistischen Kirchen". Er meint zwar, der moderne Mensch bedürfe keiner besonderen Kirche, keines engen, eingeschlossenen Raumes. Denn überall in der freien Natur, wo er seine Blicke auf das unendliche Universum oder auf einen Teil desselben richte, überall finde er zwar den harten „Kampf ums Dasein", aber daneben auch das „Wahre, Schöne und Gute"; überall finde er seine „Kirche" in der Natur selbst. Indessen werde es doch den besonderen Bedürfnissen vieler Menschen entsprechen, auch außerdem in schön geschmückten Tempeln oder Kirchen geschlossene Andachtshäuser zu besitzen, in die sie sich zurückziehen könnten. Ebenso wie seit dem 16. Jahrhundert der Papismus zahlreiche Kirchen an die Reformation hätte abtreten müssen, würde im 20. Jahrhundert ein großer Teil an die „freien Gemeinden" des Monismus übergehen. („Welträtsel", Ausgb. von 1899, pag. 398.)

Die Anhänger Häckels wirken ja schon seit Jahren in solchem Sinn an der Begründung einer solchen neuen „monistischen Religion". Wir hatten die „Neuen Gemeinschaften", die „Giordano Bruno"=Bünde; wir haben alle möglichen ethischen und wer weiß was sonst noch alles für derartige Gesellschaften, Gemeinschaften und Vereine. Wir haben neuerdings die Bestrebungen der Bremenser Theologen, der Kalthoff und der anderen. — Man beginnt mit Begriffen wie dem einer aus dem Bereich der Naturwissenschaften hervor werdenden neuen religiösen „Symbolik" und „Mythologie" zu operieren, welche die „bisherige" Symbolik und Mythologie des Christentums ersetzen sollen.

Aber, aber: was müssen wir da für sehr seltsame Sachen und Widersprüche erleben!

Recht bemerkenswert sind bereits die vielen in Anführungsstrichelchen gesetzten Begriffe, die wir in den eben zitierten Häckelschen Gedankengängen wahrnehmen mußten, die sich so verzweifelt nach einem sonderbaren Lächeln halb und halb verlegener Selbstironie ausnehmen. Die Sache wird noch bedenklicher, wenn Häckel an einer anderen Stelle der „Welträtsel" folgendes ausführt: „In ähnlicher Weise nun, wie vor 2000 Jahren die klassische Poesie der alten Hellenen ihre Tugendideale in Göttergestalten verkörperte, können wir auch unseren drei Vernunftidealen die Gestalt hehrer Göttinnen verleihen (!); wir wollen untersuchen, wie die drei Göttinnen der Wahrheit, der Schönheit und der Jugend nach unserem Monismus sich gestalten" u. s. w. („Welträtsel", 388/389.) —

Was fällt uns bei solch einer Stelle sogleich in die Augen? Ihr offenbarer religiöser Dilettantismus.

Nein, Häckel und die Seinen bedenken nicht, daß alle Religion gerade das, wenn nicht Vernunftlose, so doch das Unvernünftige an und für sich ist; und daß noch je und je jede einzige Religion nichts anderes war, als **ein fixiertes Dilemma**; oder sagen wir: **das Dilemma an und für sich**. Also etwas schlechthin Notwendiges und Heiliges, dem der Mensch in Andacht und Scheu, wohl auch mit Furcht und Zittern gegenüberstand. Das Dilemma, das Geheimnis, das über aller menschlichen Vernunft steht. —

Wie oberflächlich, ja wie verkehrt ist es, wenn es heißt, die Alten hätten ihre Begriffe von Tugenden in den Gestalten hehrer Götter verkörpert! — Weshalb abstrahiert man die Vorstellungen der Götter eigentlich aus der Blüte der hellenischen Kunst? Längst war da die antike Religion im Beginn ihres Verfalls. Die **alten** Götteridole aber waren barbarisch und furchtbar bis zum Monstruösen. Und das lag durchaus nicht daran, daß damals, in jenen alten Urzeiten, die Kunstmittel noch nicht ausgebildet genug waren, um schöne und harmonische Götteridole schaffen zu können, sondern daran vor allem, daß man die Götter nicht menschlich, wie später, sondern als übermenschlich und dämonisch empfand; daß man sie als Nuancen und Funktionen des Grund **dilemmas** alles Seins empfand. — Die alten barbarischen Idole mit ihren hundert Köpfen, hundert Augen und Beinen — etwas davon spukt noch in der griechischen Mythologie; und das Idol der ephesischen Diana und der Mutter Kybele ist ein Ueberrest jener archaischen Idolgestaltung — waren ungleich religiöser, frömmer, man möchte sagen **exakter** aufgefaßt. Es ist so kennzeichnend, daß man in der spätesten Dekadence-Zeit so vielfach, im Bestreben, die alte Religion zu beleben und wieder zu vertiefen, gerade auf diese alten Idolbildungen zurückging, in der archaisierenden Kunstbestrebung dieser Zeiten; und daß man in den Mysterien jene alten, scheußlichen Idole verehrte.

Also: es handelte sich keineswegs um schöne „Verkörperungen" hoher Tugenden, sondern um Versuche, die furchtbaren, übermenschlichen, dämonischen oder erhabenen Empfindungen in sichtbare Symbole zu fassen, die das **Dilemma** des Seins und Werdens in der menschlichen Seele wachrief; damit man es im Anblick und in der Verehrung (respektive Beschwörung!) solcher Symbole nie aus den Augen verlöre, und stets sich das letzte, erhabenste Weltgeheimnis vor Augen halte; denn es rächt sich sogleich, sobald man es vergißt und aus den Augen läßt. —

In solcher Weise ist zu beginnen, wenn man von religiösen Dingen handeln will.

Lieber Gott, was bedeutet hier eine „monistische Vernunftreligion"! — Und was sind jene drei Göttinnen Professor Häckels? — Liebe, gute, nette und wie vage Harmlosigkeiten. — Uebrigens: Häckel bezeichnet gelegentlich die Kantischen Postulate von Gott, Freiheit und Unsterblichkeit als anthropomorphistische Anschauungsformen. Ich frage ihn: für was sieht er denn aber seine drei Göttinnen da an? Beginnt er da nicht, ungleich bedenklichere Anthropomorphismen zum Hinterpförtchen hereinzulassen? Ich meine, der große Kant hat mit seinen Postulaten nichts dargetan, als daß der Mensch nicht über die symbolische, dogmatische Denk- und Empfindungsform hinwegkann; und Häckel bestätigt ihm das nur, ohne daß er es selbst weiß. —

Aber er meint jedenfalls: man könne sich doch an jenen drei Göttinnen erbauen, wie an poetischen Märchenphantasien und angenehm sinnreichen Symbolen? — Ja! Nicht bloß die Religion, sondern auch die Poesie kommt bei unseren exakt naturwissenschaftlichen Professoren schlecht weg. Nicht bloß gewisse Reste von Religion, sondern auch Poesie und Kunst werden lediglich gütigst und wohlwollendst geduldet; als schöne Lügen. — O, wenn jemals wahre Religion und wahre Poesie und Kunst, die immer mit ihr in engstem Zusammenhang waren, schöne Lügen gewesen wären! — Nein: sie waren die Wahrheit der Wahrheiten: sie waren je und je das — D i l e m m a!

Nun aber ist es freilich ein ganz ander Ding und

eine ganz andere Frage — und s i e wäre es, welche Häckel und die Seinen, und gerade s i e, von Rechts wegen gehörig ins Auge fassen sollten! — wie die Menschheit sich eines Tages mit dem Dilemma überhaupt abfinden könnte! Und ob die Möglichkeit denkbar wäre, daß sie i h r Dilemma eines Tages aus sich heraussetzte, und sich damit ein= für allemal von seiner Unruhe befreite! — Also, daß sie alles, was im eigentlichsten, im Dilemmasinn, je und je Religion war und bedeutete, daß sie das Grundprinzip der Religion, das Dilemma aus sich heraussetzte.

Nun, dieser Gesichtspunkt kann und m u ß sogar ins Auge gefaßt werden. Und wir werden sogleich sehen, was eine solche definitive Abfindung mit dem Dilemma, nach u n t e r s c h i e d l i c h e r Richtung hin, zu bedeuten haben wird.

*

Jedenfalls: es wird bereits aus dieser kurzen Kritik Häckelscher religiöser Anschauungen — die im wesentlichen leicht alles über den Haufen wirft, was Häckel in seinen „Welträtseln" und sonstigen Werken über Religion ausgeführt hat — ersichtlich sein, daß unsere neuerlichen Versuche zu Bildungen einer neuen Religion hoffnungslos dilettantisch sind. Denn nicht nur Häckel, auch Kalthoff und alle anderen, die sich heute in solcher Richtung bemühen, stecken, so viel Braves, Gutes, Beherzigenswertes sie auch im einzelnen beibringen, was die Hauptsache anbelangt, im allerhoffnungslosesten religiösen Dilettantismus.

Es muß einen geradezu verwundern, daß man noch so gar nicht wahrnimmt, welche eigentlichen und durchaus anderen Konsequenzen sich aus den exakten Wissenschaften ergeben! Daß man noch so gar nicht wahrnehmen will, daß sie das alte Dilemma bereits längst fixiert, daß sie sein Problem in die allersinnfälligste Erscheinung verlegt, daß sie es in ihr endgiltig gestellt und gebannt haben; und daß gerade dieser Umstand eine noch nie dagewesene direkte Abfindungsmöglichkeit mit dem Dilemma gewährt! Ich möchte sagen: daß sich das alte, so furchtbare Dilemma, der Vampir der Menschheit seit vielen, vielen Jahrtausenden, geradezu in Wohlgefallen und in ein unsterbliches Lachen aufzulösen im Begriff ist! —

Aber: eine „neue Religion"? Irgend solch eine zahme, laue und flaue „monistische Vernunftreligion" da? Solch eine contradictio in adjecto? Nein! Unmöglich! Das ist nichts als eine erbarmungswürdige Dilettanterei, der gegenüber man unserer Wissenschaft ein= für allemal zurufen muß: Schuster, bleib bei deinem Leisten! — Und bleibt die Wissenschaft bei ihrem Leisten, so werden wir ihr tausendmal mehr für die Hauptsache, auf die's heute ankommt, zu danken haben, als wenn sie tut, als könnte sie neue Götterbilder formen. — Wir brauchen durchaus keine mehr! Wir haben genug davon! Aber auch alle nur erdenklichen Bedürfnisse sind vollauf gedeckt! — Und zudem: weiß man nicht, was sie kosten, und wieviel man für sie bezahlt hat? Wie unzählige Blutströme für sie geflossen sind? Wie unausdenkbar viele Leiden und Greuel ihnen ihren Weihrauch zugedunstet haben? Und meint man: eine neue Religion, wenn sie wirklich noch möglich und vonnöten wäre, würde nicht mit unerbittlichster Notwendigkeit um denselben Preis erkauft werden müssen? . . .

Gottlob! Wir sehen auf das allerunverkennbarste: es ist keine mehr möglich und nötig und der alte Preis braucht nicht noch einmal bezahlt zu werden! — Denn, wo immer man diese neuen Versuche auch nur leise anrührt, in jedem leisesten Ernstfalle, lösen sie sich auf wie schillernde Seifenblasen. — Sie bedeuten nichts, als den Luxus einer neuen Art etwas besserer moderner, „humanistischer" Vereinsmeierei. Wer's noch nicht ganz glauben will, dem will ich's an noch einem recht drastischen Beispiel beweisen; ein Beispiel, das so recht unter die Rubrik „Tierschutzverein" rangiert.

Auf Seite 410 der oben erwähnten Ausgabe der „Welträtsel" kritisiert Häckel die Liebe zu den Tieren, die das Christentum kennt. Er sagt: „Wer längere Zeit im katholischen Südeuropa gelebt hat, ist oftmals Zeuge jener abscheulichen Tierquälereien gewesen, die uns Tierfreunden sowohl das tiefste Mitleid als den höchsten Zorn erregen; und wenn er dann jenen rohen „Christen" Vorwürfe über ihre Grausamkeit macht, erhält er zur lachenden Antwort: „Ja, die Tiere sind doch keine Christen?"

Man wüßte hier nun zwar zunächst gern, um was für so gar „abscheuliche" Tierquälereien es sich handelt. Ich vermute, es handelt sich um die Behandlung von Lastwagenpferden oder Zugstieren, die ab und zu vielleicht übermäßig geprügelt werden. Da müßte man sich freilich, besonders wenn man Großstädter oder Gelehrter ist, zunächst vorhalten, daß man denn doch leider recht verzärtelte Nerven hat. Ferner könnte man sich vielleicht auch sagen, daß man vom Fuhrwesen nichts versteht; oder gar davon etwas versteht, warum in gewissen Landstrichen Fuhrwesen gerade so und so beschaffen ist und nicht wie in anderen Gegenden. Man könnte sich ferner wohl auch vorhalten, daß Menschen, und besonders großstädtische, sich im allgemeinen auf feinere Weise oft unendlich mehr abquälen müssen, wie oft gar bis in die ärgste Hölle hinein! als eine Tracht Peitschenhiebe bedeuten kann. — Man sollte ferner auch aus der „lachenden" Antwort des betreffenden Pferde= oder Ochsenknechtes nicht gar so viel Aufhebens machen. Man sollte bedenken, daß es sich hier gar nicht um „Christen" handelt, sondern — obschon wir freilich, wie gesagt, erst was vom Fuhrwesen selbst und vom Fuhrwesen in solchen Landstrichen verstehen müßten — um eine „bête humaine" handelt; und gar in Landstrichen und Ländern, wo das Volk total dekadenziert zu sein pflegt und den Abhub einer vielhundertjährigen, ja =tausendjährigen Kultur darstellt; also ein Volk, das, wenn es nicht durch ein zwar grobes, aber sicher sehr praktisches und realpolitisches katholisches Christentum gerade einigermaßen in Raison gehalten würde, wohl ganz und gar nichts wert wäre und aus der Fasson ginge.

Also: ich meine, Professor Häckel spricht hier zwar wie ein warmherziger Mensch, im übrigen aber doch so recht wie ein deutscher Professor in der Sommerfrische, der, sobald er über den eigentlichen Ressort seiner Wissenschaft hinausgeht, sich rührend unbeholfen erweist und, sonderbar! die Fähigkeit zu vernünftiger, unbefangener logischer Betrachtung verliert. — Das ist leider bei Häckel nicht bloß so in diesem Spezialfall, sondern durchaus, wenn er in Religion und Theologie zu dilettieren beginnt.

Aber lassen wir ihn noch fortfahren. „Leider wurde," heißt es, „dieser Irrtum auch durch Descartes befestigt, der nur dem Menschen eine fühlende Seele zuschrieb, nicht aber den Tieren."

Hat Descartes das wirklich? In dieser „populären" Häckelschen Fassung hier? — Ich habe leider im Augenblick nichts von Descartes zur Hand; aber es ist doch wohl sicher geradezu unmöglich, daß Descartes sich in solcher Weise ausgedrückt hat. — Jedenfalls: hätte Häckel doch lieber Descartes zitiert! — Im übrigen: genau so dilettantisch wie die Form dieses Häckelschen Wortlautes — dem wir um Himmels willen nicht den Vorzug einer „gemeinverständlichen populären Ausdrucksweise" nachrühmen wollen! — ist ihr Inhalt, ihre Meinung und Auffassung.

Ich bezweifle nicht im mindesten, daß wir Modernen den alten Descartes in vieler Hinsicht werden korrigieren müssen; im wesentlichen aber, ich kann mir nicht helfen, hat er gar nicht so unrecht; wenngleich er sich noch nicht so exakt auszudrücken vermag, wie wir heutigen, die wir so erstaunliche und diffizile Experimente mit der Tierseele bereits gemacht haben und noch von Tag zu Tag machen. Dennoch aber hat Descartes im wesentlichen etwas ganz Vernünftiges ausgesagt; denn, nicht nur die Tiere, sondern sogar die niederen Menschenrassen haben eine dumpfere und fühllosere Seele; die ja freilich entwicklungsfähig ist bei den intelligenteren Arten.

Ich entsinne mich, daß, als ich vor ein paar Jahren in den Zeitungen die Affäre des Prinzen Ahrensberg las, namentlich die Episode jener intimeren Beziehungen, in welche er einen eisernen Ladestock zu der Kopfwunde eines Niggersoldaten bringt, ich mein Entsetzen, meinen Abscheu und meinen Zorn nur dadurch einigermaßen zu beschwichtigen vermochte, daß der Nigger, wie die Wissenschaft nachweist, in der Tat für Wundschmerzen in einem hohen Grade unempfindlich ift, und auch Peitschenhiebe ungleich besser und leichter erträgt und überdauert, als ein Europäer sie ertragen würde.

Genau so verhält es sich mit Rindern, Pferden, Hunden und anderen Tieren — bis zu einem gewissen Grade werden die, welche in unmittelbarer täglicher Nähe des Menschen sind, wohl gar in unseren Großstädten, wo sie außerordentlich und oft geradezu sträflich verwöhnt werden, eine Ausnahme machen — sie ertragen Prügel und Wundenschmerzen leichter als Menschen; und wohl hauptsächlich deshalb, weil sie eine unvernünftigere Seele, einen dumpferen Intellekt haben, der zwar in einem gewissen Grade zu reflektieren vermag, aber doch nichts weniger als durch differenziertere Vorstellungsbilder, die solche Reflexion zeitigt, fortgesetzt gequält werden. — Also ich denke, der alte Descartes wird gar nicht so unrecht haben.

„Wie erhaben", fährt Häckel nun aber fort, „steht in dieser Beziehung unsere monistische Ethik über der christlichen."

Na! — Ich meinerseits möchte mir gestatten, gewisse Großstadthumanitarismen weit eher für übertriebene Hysterie, wenn nicht gar Senilität zu halten.

Im übrigen aber konfundierte Häckel hier bereits, und zeigte sich nichts weniger als mit dieser christlichen Ethik vertraut. Ich fürchte wenigstens, kaum besonders besser, als irgend eine Gnädige in Berlin W., die „monistische" oder buddhistische Ethik ihrem Schoßhündchen oder ihrer wunderbar, aber auch geradezu erstaunlichst mit Menschenverstand ausgestatteten Angorakatze oder ihrem „Papchen" erweist. — Schon im alten Testament steht der uralte vernünftige Spruch: „Der Gerechte erbarmt sich seines Viehes", den wir freilich nicht nach den ethischen Begriffen der betreffenden „Gnädigen" auslegen dürfen. — Und so viel ich weiß, ist die Ethik des Neuen Testamentes zum mindesten so tierfreundlich als die mosaischen Vorschriften.

Nein, wir dürfen durchaus nicht außer acht lassen, daß die Ethik des Christentums als ein reines und hohes Vorbild dasteht; und daß keine mosaische, oder etwa gar buddhistische Ethik reiner ist. Die aber, für welche diese Ethik vorhanden und aufgestellt ist, die Vielen und, ach! wohl auch gar Vielzuvielen, die sind unvollkommen, sie richten sich nach ihr so gut sie können. Und in solcher Weise mag jenes Prinzip überhaupt das einer neuen Auslese bedeuten. Sicher werden sich viele ganz besonders nach ihr richten können, und werden sie in einem besonders hohen Grade erfüllen können (ich fürchte, die oben erwähnte „Gnädige" gehört nicht zu ihnen). Wer weiß, wie sich einst noch ihre Wege von denen der anderen auf Nimmerwiedersehen trennen werden? —

Immerhin: eine allzu feinfühlige, eine wohl gar hypochondrische Befolgung jener Ethik ist unmöglich in der rauhen Praxis des Lebens. Sie kann von der Ethik sogar nicht mal in Rücksicht genommen sein. Sie wäre eine Narretei. Sie wäre sogar in vielen Fällen — heutzutage sicherlich! — gegen die Ethik. Professor Häckel bleibt uns übrigens die etwaigen Tafeln seiner „vollkommeneren" monistischen Ethik leider schuldig. Wir müßten sie zum Vergleich haben, wenn wir erkennen sollten, daß sie vollkommener wären als die christliche Ethik. —

Aber lassen wir das alles. Genug: es ist nichts mit der „monistischen Vernunftreligion". Ich fürchte, sie ist weiter nichts als eine Schreibtischgeburt, ein Homunculus, in Mußestunden nebenbei in der betreffenden Retorte fabriziert. Die Retorte kann nichts Vernünftigeres und Besseres leisten, als man rechtens von ihr verlangen darf.

Es tut nun hier gut, wenn wir uns noch einmal die reinere und eigentlichere Bedeutung des Christentums und der christlichen Ethik vergegenwärtigen.

Das Christentum mit seiner hohen Ethik: wir haben bereits früher gesehen, wie es die gewaltige ethnische Materie des antiken und germanischen Heidentums zu bewältigen, zu bezähmen, zu rangieren, sagen wir gleich, ganz deutlich: an ein durchaus neues Prinzip kultureller Entwicklung anzupassen hatte. Und sagen wir gleich noch deutlicher: f ü r s i ch anzupassen hatte; zu einem eigensten neuesten Nutz und Vorteil; in dem Sinn: Welt, merk' auf! Du veränderst dich! Es entsteht etwas Neues, dem du dereinst völlig wirst müssen gewachsen sein! Lerne es erkennen! Lerne dich nach ihm zu richten! —

Und dies ist sogleich ein sogar überaus wichtiges e g o i s t i s ch e s Prinzip, neben allem A l t r u i s m u s der reinen christlichen Ethik. Immerhin ein egoistisches Prinzip, das — sehr bemerkenswert! — sich nicht mit irgend einem neuen „jus talionis" von dem Milieu abzulösen beginnt, über das es hinaus will und mit aller Notwendigkeit und inneren Konsequenz eines Tages hinaus m u ß! — Also, daß die — A r t a b l ö s u n g, denn wir sind der festen Ueberzeugung, daß es sich um eine solche handelt, sich diesmal mit einem großen altruistischen F r i e d e n s w o r t vollzieht, das wundersame neue, noch nie dagewesene Garantien einzuschließen scheint. —

Ein **egoistisches** Moment, sag' ich, liegt in der christlichen Ethik. Und das ist ein Umstand, auf den heute außerordentlich viel, ja, **auf den aber auch geradezu alles ankommt**! —

Sprechen wir nicht, daß der Buddhismus ja bereits vor dem Christentum das Gleiche gelehrt habe. Das ist ja sicher und gewiß der Fall, aber es besteht der gewaltige und tiefbedeutende Unterschied, daß der buddhistische **Quietismus im Christentum Bewegung, Entwicklung, Aktion wird; und daß er im Christentum eine neue, aktive, geistige Zuchtwahl und Auslese wird**! (Die sicher zugleich eine neue physische Zuchtwahl bedeutet; **und sicher als eine solche in Zukunft immer mehr und immer deutlicher sich enthüllen wird**!) Das Christentum will also auf nichts anderes hinaus als auf eine neue **Elite**. Das ist in ihm und in seinem reinsten Prinzip latent; das ist, nochmals: das **egoistische** seines Altruismus. Und dessen wird das christliche Prinzip sich immer deutlicher bewußt werden! — —

*

Gestehen wir uns also doch noch einmal: **wir haben keine neue Religion mehr zu erwarten**. Alle Versuche, eine solche zu schaffen, erweisen sich als eine hoffnungslose Dilettanterei; deren Anstrengungen, neue Formeln, Dogmen und Symbole zu schaffen, kläglich scheitern, oder — wir werden das noch sehen — notwendigerweise nach rückwärts verlaufen müssen. — Das Häckelsche so drastische Beispiel von den „drei holden Göttinnen" läßt an Deutlichkeit nach solcher Richtung nichts zu wünschen übrig.

Wir haben also keine Religion im Sinn irgend eines neuen religiösen Systems mehr zu erwarten! Ein solches Neugebilde ist direkt unmöglich! Der Begriff Monismus ist da; und der hebt jede Möglichkeit eines S y s t e m s im bisherigen Sinn auf; er läßt d i e s e s System ein= für allemal hinter sich. Und wer d i e s e n Zustand gereist hat? Niemand anderer, als gerade die exakte Naturwissenschaft; sie, eine der erlösendsten hero= stratischen Funktionen, welche die Welt jemals kennen gelernt hat! — Es ist geradezu amüsant, eine Komödie zum Lachen, wenn man sieht, wie mit einem Mal die Wissenschaft hier gleichsam etwas wieder gut machen will! Wie sie, nach aller notwendigen, grausamen, rücksichts= losen Zerstörung sich nun selbst, in persona, gütig und versöhnend beweisen und uns eine neue religiöse Synthese präsentieren will, während die eigentliche l e b e n d i g e religiöse Synthese bereits in irgend einer sozialen, sagen wir „vierten Dimension" beiseite steht, und über dies tragikomische Schauspiel lacht, wie ein junger Gott. Oder: hat Friedrich Nietzsche dieses Lachen in unseren Tagen nicht bereits gelacht? . . .

Aber: was soll nun werden? Eine Religion müssen wir ja doch wohl unter allen Umständen haben. — Was nun ist zu tun? Hat denn die Wissenschaft die bisherige christliche Religion nicht total abgetan; ist sie nicht, nach allen Regeln der Logik, nachgerade total unmöglich? — Eine neue Religion aber will ganz und gar nicht auf die Beine kommen. Jede Möglichkeit eines nach dieser Richtung funktionierenden kulturellen Entwicklungs= faktors ist erschöpft. Was also ist zu tun?

Nun, erstens ist diese Entwicklungsmöglichkeit in Wahrheit n i c h t erschöpft. Wir erkennen sogar bereits mit guter Deutlichkeit, wie es weiter will. Aber: die neuen Wege, wennschon sie sich erkennbar andeuten, verlaufen dennoch vorderhand hoffnungslos ins Dunkle; in die purpurnste Dunkelheit.

Zweitens aber — und hier fängt, gottlob! an unser Standpunkt klar zu werden —: die Wissenschaft mag sich beruhigen, denn: sie hat in Wahrheit die christliche Religion n i ch t unmöglich gemacht, sondern — wenn sie davon für den Augenblick auch nicht die leiseste Ahnung hat — sie hat sie einzig bestätigt; aber: in dem Sinn einer Vollendung; in dem Sinn des vollendeten, des „Johanneischen Christentums", also im Sinn seines Urzustandes; der also, wennschon vielleicht in seinem reinsten Prinzip, so doch in seiner ersten historischen Erscheinung, im Zustand der Jerusalemitischen Urgemeinde, Dogma, Symbol und Mythus keineswegs total ausschließt.

Ich sage nochmals: die Wissenschaft wird das zur Zeit noch ganz und gar nicht Wort haben wollen: aber, es hilft ihr alles nichts: sie wird es über kurz oder lang m ü s s e n. Und zwar rein von sich selbst aus; und von einer zwar nicht, wie bisher, einseitigen empirisch-experimentellen Logik aus, sondern von einer umfassenderen soziologischen und psycho-physiologischen Logik aus; die sie vermag. Und die sie — die ersten Anzeichen dazu sind vorhanden — auszubilden sich anschickt. Kurzum: sie wird es können und müssen: sobald sie sich ihres einseitig m a t e r i a l i s t i s ch - empirischen Standpunktes begeben haben wird.

Ich will versuchen, dies an einem Beispiel klar zu machen.

Ich wähle eins, das gerade unsere exakten Wissenschaften noch chokiert wie kaum so leicht ein anderes. Ich wähle das katholische Dogma von der „unbefleckten Empfängnis".

Wie kam dies Dogma zustande? Was besagt es? Auf welche unbeanstandbare Tatsache weist es hin? Wie steht es mit dem Mysterium, auf das es hinweist; wie steht es mit seiner „höheren Tatsächlichkeit"?

Wir haben bereits früher gesehen, daß der historische Christus aus einer Mischbevölkerung stammte; aus einem Ort, von dem es in solcher Hinsicht im alten Judäa hieß: was kann aus Nazareth Gutes kommen. — Wir haben ferner annehmen müssen, daß er nicht nur aus solchem M i l i e u stammt, sondern daß er selbst, von Geburt, ein Mischling war. Es liegen sogar Zeugnisse in apogryphen Evangelien darüber vor. Wir wissen ferner — wir erinnern uns noch einmal an die mysteriöse Geburt des Cäsar Augustus — daß im Altertum solche „unbefleckten Empfängnisse" den „eigentlichen" Sinn der außerehelichen Empfängnis hatten. „Heilig" waren solche Kinder. Das heißt also in der eigentlichen Bedeutung dieses Begriffes: „etwas für sich", „Heilig" = eitel (im Sinn von: nur, lediglich). Man darf also sagen: ein solches Kind war n i c h t s als Kind, n u r Kind, Kind schlechthin; ohne jegliches legitime Prädikat. — Der Begriff bekam nun aber dennoch eine Füllung, welche an und für sich der Eigenschaft der Legitimität ein wertvolles Aequivalent gegenüberstellte; eine Füllung von der psycho-physiologischen Seite her. Sie waren n u r und l e d i g l i c h Kinder der Liebe; und als solche — es spielt wohl dabei zudem gerade die Heimlichkeit der Empfängnis, die Hemmung und zugleich Verstärkung der zeugerischen Kraft durch die mehr oder weniger notwendige Verstohlenheit und Gefahr der Zeugung, ferner die gesteigerte Illusion des weiblichen oder des männlichen Teiles auch für die nachherigen besonderen psychophysischen Qualitäten des Kindes eine besondere und bemerkenswerte Rolle! — eigneten ihnen besondere, ungewöhnliche geistige und physische Qualitäten; etwa eine besondere Spontaneität, Intensität und Elastizität der Empfindung; eine besondere seelische und körperliche Kraft und Frische; Mutterwitz und dergleichen mehr.

Das wäre der nackte Tatsachenbestand. Ich möchte gleich hier betonen, daß er die m y st i s ch e „Tatsächlichkeit" des Dogmas bereits mit einschließt; über die das Dogma selbst übrigens sich ausführlicher weiter nicht ausspricht; ein Umstand, über den man noch stets hinweggesehen hat, der aber außerordentlich beachtenswert ist; und der eigentlich aus sich selbst heraus über alle leidenschaftlich erhitzten Interpretationen und Pro et contra von jeher, ein stilles göttliches Lachen lacht, so recht ein Lachen tiefmystischen, das heißt unendlich klaren Mutterwitzes. —

In der ersten christlichen Zeit, wie uns die Urbestandteile der Evangelien und sonstige Zeugnisse belehren, hat man nun das Dogma der „unbefleckten Empfängnis" noch nicht so besonders ausgebildet. Je mehr aber die junge Lehre sich ausbreitete, um so wunderbarer mußte, allein schon durch die Möglichkeit und Tatsache einer solchen Ausbreitung selbst, die Person des Christus und mußte auch seine Geburt und Herkunft den Menschen erscheinen. Die alten hebräischen Propheten bekamen eine ganz besondere Bedeutung und ihre Prophetien einen ganz besonderen religiösen und geschichtsphilosophischen

Zusammenhang und Bezug. Und damit nicht genug: man erinnerte sich der berühmten Beispiele aus dem Altertum, besonders gedachte man des „göttlichen Augustus".

Je weiter und immer mächtiger, nicht nur geistliche, sondern auch weltliche Gewalten erobernd, die neue Lehre sich ausbreitete, um so wunderbarer, wiederum allein schon durch die Tatsache solcher Ausbreitung selbst, mußte die Tatsache jener Jungfrauengeburt erscheinen, um so mehr mußte das Dogma im Verlaufe endloser Diskussionen Tiefe, Abrundung und Festigkeit erlangen.

An und für ist ja nun wohl die Tatsache selbst, in ihrer Nacktheit, für unser heutiges „aufgeklärtes" Empfinden bis zum Lachen, ja zum Spott trivial und prosaisch. — Aber doch ist solch Empfinden nicht nur billig, sondern sogar bedenklich und fribol; und — unaufmerksam! —

Denn, vergegenwärtigen wir uns nur, was die Sache zu bedeuten hatte!

Der ganze tragische Konflikt zwischen dem Christus und den Pharisäern beruhte ja, wie wir sahen, im Grunde auf dieser dunklen Herkunft des Rabbi Jesus aus dem Mischvolk. Die Dinge lagen ja nun damals gewiß, wie sie nun mal schon lagen: indessen, im P r i n z i p hatten die Pharisäer recht und zehnmal recht. Es ist für eine Nation und eine Rasse nicht gut, ja schließlich verhängnisvoll, wenn zu viel Mischehen geschlossen werden, wenn zu viel wilde Kreuzungen stattfinden. Es untergräbt die Rasse und es untergräbt die staatlichen Institutionen und Bestände, die doch ihre alte, gute Weihe und ihre natürliche, notwendige, göttliche Ratio und Herkunft haben. Prinzipiell ist also die Mischehe und die un=

eheliche Empfängnis S ü n d e. Sie hat tausend Unruhen und Verwirrungen zur Folge, und muß über kurz oder lang die gute Ordnung des Staates, den Staat, die Rasse zum völligen Ruin bringen.

Solchem Verderben nun wollten die Pharisäer entgegenwirken. Prinzipiell also bleibt Mischehe und außereheliche Empfängnis Sünde. Auf der anderen Seite nun aber war diese Sünde unter dem Zwang der jeweiligen Zustände, erstens nun schon mal seit Jahrhunderten in Palästina begangen; und es war geradezu ein Irrsinn, wenn man die M e h r z a h l der Einwohner von dem übrigen Staat ausschloß und verachtete, obgleich sie im übrigen ja doch tributpflichtig waren. Der Staat hätte sich also, immerhin nach Maßgabe seines ursprünglichen Prinzipes, mit dieser „Sünde" irgendwie abzufinden gehabt. Der Christus machte hier den ebenso möglichen wie einzig richtigen Vorschlag, der aber nicht angenommen wurde, vielleicht auch nicht mehr angenommen werden konnte.

Ferner war zu berücksichtigen, daß ja, wie die betreffenden Fälle aus dem Altertum und besonders der des „göttlichen Augustus" bewiesen, aus solchen außerehelichen Kreuzungen Helden zu entstehen pflegten, die ein ganzes Geschlecht, eine ganze Dynastie erneuerten und dadurch wieder, oder durch sonstige besondere Taten, auf die's gerade ankam, dem ganzen Gemeinwesen zu unermeßlichem Vorteil gereichten. Im Falle des Christus nun hatte ja eine solche Geburt ein derartiges außergewöhnliches Individuum hervorgebracht. Eine Tatsache, die, wie wir sahen, von den Pharisäern in der ersten Zeit, als sie mit Jesus zu kompromittieren suchten, direkt anerkannt wurde, und auch nachher bis zuletzt wenigstens indirekt.

Die Sache liegt also so: die Rechte und die Ratio der alten Rasse und der alten nationalen Bestände sind gut, natürlich, notwendig, göttlich; andererseits aber müssen sie im ferneren Verlauf der Entwicklung ebenso notwendig in ein Dilemma geraten. Sie haben die Uebertretung in mehr als einer Hinsicht, da sie genötigt sind, sich mit ihr abzufinden, zugleich **vonnöten**; sie sind genötigt, aus ihr gegen sie zu Nutz und Frommen des bisherigen Bestandes Vorteil zu ziehen. Also auch die Uebertretung ist **notwendig**. — Notwendig steht also gegen notwendig; natürlich gegen natürlich; und schließlich — göttlich gegen göttlich.

Es hatte sich im Fall des Christus auszumachen, auf welcher Seite die meiste Natürlichkeit, Notwendigkeit, Heiligkeit und Göttlichkeit war. Nun, da lehrte die fernere Entwicklung immer deutlicher und offenbarer, daß dem Prinzip des Christus den alten, eigensinnig versteiften urhebräischen Beständen gegenüber die ungleich größere Natürlichkeit, Notwendigkeit, und Göttlichkeit eignete. — Allerdings — und das ist das überaus eigenartige der Erscheinung, das Wunder schlechthin — **eine allzusehr überragende**. Denn, es erwies sich, daß es nicht darauf ankam, ein eng jüdisch-nationales Dilemma zu lösen, **sondern der ganze Erdkreis hatte dies neue Prinzip — nicht bloß eine Nation hatte es hervorgebracht, im stillen reifen lassen, und hatte es vonnöten!** — Also der Fall der nützlichen und notwendigen Uebertretung, der schon so oft von großer Wichtigkeit gewesen war, enthüllte sich hier in seiner reinsten, prinzipiellsten Bedeutung; er offenbarte hier seine ganze „Metaphysik".

Noch niemals war die Bedeutung dieses überaus interessanten Problems mit seiner ganzen Göttlichkeit und Einzigkeit in s o l c h e r Weise und in s o l c h e m Umfang zutage getreten. — Dagegen läßt sich von keinerlei Standpunkt aus auch nur das geringste sagen und machen. Dies aber ist es, was das christliche Dogma ausspricht und formuliert. — Das Dogma schließt eine ungemein prosaische und wirkliche Tatsache ein; aber mit ihr zugleich geradezu eines der tiefsten und bedeutungsvollsten göttlichen, oder — wenn wir lieber so sagen wollen: o r g a n i s c h e n Mysterien, und zwar recht eigentlich d a s o r g a n i s c h e E n t w i c k l u n g s m y s t e r i u m a n u n d f ü r s i c h ! —

Man würde nun vielleicht sagen wollen: gut! aber dann fasse man diesen Sinn e x a k t e r. Was soll uns noch das „Empfangen vom heiligen Geist, geboren von der Jungfrau Maria"?

Wenn nur eine exaktere Fassung möglich oder denkbar wäre. Aber sie ist schlechterdings unmöglich und undenkbar. Die Fassung, wie sie da steht, ist vielmehr geradezu ein erstaunliches Meisterwerk; an dem aber auch nicht ein Tüttelchen, nicht ein Jota geändert werden kann.

Das Problem, das große, tiefe, mystische, organische D i l e m m a ist vollkommen korrekt und adäquat fixiert und formuliert. Keine Wissenschaft, und wäre sie noch zehnmal exakter als heute, ist imstande, etwas dagegen zu machen; vielmehr sie muß es von Rechts wegen — ich denke, daß wir's uns klar gemacht haben — unterschreiben. Oder ist sie i m s t a n d e die Mystik des Dilemmas zu beseitigen? Es sollte ihr schwer werden. —

Das Wunder, daß die S ü n d e — in solch einem und besonderem Ausnahmsfall — göttlich gerechtfertigt ist; daß in diesem Fall die Sünde sich selbst und die lange Reihe der einzelnen Uebertretungen ausgleicht. und aufhebt; daß die Sünde gegen die Ehe, gegen die notwendigste, natürlichste, identische, staatliche Grundform Gerechtigkeit wird! — Dieses tiefe Wunder suche man aufzuheben und zu beseitigen; oder man versuche es besser und exakter zu formulieren!

Wie sich's nun aber mit diesem Dogma verhält, so mit allen anderen wesentlichen, allen anderen Haupt- und Grunddogmen des Christentums. Die Wissenschaft wird sie eines Tages durchaus gelten lassen müssen; sie wird ihnen und ihrer Fassung nicht das mindeste anhaben können. — Also: die Wissenschaft hat in Wahrheit die christliche Religion nicht unmöglich gemacht.

Und wenn nun, wie wir sahen, eine neue Religion mit neuen und besseren Dogmen und Symbolen nicht mehr möglich, eine solche Religion aber durchaus vonnöten ist, so bleibt weiter nichts übrig, als sich, soweit sie vonnöten sein sollte — wir werden später sehen, inwieweit sie vonnöten ist — an die christliche Religion zu halten.

Man wird das um so mehr von nöten haben, als es deutlich in Klarheit tritt, gerade durch das sich solchermaßen enthüllende, im Dogma formulierte Grunddilemma des Christentums: daß man gegen eine fernere, äußerste, noch nie dagewesene weitere Konsequenz gerade dieses Dilemmas die alten europäischen Grundbestände, über kurz oder lang zu schützen haben wird! . . . .

IV.

Aber das übrige Apostolikum?

Was ich bisher vom Dogma der „unbefleckten Empfängnis" ausgeführt, könnte ja wohl einleuchten. Indessen: das übrige Apostolikum? Wie sollte es möglich sein, daß die Wissenschaft seinen Inhalt je gelten lassen könnte?

Zunächst: ob sie es kann oder nicht kann, ist ganz gleichgiltig; sie wird es gelten lassen m ü s s e n. Das besagt: sie wird ihm nichts anhaben können.

Wie das Dogma sich gegen die exakte Wissenschaft gelegentlich der „unbefleckten Empfängnis" gut zu wehren vermocht hat, so, wir werden das jetzt sehen, vermag es sich auch gelegentlich jedes anderen Satzes des Apostolikums zu wehren. Und zwar, setzen wir hinzu, gelegentlich wohl noch in einer Weise, daß die Wissenschaft dabei wird profitieren können.

Gehen wir auf das Apostolikum ein.

Sein erster Artikel lautet: „Ich glaube an Gott den Vater, allmächtigen Schöpfer Himmels und der Erde."

Das „Symbolum Nicaenum" hat: „Πιστεύομεν εἰς

ἕνα θεὸν πατέρα παντοκράτορα, πάντων ὁρατῶν τε καὶ ἀοράτων ποιητήν."

Ob dieses Dogma nun im Laufe der christlichen Entwicklung alttestamentlich gefüllt und verstanden wurde, bleibt sich hier gleich. Diese Auffassung liegt nicht unmittelbar in dem Satz. Er verträgt auch eine ganz andere Füllung. Und erheischt sie sogar. Er erheischt die neutestamentliche Füllung. Das Neue Testament aber hat durchaus keinen bestimmten Schöpfungsmythus aufgestellt. Der Christus sagt von Gott nur aus, daß er ein Geist ist, und daß er ein schaffender Geist ist. — Das läßt sich ganz ungezwungen auch so formulieren: die schaffende Kraft ist allmächtig und göttlich.

Dagegen also ließe sich nichts einwenden. Gott ist die schaffende Kraft des Weltalls. — Ich glaube also an Gott, an einen allmächtig schaffenden Geist des Weltalls, an die Kraft, die alles Sichtbare und Unsichtbare geschaffen hat.

Hier ist kein Anthropomorphismus. — Aber ein solcher liegt in dem Beisatz: Gott, den Vater.

Die Wissenschaft sagt: man könne sich den schaffenden Geist und dürfe ihn sich doch unmöglich in menschlicher Weise als Vater vorstellen.

Dieser Einwand ist aber, ich kann mir nicht helfen, von unseren exakten „Popularphilosophen" und Popularwissenschaftlern — wie bringt es ein so bedeutender Gelehrter wie Häckel fertig, sich ihnen zuzugesellen? — geradezu furchtbar einfältig; einfältig bis zu einem Grade, daß man's kaum für denkbar halten sollte.

Die griechische Philosophie von damals, und der Christus selbst sind keine kleinen Kinder gewesen, und ihre

Auffassungen vom Gott-Vater standen nicht auf der intellektuellen Stufe von Feuerländern und Papuas.

Vielmehr, man sollte gleich sehen, worauf es hier ankam: einzig darauf, das Verhältnis zwischen dem ursprünglich schaffenden Geist und dem „Sohn", das heißt der großen schöpferischen Individualität zu fixieren.

Der schaffende Geist rundet den Erdplaneten wie er alle übrigen — die Wissenschaft spricht hier ja wohl, wie wunderbar! von Aether-Pyknose — Planeten gerundet hat; er läßt die organischen Reihen allmählich sich entfalten, und zwar bedient er sich hier des Mittels der großen Sonderindividualität; die er „gezeugt" hat und die in ihrer schöpferischen Kraft doch völlig, im letzten Grunde, mit der schöpferischen Urkraft ja nicht nur zusammenhängt, sondern — gerade auch nach monistischer Logik — i d e n t i s c h ist. (Was ihr denn nun freilich, sogar meistenteils, nicht eben gut zu bekommen pflegt!) —

Wir sagen und wissen neuerdings: Gott oder das letzte Mysterium ist nicht mehr außer uns, sondern es ist einzig in uns. Ist jeder einzige Einzelne gemeint: nun, so ist es in ihm; es ist aber auch außer ihm, in allen anderen Einzelnen nämlich. Ist aber die menschliche Gesamtheit und Sozietät gemeint: nun, so ist sie „Sohn", so ist sie „gottgeeint", das heißt, dem letzten Mysterium identisch. Das dann aber allerdings immerhin auch noch außen ist; nämlich in anderen außermenschlichen Sozietäten, als welche wir die anderen organischen Reihen und die unermeßlichen Systeme der Weltkörper, als welche wir das übrige All zu betrachten haben. Es ist dann freilich in keiner anderen Weise a u ß e r uns als es i n uns ist, und ist, bei unserer aller Zusammenhange mit den anderen organischen Reihen und allem anderen Kosmos, in und außer uns eine letzte Einheit und Einheitlichkeit.

Nichts als solche Auffassung aber liegt bereits im reinen Urprinzip des Christentums, liegt durchaus in der reinen Urlehre des Christus. — Die ganze Opposition der heutigen Wissenschaft gegen das Dogma und die ganze törichte Kontroverse der Orthodoxie gegen solche Opposition ist lediglich ein Streit um des Kaisers Bart. Das Törichte der Orthodoxie ist hierbei nun freilich das, daß sie all die e t h n i s ch e n Bestandteile, mit denen sich das reine christliche Prinzip im Laufe der Jahrhunderte abzufinden hatte und die ihm unterschiedliche vorläufige Kompromisse aufnötigten, gegen das reine Urprinzip selbst in Schutz nahm und noch heutigen Tages in Schutz nehmen will. Das Ende dieser Kontroverse wird dann vorhanden sein, wenn man versteht, daß man im reinen Prinzip völlig einig ist. Die Wissenschaft wird dann freilich die bildlich-symbolistischen Ausdrücke des Dogmas gelten lassen müssen. Denn die mystische Wahrheit offenbaren und realen Tatsachenbestandes, die unter allen Umständen bezeichnet werden m u ß, schon aus unumgänglichen praktischen Rücksichten, aber vor allem auch aus einer tieferen und umfassenderen Gerechtigkeit heraus, kann gar nicht schlichter, knapper und präziser ausgedrückt werden, als es durch das christliche Dogma geschieht; und nicht anders als symbolistisch.

Freilich hat nun aber die Wissenschaft trotzdem ganz recht, wenn sie an solcher bildlich-symbolistischen Ausdrucksweise hier Anstoß nimmt. Denn: es eignet derselben ja ein Rest von ethnischer Denk- und Anschauungsform.

Indessen: was ist zu tun? Wir sehen, daß sobald die Wissenschaft ihrerseits bestrebt ist, in einem neuen Sinn symbolistisch zu formulieren, sie in den gleichen Fehler ethnischer Denk- und Anschauungsform verfällt; und zudem, daß sie — wir erkannten es vorhin am Beispiel Häckels — ihre Sache ungleich schlechter macht als das Dogma.

Wie nun löst sich also das Dilemma? Wohl nur so, daß man das gute christliche Dogma ruhig gelten läßt; da es sich ergibt, daß man ja doch auf alle Fälle um einen Rest ethnischer Denk- und Anschauungsform nicht herum kann. — Ist solche denn nun aber nicht dennoch zu überwinden? Offenbar ist doch eine Tendenz da, über sie hinauszukommen. — Gewiß: die Tendenz ist da, und dieser Tendenz eignet sogar eine gewisse seltsame Dringlichkeit. **Aber nichts Menschliches wird sie zu ihrem Ziel bringen können. Dieses Ziel wird nur erreicht werden können durch neue, organisch-psycho-physiologische Umwandlungen überhaupt; durch wesentlich neue Gehirn- und Nervenveränderungen.** Vielleicht: durch eine organische Metamorphose, welche die Tendenz hat, eine äußerste, geistige Bewußtheit, eine vielleicht allzu scharfe Bewußtheit, allmählich wieder in das gütige Mutter- und Nachtreich des Unbewußten zurückzuverwandeln. —

Ich meine: dies ist — wenn wir von der von mir ganz zuletzt hier hinzugefügten Hypothese absehen wollen — gerade der große Blick der neuen exakten Wissenschaften — freilich, ohne daß sie sich dessen noch bewußt ist — dem gegenüber sie eines Tages aber wohl selbst zu resignieren haben wird; wenn ihr freilich auch im nächsten Lauf ihrer Entwicklung, besonders auf dem Gebiete der Psychophysiologie noch unerhörte neue Einblicke bevorstehen. Die sie freilich jetzt — darüber wollen wir uns ja keinen Täuschungen hingeben — noch lange nicht vermag. — Das letztere werden wir sogleich in unserem weiteren Zusammenhang erkennen.

Das Apostolikum geht weiter.

„Und an Jesum Christum, seinen eingeborenen Sohn, unseren Herrn, der empfangen ist von dem heiligen Geist, geboren von der Jungfrau Maria."

Nach dem, was ich im vorigen Kapitel und in diesem bis hierher ausgeführt, ist hier nichts Weiteres mehr hinzuzufügen.

Das Nicänische „Symbolum" hat hier noch: „γεννηθέντα ἐκ τοῦ πατρὸς μονογενῆ, τουτέστιν ἐκ τῆς οὐσίας τοῦ πατρός, θεὸν ἐκ θεοῦ, φῶς ἐκ φωτός, θεὸν ἀληθινόν ἐκ θεοῦ ἀληθινοῦ, γεννηθέντα, οὐ ποιηθέντα, ὁμοούσιον τῷ πατρί" 2c.

Das Apostolikum in der älteren Fassung, die Luther hat, ist schlichter und besser. Dennoch sind alle die Zusätze, die das Nicänische Symbolum und andere haben, nicht ohne Wert, wenn man einen Begriff haben will, wie „monistisch" immerhin jene Alten den Zusammenhang der großen schöpferischen Individualität mit der schöpferischen Kraft des Weltalls bereits erfaßten.

Aber wir kommen nun zu den Sätzen, die keine exakte Wissenschaft jemals gelten lassen wird.

„... gelitten unter Pontio Pilato" — stimmt! — „gekreuzigt, gestorben und begraben" — stimmt! — „niedergefahren zur Hölle, am dritten Tage wieder auferstanden von den Toten, aufgefahren gen Himmel, sitzend zur Rechten Gottes, des allmächtigen Vaters, von bannen er kommen wird, zu richten die Lebendigen und die Toten."

Hier lächelt die „Wissenschaft" ironisch. Wie in aller Welt kann man einem Menschen zumuten, solchen Nonsens zu glauben!

Aber unsere „monistischen" Popularphilosophen sind wiederum lediglich einfältig; und einfältiger als jene „Dummen", die auf solchen „Nonsens" hineinfallen. Sie berücksichtigen wiederum nicht, daß die alten Väter und Kirchenlehrer, welche mit saurem Schweiß an jenen Apostolika arbeiteten, weder Pescherähs noch Papuas waren; wie sie andererseits nicht berücksichtigen, daß auch sie selbst nie ganz über die Denk- und Anschauungsformen der Pescherähs und Papuas hinauszukommen imstande sind.

Gehen wir auf diese Dogmen des Apostolikums ein. Wie sind sie zustande gekommen?

Es versteht sich, daß die alten Väter, Bischöfe und Kirchenlehrer, welche das Apostolikum aufstellten, hier keine Originalerlebnisse in eine klassische symbolistische Form brachten. Sie waren Gelehrte, Logiker, die eine vorhandene Materie verarbeiteten und in eine endgiltige Formel brachten; besonders zu dem Zweck, daß in der chaotischen Diskussion jener Zeiten Ordnung werde und etwas Sicheres, allgemein Anerkanntes, an das man sich halten konnte. Kurz, die Formulierung des Apostolikums ist ein Moment in dem so nötigen wie heilsamen Bildungs= prozeß einer neuen christlichen Staatsreligion, einer Staatskirche. — Im übrigen gingen sie zurück auf den Christus selbst, auf die Evangelien und deren Berichte, und ferner auf die Erlebnisse und Einsichten der großen

Märtyrer und Heiligen in die heiligen Tatsachen und Wunder.

Es sei mir gestattet, hier eine Vermutung auszusprechen; nämlich, daß die „Psychophysiologie" jener Zeitläufte weiter war, als die unserer exakten Wissenschaft, mag sie immerhin den Begriff und den Taufnamen einer Psychophysiologie erst aufgebracht haben. — Ich nenne natürlich die simple Ehrfurcht des Orientalen vor den sogenannten heiligen Krankheiten keine Wissenschaft; aber ich bin fest überzeugt, daß Mystiker vom Schlage etwa des Maximus bedeutende wissenschaftliche Einblicke in die Zustände der „heiligen Krankheiten" gehabt haben; und zwar Einblicke, denen gegenüber sich der Dünkel unserer exakten Akribie mit ihrer rationalistisch-peripherischen Verachtung jener Zustände beschämt verstecken muß. Ich wage zu behaupten: unsere neuerliche Psychophysiologie hat überhaupt noch langen Weg, ehe sie in gewissen Hauptsachen so weit kommt, wie jene alten Mystiker waren. Wir wissen übrigens, daß Maximus ganz ein Gelehrter im heutigen Sinn war; daß er Anatom war, daß er wissenschaftlich experimentierte u. s. w.

Auf die Ekstasen jener „heiligen Krankheit" also gingen die Alten zurück, direkt sowohl, wie indirekt, als sie das Apostolikum formulierten.

Diese Ekstasen hatten aber bereits in der allerersten Zeit, und bereits in jener heiligen Passahwoche, jene höheren Tatsachen von der Höllenfahrt des Christus nach seinem Tod am Kreuz, von seiner Auferstehung am dritten Tag, von seiner Himmelfahrt festgestellt; zudem die, daß er im Himmel bei dem Vater thront und von dort wiederkommen wird zum jüngsten Gericht.

Was die beiden letzteren Tatsachen anbetrifft, so sind

sie jedenfalls auf gelegentliche Aeußerungen des Christus selbst zurückzuführen. Vielleicht! Genaues wissen wir darüber nicht. Aber es besteht die Wahrscheinlichkeit, daß es der Fall ist.

Wie nun wohl aber haben wir uns jene Gesichte und Einsichten der Ekstatiker vorzustellen?

Zunächst: man unterscheide hier zwischen Hysterie und Hysterie. Man unterscheide zwischen einer Krankheit im eigentlichen Sinn und zwischen einer Pathologie in einem ganz anderen Sinn, im Sinn so recht einer „heiligen Krankheit". Der Unterschied zwischen diesen beiden Krankheitsformen interessiert uns und muß uns interessieren, nach dem Grade eines geschlossenen logischen Zusammenhanges der inneren Zustände und Erlebnisse. Es handelt sich hier natürlich nicht bloß um eine mehr formale, verstandesmäßige Logik, sondern vor allem um eine L o g i k d e r E m p f i n d u n g, um eine recht eigentlich psycho-physiologische Logik, die wir nur getrost eine h ö h e r e nennen wollen; eine höhere, ohne welche jene andere formale und verstandesmäßige Logik einer Entwicklung ermangeln würde. Man darf getrost sagen, daß diese nur von Gnaden jener besteht. Und ich glaube, daß die formale, die eigentlich wissenschaftlich-verstandesgemäße Logik zum Beispiel heute an einen kritischen Punkt gelangt ist, wo sie völliger Erstarrung zu verfallen droht, wenn sie noch länger ihre augenblickliche seichte Verachtung jener höheren und ursprünglicheren, jener i d e n t i s c h e r e n Logik beibehält.

In der e i g e n t l i c h e n, hier in Betracht kommenden P a t h o l o g i e indessen ist diese identischere Logik, ist also jegliche Logik total zerbrochen, zerstückt, außer Rand und Band gekommen, in W a h rh e i t chaotisch geworden; in der Pathologie der „heiligen Krankheiten" keineswegs. Vielmehr handelt es sich bei ihr gerade um eine äußerst intensive Logik und um einen außerordentlich geschlossenen und konzentrierten Zusammenhang, und um einen überaus, einen übermenschlich elastischen und umfassenden, um eine überaus s y n t h e t i s ch e Logik, welche die anscheinend disparatesten Erfahrungs= und Wahr= nehmungsbestände mit übermenschlicher Anspannung zu= sammenzwingt, in ihrer Verwandtschaft fühlt, erkennt und unmittelbar weiß. — Man kann aber wohl sagen, daß in gewissen kritischen Zeiten gerade Bestände, welche bisher völlig disparat erschienen — gerade unter dem Gesichtspunkt der verstandesgemäßen Logik — die not= wendigste und dringlichste Tendenz haben, zusammen= zukommen; daß also ihre disparaten Eigenschaften zwar durchaus evident, ja bis dahin notwendig waren, aber im Grunde dennoch schon längst nur noch scheinbar. („Dies war ehedem paradox, doch nun bestätigt es die Zeit.")

Dies hat die heutige Psychophysiologie zu erkennen, oder sie ist rettungslos der Verkalkung verfallen. Mit anderen Worten: sie gebe ihren einseitig materialistischen Gesichtspunkt auf, oder sie überkippt sich und wird morgen oder übermorgen lächerlich: vor dem gesunden Mutterwitz jeden Kindes. —

Ich sage nun, die ersten Ekstatiker in der Passah= woche, und in der Zeit kurz nachher, waren in einem solchen „pathologischen" Zustand, der aber eigentlich keiner mehr ist, sondern eine höhere, elastischere Sensibili= tät des Nervensystems, deren „Pathologie" lediglich in ihrer pressenden Ueberfülle besteht. — Ich sagte bereits früher, daß der Christus selbstverständlich lediglich derartige Krankheiten geheilt hat (also auch nervöse Lähmungen der Glieder, des Gesichts, des Gehörs u. s. w.). Was hat man nun wohl unter solcher Heilung zu verstehen? Nichts anderes, als daß er diese Kranken zur Einsicht brachte, daß sie in einem neuen Zustand waren; wissenschaftlich: daß sie feinere, sensiblere psychophysische Qualitäten besaßen! — Halten wir das ja unter allen Umständen fest; denn es ist von überaus großer Wichtigkeit. Denn es zeigt, wie das reine christliche Prinzip bei all seinen sonstigen Eigenschaften von allem Anfang an zugleich auch ein neues Rasse-, ja überhaupt ein Artproblem war! —

Gewiß waren sie nun, die Maria Magdalena und alle übrigen, Männer oder Weiber, fast alle sehr schlichte und einfache, und zumeist, im damaligen Sinn, ungebildete Leute. Was mögen sie bis dahin vor den gelehrten Pharisäern für einen Respekt gehabt haben. Aber einen Vorteil hatten sie vor ihnen unter allen Umständen von vornherein: einen gesunden Mutterwitz — der immer synthetisch ist; synthetisch an und für sich —; ihn, und eine vielseitige Lebenserfahrung aus der hundertfältigen Praxis ihres Alltags. Und ferner eine mächtige und unverkümmerte Kraft der Sympathie.

Mit solchen Eigenschaften lebten sie mit ihrem Rabbi, sahen ihn tagtäglich und hörten seine Worte. —

Wie wohl sahen sie und hörten sie ihn? Synthetisch. Das heißt: mit dem spontanen sympathetischen Vorurteil, das das Volk seinen Lieblingen unmittelbar zuwendet und mit dem es sie auf der Stelle erkennt. Was aber bedeutet solche Impression und was wirkt sie in den Seelen und in die Seelen hinein? — O, hier sollte unsere exakte Wissenschaft doch ja ihre brave Analyse nicht vergessen! Sie sollte sich nicht begnügen, zu sagen: nun so ist es, sie hatten eben dieses Vorurteil für ihn und sie empfingen von ihm diese starke Impression: was weiter? Gut damit! Nun wissen wir und haben wir manches erklärt. Und alle jene „Wunder" und so weiter, sind weiter nichts als dieses Vorurteil u. s. w. Nein! Noch gar nichts ist erklärt! Vielmehr haben wir zunächst erst den Punkt fixiert, von dem an unsere Arbeit erst b e g i n n t! — Wir haben weiter zu fragen: was besagt diese Impression alles, die jene von ihrem Rabbi empfingen; was schließt sie ein? — Wir haben sie zu analysieren, uns ihrer Bestandteile zu bemächtigen; und dann wird es sich erst erweisen, was es mit dem Wunder auf sich hat. Und dann werden wir, allerdings, so gut sein müssen, wirklich zu gestehen, daß wir das W u n d e r wirklich vor uns haben. In aller Welt und nie und nimmermehr wird die Wissenschaft das Wunder aus der Welt schaffen; nie auch wird sie es je weiter zu analysieren vermögen. Aber sie hat das Wunder richtig zu erkennen, und sie hat es zu achten. Tut sie es nicht, so wird sie unfehlbar eines Tages lächerlich.

Also: was bedeutet die Impression, welche jene Leute von dem Christus empfingen? Unsagbar viel und ein unsagbar Vielfältiges. Es bedeutet den unmittelbaren mystischen Konnex zwischen dem Volk und der großen Persönlichkeit; den unmittelbaren Konnex zwischen Gliedern und Haupt. — Die Glieder sind stumm; nur das Haupt kann sprechen und formulieren. Aber die Glieder haben das unmittelbare letzte Wissen vom Haupt. Und, in dem Augenblick, wo s i e anfangen zu sprechen, sagen sie dieses letzte Wissen identisch und schlechthin er=

schöpfend aus. — Und jene unmittelbare Impression, die die Seinen damals von ihm empfingen, sie entfaltet sich in wundersamster Weise in jenen Ekstasen und Wunder= erlebnissen nach seinem Tod; und schlechthin w a h r und e r s ch ö p f e n d. Denn er w a r der Rechte für die Seinen. Sie hatten wirklich keines „anderen zu warten". Und sie wußten und verstanden nach jenem Tag von Gol= gatha und nach allen Erlebnissen jener Passahwoche, daß der andere, den die anderen, die Pharisäer und der Chaber= Bund in Torheit erwarteten, n i ch t der Rechte war. —

Wie nun aber war ihr Zustand?

Es handelt sich hier zunächst erstlich um bestimmte „Suggestionen" — das heißt f r e i empfangene und ver= arbeitete Suggestionen, aber in Sympathie und Wahl= verwandtschaft empfangene — die sie bei seinen Lebzeiten vom Meister empfingen; und zweitens, um die Weise, wie diese Suggestionen aufgenommen, verarbeitet und — identisch! — verstanden wurden.

Diese „Suggestionen" waren etwa: Gott ist nicht mehr der jüdische Nationalgott Zebaoth, sondern der Gott aller Menschen, auch der Gott der Heiden und des Misch= volkes; man betet mehr zu ihm im Tempel, man kann überall zu ihm beten; er ist Kraft und Geist. Ich, der Messias, bin von dieser Kraft und diesem Geist mit Vollmacht ausgestattet und bin mit ihm identisch; wenn ich ihn Vater nenne, so bin ich sein Sohn; aber doch bin ich mit ihm eins, und dieser schöpferische Vatergeist steht hier in mir persönlich vor euch. Ich bin gekommen, und mit meinem Tod geh' ich wieder in diesen Geist und in diese Kraft ein und bin mit ihr völlig eins; bin beim Vater. Dennoch aber bin ich, so wie ich bin und wie ihr mich kennt, auch nach meinem Tod jeden Augenblick gegenwärtig und bei euch. Und wenn mein Geist und meine Lehre erst alle Heiden und Völker erkannt und angenommen haben, dann komm' ich aus dem Geist, aus der Kraft, vom Vater wieder, um ein letztes Gericht abzuhalten, daß die Meinen von den anderen trennt, welche mich und meine Lehre nicht kennen, oder nicht kennen wollen.

Solche Suggestionen drangen in diese einfachen und schlichten Seelen. Sie verstanden sie zwar nicht durchaus, aber sie glaubten; überzeugt von dem unmittelbaren mächtigen persönlichen Eindruck, den er auf sie übte.

Etliche von ihnen nun aber glaubten nicht nur, sondern sie w u ß t e n auch bereits. Das waren jene Sensiblen, jene, die er geheilt hatte und die die höhere Sensibilität jener „heiligen Krankheit" und Pathologie vermochten. Unter ihnen waren es wieder diejenigen, die ihm persönlich besonders nahe gestanden hatten; nicht alle aus dem engeren Kreis der Jünger, aber einige. Zum Beispiel der Jünger Johannes. Aber auch einige, aus dem externeren Kreis vermochten ihn zu verstehen und „wußten". Unter ihnen zum Beispiel Maria Magdalena; in einer Weise, daß man sich mit großer Sicherheit zu schließen getraut, er habe zu ihr in einem ganz besonders engen Verhältnis und Verkehr gestanden.

Sie begannen nun sogleich und unmittelbar nach seinem Tod zu verstehen. Gerade sie, die ihm so überaus nahe gestanden hatten. Und das ist unschwer zu erklären. Erstens war ihnen sein Tod ganz besonders nahe gegangen; zweitens aber waren sie in eine besondere Aufregung versetzt, weil man sogleich anfing, nach seinem Tod nach seinen Anhängern zu fahnden. Sie waren also in zwiefach bedeutsamer Weise, gerade sie, diese sensiblen Leute, genötigt, sich beständig mit ihm zu beschäftigen. Sie trauerten um seinen Tod und sie waren zugleich genötigt, um Schutz gegen die Verfolgungen zu finden, die ihnen jetzt drohten, sich seiner Worte von seiner unmittelbaren Anwesenheit zu erinnern.

Wie wohl taten sie das? Aus den dunklen, mächtigen Vorstellungen dessen heraus, was er ihnen andererseits von Gott und von seinem engen Zusammenhang mit Gott gesagt hatte. Darüber hatten sie sicher viel nachgedacht, und sie hatten sich zwar dunkle aber sehr intensive Vorstellungen davon gebildet. Er war bei ihnen; er war lebendig in ihrem Geist und in ihren Seelen. In dem Sinn, daß seine Seele in sie eingedrungen war. — Und ich sage: er war in ihnen, in diesen sensiblen Leuten, in einer außerordentlich plastischen Anwesenheit! — Man stelle sich vor, wie außerordentlich scharf und intensiv diesen Leuten sich seine äußere Erscheinung, seine Gesten und nicht nur der Inhalt, sondern besonders auch der Klang seiner Stimme eingeprägt hatte; wie außerordentlich stark sie das alles nicht nur in ihrer bewußten, sondern bis tief in ihre u n b e w u ß t e Erinnerung hinein bewahrten!

Er gibt eine Art von Besessenheit, wo solche plastische Erinnerung direkt lebendig wird mit inneren Worten und sehr lebhaften und plastischen Erinnerungsbildern; eine Art doppelten Bewußtseins. Genau so verhielt es sich hier; und genau so war er in ihrer Seele; und besonders wach und lebhaft in diesen Tagen der Einsamkeit und der Bedrängnis. Sie hörten in sich seine Stimme, sie gewahrten in sich seine Gestalt. Sie lebten und sahen ihn jeden Augenblick. Beständig war er gegenwärtig. — Und sie erinnerten sich, daß gerade dies er ihnen vorausgesagt hatte. Mit dieser ganz eigentümlichen und plastischen Erinnerung aber ward in ihnen zugleich sein ganzer I n h a l t lebendig; und begann sich in ihnen zu differenzieren und auszuspielen. Und zwar in der Weise und nach dem Gesetze seines zweiten, plastisch=selbständigen Bewußtseins in ihnen. Ein Bewußtsein, daß in ihnen nach denselben selbständigen Gesetzen funktionierte, nach denen es vor seinem Tod, in dem außer ihnen lebendig unter ihnen weilenden Meister funktioniert hatte. Ein Bewußtsein doch, daß mit ihrem eigenen in keinem logischen oder organischen Widerspruch stand, sondern in einer logischen und organischen Uebereinstimmung; so daß s e i n Sonderbewußtsein in ihnen mit seiner Logik jetzt ihre eigene, aber erhöhte und wundersam=mystisch differenzierte Logik ausmachte. —

Ich glaube, die heutige Wissenschaft ist diesen Erscheinungen eines doppelten Bewußtseins noch nicht beigekommen. Sie hat bisher im wesentlichen nur erst eine Möglichkeit und Tatsächlichkeit konstatiert. Aber ich glaube, auf dem eben angedeuteten Wege wird sie sich dieses Problems bemächtigen können und wird erstaunliche Einsichten und Aufschlüsse gewinnen. Das aber beineben.

Was nun jene ersten Ekstatiker anbetrifft, so können wir sagen: sie waren jetzt, in solchem Zustand, der großen Individualität vollständig, bis zur Identität geeint; und begannen, mit unmittelbarem, notgedrungenstem Verstehen, durch sie aus ihr heraus ihren Inhalt zu fühlen und zu entwickeln. Und überdies: durch sie und mit ihr zugleich auch aus ihren weiteren sozialen und psycho=physischen Zusammenhängen heraus! Sie lebten den

Christus, mit allen Zusammenhängen, zum zweitenmal; und sie lebten also mit dem „Sohn" zugleich auch den „Vater"; den tieferen geistigen und organischen Allzusammenhang.

Dies war ihr Zustand. Er war eine Pathologie und auch wieder keine; denn er hatte die feste Achse einer Logik, die unabänderlich und zugleich unzerreißbar war; die keinen Augenblick anders als im tiefsten Sinn einheitlich funktionieren konnte! — Also: alles was sie von der Lehre und den letzten Dingen aussagten, war eminent w a h r! Und selbst wahrer, vollkommener und lückenloser, als die Logik selbst eines sehr großen, verstandesgemäßen hellenistischen Philosophen von damals hätte sein können. — Diese waren gegen sie gehalten unwissend, blind und dilettantisch; sie aber waren im denkbar vollkommensten Sinn die Wissenden.

*

Wir nun aber mögen wohl ihre inneren Gesichte und Einsichten gewesen sein? Können wir bis zu einem gewissen Grade dahinter kommen? O ja! Wir können es.

Die Wissenschaft wird von halluzinatorischen Zuständen reden; und sie wird Wunder meinen, was sie damit ausgesagt und erklärt hat. Indessen, sie hat noch gar nichts erklärt und verstanden. Sie hat lediglich nur erst ein Schlagwort zum Besten gegeben, aber sich im übrigen eigentlich um Wesen und Hauptsache geradezu herumgedrückt. — Sie sollte sich das endlich wenigstens eingestehen; und hier nichts verachten. Nichts berechtigt sie bis jetzt, aber auch gar nichts, über das Dogma verächtlich zu sprechen.

Also: wie mögen jene inneren Gesichte und Einsichten gewesen sein?

Wenn wir versuchen wollen, das zu erkennen, müssen wir zunächst wissen, wie sie in dem Christus selbst gewesen sind. Dazu ist nötig, daß wir uns noch einmal seine Persönlichkeit vergegenwärtigen; daß wir uns vergegenwärtigen, daß er ein „Kind der Liebe" war und was die psycho-physischen Qualitäten eines solchen zu sein pflegen; daß er ferner ein Mischblut war u. s. w. — Dann werden wir sicher zu dem Resultat kommen, daß s e i n e Einsichten mit einer Pathologie der Ekstase nicht erklärt werden können; sondern daß sie die Resultate einer doppelten Logik waren: einer starken unterbewußten, psycho-physiologisch-organischen und einer nicht minder starken verstandesmäßigen Logik. — Suchen wir uns klar zu machen, wie das sich verhielt.

Er sagt: er sei der „Sohn Gottes", „Gott" sei sein „Vater", und er sei mit ihm eins. Wie wird er sich das vorgestellt haben? — Offenbar ist es völlig ausgeschlossen anzunehmen, daß er sich Gott persönlich dachte, in irgend einer ethnischen Anschauungsform. Machten sich doch bereits die Juden selbst von ihrem Jawhe keine bildliche Vorstellung; sondern er war ihnen bereits „Ruach" (Geist). Sie mögen das ihrem ägyptischen Exil zu verdanken gehabt haben, und Moses mag es aus den Mysterien der Aegypter gehabt haben. Solche unpersönliche Vorstellung fiel ihnen aber allerdings außerordentlich schwer; denn sie ging gegen die Denk- und Anschauungsformen der semitischen Rassen. Daher auch immer wieder ihr Rückfall, in den Baalsdienst oder gar in den ägyptischen Osirisdienst. (Apis. Goldenes Kalb.) — Also, man kann annehmen, daß Moses und nachher die Propheten solche ethnische Anschauungsform nie völlig auszurotten vermocht hatten, und daß sie mit dem höheren geistigen Begriff der Gottheit in irgend einer Art verquickt blieb.

Solche Anschauung ist aber bei dem Christ völlig und gänzlich ausgeschlossen.

Woher nun hatte er seine höhere? Sicher nicht --- ich behaupte das mit aller Entschiedenheit --- hatte er sie verstandesgemäß von irgend einer griechischen Philosophie übernommen, sondern er hatte sie aus der unmittelbaren Betrachtung des menschlichen und organischen Lebens, aus der, sagen wir aber, intensivst gefühlhaften und i d e n t i s c h e n Betrachtung des Lebens. Also „Gott" ist ihm durchaus die mystisch schaffende Kraft des Universums gewesen, oder das All als mystisch schaffende Kraft. Die unpersönliche, und dennoch auch wieder persönlich schaffende; nämlich durch die große Individualität und als solche.

Er war durchaus Monist; und wußte, aus eigenster innerer Erfahrung und von der Betrachtung der großen Propheten der Vorzeit her, daß die schöpferische Kraft in der großen Individualität sich verkörpert und als solche ihre Schöpfung fortsetzt.

Wie sich's aber mit dieser, so verhielt es sich mit allen seinen Ideen, und mit seiner ganzen Lehre.

Ich sage: er hatte hier keinerlei s y m b o l i s t i s c h e n Anschauungen, sondern unmittelbare und i d e n t i s c h e; organisch-geistige, seelische Gefühle, Empfindungen und Gedanken, die völlig neu und unerhört waren; und im Prinzip wohl bereits in ähnlichem Grade von denen der damaligen ethnischen Menschheit verschieden, wie die Gefühls- und Denkformen des Menschen überhaupt sich von denen der menschenähnlichen Affen unterscheiden.

Dies ist die Psychophysis des Christus. Diese Psychophysis nun aber war, wie wir sahen, in den ersten Ekstatikern der Urgemeinde völlig rund, selbständig und plastisch vorhanden. Also auch die ihr eigenen Denk- und Anschauungsformen. — Sie waren nun zwar mit denen dieser Ekstatiker identisch geworden; dennoch aber nicht völlig. Es war eben doch ein zweitbewußtheitlicher Zustand. Es blieb eine unausgeglichene Differenz. Und diese Differenz war eine seelische Sphäre, in der jene reinen Denk- und Anschauungsformen des Christbewußtseins sich zwar nicht direkt negierten, oder zurückgestalteten in ethnische, so doch aber in s y m b o l i s i e r e n d e h a l l u z i n a t o r i s c h e Zustände umschlugen.

Aber ich behaupte, daß diese Halluzinationen dennoch nicht das eigentliche Wissen jener Ekstatiker ausmachten. Das war notwendigerweise völlig das des Christus und besaß dessen Anschauungsformen. — Es werden diese Ekstatiker ihn sicher nicht anthropomorph in Glorie neben Gott auf einen Thron haben sitzen sehen. Diese Halluzinationen waren vielmehr nichts als außerordentlich lebhafte Anschauungen und Gefühle seiner unmittelbaren Anwesenheit; denn diese hatten sie in ihrer damaligen Lage überaus vonnöten, er hatte sie ihnen vorausgesagt, und sie empfanden sie ja in Gestalt jener ihnen so ungewohnten, völligst plastisch gewordenen, identischen Gedanken, Ideen, Einsichten und Vorstellungen.

Solche Anwesenheit ging i h r e r Psychophysis — sit venia verbo! — nicht recht in den Kopf. Sie wunderten sich über solche plötzlich in ihnen auftauchenden hohen und klaren Gedanken, Einsichten und Verständnisse; und diese Verwunderung schlug unmittelbar und spontan in Halluzinationen um. So sahen die Weiber am leeren Grab den Engel. So sah ihn Maria Magdalena im Garten. So sahen ihn auch andere damals oft.

Und so wußten sie zwar in ganz richtiger Einsicht, daß er noch l e b t e im Geist und als Geist, daß ihn das Grab nicht behalten hatte, daß er nur kurze Zeit in der Hölle (heißt im Tod, in der Verwesung) gewesen war, wußten, daß er gen Himmel gefahren und beim Vater war, genau wie Christus selbst sich das alles vorgestellt hatte: aber sie wußten es so ungeheuer stark, so überaus lebendig war ihnen dieser Sinn und seine Wahrheit, daß er ihnen, aus ihrer e i g e n e n, g r ö b e r e n Seele heraus, in symbolistisch-halluzinatorischen Vorstellungen und Zuständen lebendig wurde. Zustände, die ihnen, unter solchen Umständen, eine letzte, äußerste und unüberwindliche Sicherheit und Gewißheit mitteilen mußten.

Im übrigen müssen wir bedenken, daß wir uns hier in einer ganz besonderen Mystik befinden, in den unmittelbaren Zusammenhängen geheimster organisch-psycho-physiologischer Umwandlungs- und Werdeprozesse der großen Individualität selbst, die sich durch tausend und abertausend und hunderttausend Medien hindurch eine neue Psychophysis bildet und eine neue „Inkarnation" und Fleischwerdung, aus dem Geist und den Seelen heraus, sucht.

Ich behaupte, daß eine fortschreitende und sich vervollkommnende Wissenschaft der Psychophysiologie so viel Einblick gerade in diesen „Inkarnations"-Prozeß der großen Individualität einst noch gewinnen wird, daß sie das w i r k l i c h e W u n d e r wahrnimmt und achten lernt, wenn es auch nie in aller Zeit irgend ein Verstand ganz wird begreifen können.

Und ich behaupte ferner, daß die Alten, jene Väter, Bischöfe und Kirchenlehrer, die das Apostolikum aufsetzten, jene Ekstatiker besser begriffen und verstanden haben, als unsere heutige Wissenschaft, die das alles verächtlich mit „Pathologie" und „Halluzination" abtut, was doch gerade sie als eine neue **Artwerbung** verstehen lernen sollte! —

Ich glaube dargetan zu haben, daß das alte Dogma Achtung verdient und daß die Wissenschaft eines Tages nichts mehr gegen dasselbe zu sagen vermag.

Damit ist natürlich nicht gesagt, daß Ernst Häckel nun notwendigerweise sogleich katholisch werden muß. Ich für meinen Teil werde deshalb auch nicht katholisch werden. —

Wie nun aber wird's werden? . . .

V.

Wie wird's werden?

Wie wird's werden? — Darüber können wir uns vielleicht belehren, wenn wir zusehen, wie's i st.

Noch eine neue Religion wird die Menschheit nicht mehr zu erwarten haben. Sie hat Religionen genug. Der Ring ihrer Bedürfnisse, Möglichkeiten und Notwendigkeiten nach solcher Richtung ist geschlossen. Gerade durch die Evolution der Wissenschaften. Das fühlen, glaub' ich, im heutigen Europa alle, die „hinauf gelangt sind". —

J e d e dieser Religionen ist mit dem Blut von Tausenden und Abertausenden von Märtyrern getauft. Es werden sich keine mehr finden. Und sie wären doch durchaus vonnöten. — Das Bedürfnis nach Religion wird so lange es noch Menschen gibt, nie erlöschen. Aber es ist eine unendliche Möglichkeit vorhanden, diesem Bedürfnis genug zu tun.

Ist's aber so weit, so ist jenes Stadium des Johanneischen Christentums bereits erreicht und angebrochen: jenes Stadium, wo das reine christliche Urprinzip als das Prinzip der Toleranz schlechthin verstanden und begriffen wird, und als das Prinzip der menschlichen Sozietät schlechthin. Wir hören die Stimme dessen, der die Apokalypse schrieb: „Kindlein, liebet euch untereinander!" Alle sind Gottes, und alle sind eins in Gott und im Sohn; und wir erkennen, daß der „Sohn" für uns zwar der Christus ist, aber zudem, daß er die große Individualität überhaupt bedeutet; daß er im Grunde auch der Buddha, der Zoroaster und der Laotse ist. Wir wissen, daß der Christus d i e s e n Ring der großen Individualität nur g e s ch l o s s e n hat. Wir wissen das, wir verstehen es, und tolerieren j e d e s Bekenntnis nicht nur, sondern v e r s t e h e n es auch, begreifen seinen Sinn, sein Wunder, seine Mystik und seine Notwendigkeit als Ringglied und a ch t e n es als solches.

Wie wird's werden? Man muß antworten: so wie es i st.

Wir sind uns neuerdings darüber klar geworden, daß die vorwiegend zivilisatorische Evolution seit den Dreißigerjahren des vorigen Jahrhunderts uns in die Brüche bringt, und daß sie von jetzt ab wieder einer geistig=kulturellen Evolution Raum zu geben hat. Wir leiden aber gegenwärtig immer noch an den Trübnissen jener vorwiegend zivilisatorischen Periode; sie verwirren noch viel zu sehr unseren Blick, wo es sich um den Neubau, oder sagen wir von jetzt ab lieber: den Ausbau einer geistig=kulturellen europäischen Evolution handelt.

Jene zivilisatorische Evolution nun ist im wesentlichen gleichbedeutend gewesen mit einer einseitigen, mit einer bis zum Unheimlichen rapiden Entwicklung der Weltstadt. Ich habe bei anderer Gelegenheit davon gesprochen, wie die Groß= und Weltstadt nicht nur die einzelnen Nationen und Rassen beherrscht, sondern wie sie sich geradezu wie ein gewaltiger Vampir um den ganzen Erdball klaftert; so daß es fast den Anschein hat, als ob nur noch diese eine neue Dimension der Weltstadt existiere. Sie, die ja auch das freie Land mit ihrem tausendfach verzweigten Netz, ihren Nervensträngen von Eisenbahnen, Telephonen und Telegraphen überspinnt. Tatsächlich gab es neuerdings eine Zeit, wo die Begriffe der Rasse und des freien Landes uns gänzlich aus dem Gesichtskreis zu schwinden drohten. Die greulichen Sensationen dieser Tatsache: gerade unsere Generation hat sie ja gründlichst durchzukosten gehabt mit all ihren Konsequenzen und Beziehungen. —

Tatsächlich ist ja doch nun aber Rasse und Land noch vorhanden. Und, gottlob! gewinnen wir endlich wieder den klaren Blick für ihre richtige Proportionalität: sie sind noch immer, und auch heutigen Tages noch in der Obmacht. Und wir fangen an zu erkennen, daß sie in der Frage einer neuen geistigen Kultur den Ausschlag geben werden; während uns die heutige Weltstadt einzig zu einer sehr bedenklichen Verwechslung der Begriffe von Kultur und Zivilisation verführt hat.

Wir gewöhnen uns neuerdings ab, die Verhältnisse Europas unter dem bisherigen einseitigen Gesichtswinkel der industriellen Zivilisation zu sehen. Wir beginnen wieder die Begriffe Volk und Industriearbeiter, Volk und Großstadtmensch, Rasse und Internationalität in eine reinliche und fruchtbare und, o! wie erlösende Scheidung zu bringen. — Wir fangen an zu gewahren, daß das, was uns in einem verwirrenden Trugbild bisher als alles überwuchernde Majorität erschien, in Wahrheit die Minorität ist, und daß in Wahrheit die Majorität immer noch das Land bedeutet. Ja, wir gewahren sogar, daß selbst der größte Teil der Industriearbeiter mit seiner Bekämpfung des unnatürlich präponderierenden Kapitals geradezu aus einem Instinkt des Landes und des Volkes gegen den überwuchernden Kapitalismus erwächst; und daß wir wohl gerade darin die eigentliche Seele der sozialistischen Arbeiterbewegung erblicken dürfen. Ich sehe den Tag, wo das noch in unmißverständliche Klarheit treten wird. — Also, zum mindesten: der heutige Industriearbeiter ist, so wenig er sich dessen jetzt wohl auch noch bewußt ist, für eine gewisse sozialistische Richtung absolut kein durchaus sicheres Material; vielmehr kann er sich, wenn eine solche Krise eintritt, jeden Augenblick als Volk im Sinn des Landes und der Landschaft enthüllen.

Nun zwar dürfen wir uns unter solch einer Krise durchaus keine falsche Vorstellung machen. Land, Volk, Rasse ist nicht mehr das, was es früher war und kann und wird es nun und nimmermehr jemals wieder werden. Die wahre und notwendige zivilisatorische Mission der Weltstadt kann und wird keine illusorische gewesen sein. Alle Bestände der Rasse und der Nation haben sich ihrem Geist anpassen müssen und sind durch ihn ein= für allemal in einer Weise modifiziert worden, die niemals wieder aufzuheben oder rückgängig zu machen ist. Aber: und hier müssen wir durchaus klar sehen: alle Stände und Bestände sind noch in ihrer **Wesenheit** vorhanden; und diese Wesenheit ist unantastbar.

*

Wir waren aber bei der Religion. Sehen wir uns also die religiösen Bestände Europas an. Betrachten wir die faktische Proportionalität derselben. Da ist es nun immer noch und nach wie vor die Tatsache, daß der größte Prozentsatz der europäischen Bevölkerung dem Katholizismus angehört; ein ungleich minder großer, aber immer noch beträchtlicher, gehört nach wie vor dem Protestantismus an; der bei weitem minimalste aber ist dissident.

Man wird nun aber sagen: Ja, so steht's auf dem Papier, so ist die offizielle Proportionalität; die faktische indessen ist aber vielleicht geradezu umgekehrt; das heißt also: der bei weitem größte Prozentsatz der europäischen Bevölkerung ist heute dissident und ein verschwindend geringer ist in einem alten, nachgerade bis zum Unmöglichen „atavistischen" Sinn religiös.

Aber nein: die faktische, die ganz wirkliche Proportion ist überhaupt noch anders, und sie ist diese, daß ein fast verschwindend geringer Prozentsatz w i r k l i c h r e l i g i ö s ist, und die weitaus größte Mehrzahl nicht etwa bloß dissident, sondern überhaupt religiös i n d i f f e r e n t!

Nun zwar ist diese Proportion zu a l l e n Zeiten im Grunde ja die gleiche gewesen, und sie wird es im Grunde auch sicher bleiben; aber die Indifferenz selbst ist durchaus nicht zu allen Zeiten die gleiche gewesen. Sie ist es in unseren gegenwärtigen Zeitläuften aber in geradezu auffallender Weise. Ja, und wir alle, w i r, fühlen bis ins tiefste und nicht ohne eine gewisse Bänglichkeit: i n n a c h g e r a d e h ö c h s t k r i t i s c h e m G r a d e! — (Daher das Schreien, der viele Rumor, dies seltsame Tasten nach einer „neuen Religion".)

Was nun aber ist wohl schuld an einer so bedenklichen Erscheinung? N i c h t s a n d e r e s a l s e i n kritischer Zustand jener kleinen, eigentlich religiösen Minderheit selbst. — Und woher dieser kritische Zustand? Er ist seinerseits wieder eine Folge der allzu einseitigen und rapiden zivilisatorischen Evolution Europas im letzten Jahrhundert, die durch keine Macht der Welt, weder eine weltliche noch eine geistliche, aufgehalten werden konnte, noch durfte.

Jetzt nun aber, wo diese Evolution wieder Raum zu geben beginnt für eine geistig-kulturelle Bewegung? Jetzt ist diese kleine Minderheit in der Lage, ihre bisherige Krise zu überwinden und das klärende Wort zu sprechen. Und wie wird es lauten? Es wird lauten: **die Bestände bleiben in ihrer Wesenheit die, die sind und waren!** — Es wird lauten: es kann keine neue Religion mehr für die Menschen entstehen! — Dies seltsame Wort! Dieses Wort der höchsten und äußersten Freigeisterei! Und aus dem Milieu des äußersten und verwegensten Ketzertums hervortauchend! — Und doch das im tiefsten und letzten Sinn **religiöse** Wort! Das Wort: es ist keine **neue** Religion mehr möglich, denn wir haben **die** Religion; und **die** Religion, als solche, ist **endlich möglich!** Sie ist Wirklichkeit geworden! Wir haben sie, wir sind sie selbst! ...

Von demselben Augenblick aber hat auch die große, allgemeine religiöse Indifferenz angefangen, sich wieder zu verändern. Und wir erleben ja denn auch bereits „Ueberraschungen" über „Ueberraschungen", von allen Seiten her und nach allen Seiten hin. — Und immer mehr stellt sich ganz offenbar die europäische Balance auf „Rouge et Noir". Wie auch könnte es je in aller Welt auf die Dauer heißen: „Rouge o r Noir"?

Also: wie wird's werden? Fragen wir jetzt lieber, wie's bleiben wird. Bleiben aber wird der größte Prozentsatz Europas katholisch, ein minder großer protestantisch und der allerminimalste — aber sehr interessante! — nun: sagen wir — frei! Und diese Freiheit ist — möglich! Keine Macht der Welt vermag mehr sie auszurotten. — Und sie ist — notwendig!

Diese Minderheit wird endlich einmal in allem Verlauf der bisherigen Entwicklung toleriert werden können. Diese Minderheit mit ihrem internsten schlechthin religiösen Kern. —

*

Wir haben bereits in den vorigen Kapiteln auf die innere Ratio des Katholizismus hingedeutet. Oder hat der Katholizismus diese Ratio etwa nicht? Fragen wir ihn nur selbst. Er wird sogleich auf die ungeheure Menschenmasse hinweisen, die ihm zugehört, auf den mächtigen sichtbaren Körper der Kirche. — Man glaubte ja wohl, ihr diesen Körper nehmen zu können? Nun, die Sozialisten werden wissen, nicht nur, welche Schwierigkeiten das hat, sondern sicher, daß es geradezu unmöglich ist. Die heutige „ecclesia militans" ist noch reichlich so firm, wie sie es in früheren Zeiten war; und sie besitzt zudem eine so höchst verwunderliche Anpassungskraft. Sie hat sich den zivilisatorischen Zuständen und Evolutionen der jüngsten Moderne genau so gut angepaßt, wie sie sich jemals den Entwicklungen früherer Perioden anzupassen wußte. Sie hat auch in unseren Zeitläuften nicht nur tüchtige Päpste, sondern sogar große. Sie hat eben erst einen Leo XIII. vermocht, einen der größten Päpste, die je auf dem Stuhl Petri gesessen haben; einen wahren

Moltke auf dem Papstthron; einen Modernen, einen Mathematiker trotz Moltke.

Ein „Wunder" könnten wir zum Beispiel heute noch mit Frankreich erleben. Seine Freigeisterei durch Jahrhunderte hindurch, war gewiß notwendig und segensreich, aber sie hat zugleich seine Rasse erschöpft bis zum Aeußersten. — Der Katholizismus wird nun sicher in Frankreich wieder festen Fuß fassen. Wenn aber Frankreich von irgend einer Seite her eine physische Rasseregeneration zu erhoffen hat, so hat sie sie durch den Katholizismus zu erhoffen. Durch keine andere Macht der Welt! —

Jedenfalls: die unabänderlichen „Gehirnumstände" und sonstige soziale Faktoren der katholischen Majorität Europas bürgen für die fernere Dauer des Katholizismus. Und das ist für Westeuropa insgesamt sehr gut. Denn es bedeutet eine prinzipielle Rassengarantie für das gesamte Westeuropa gegen den slavischen Koloß, der eben im Begriff ist, zum Bewußtsein zu erwachen, der aber allem Anschein nach nichts weniger als im Sinn westeuropäisch-weltstädtischer extremer Freigeisterei zum Bewußtsein erwachen wird! —

Sagen wir was wir wollen: **dieser Faktor** westeuropäischer Kultur, die Freigeisterei, wird immer der Dezentralisationsherd für die europäischen Rassen und Nationen bedeuten, und **muß** es seiner ganzen Natur nach bedeuten und bleiben. Wir werden uns diesem überaus wichtigen und interessanten Faktor sogleich noch mehr nähern. —

Aber nun der Protestantismus? Er wird seinem häretischen Grundprinzip nach stets das Regulativ für Rom und den Katholizismus bedeuten und bleiben; der

Protestantismus in seiner orthodoxen Form. — Rom wird ihn vielleicht als eine große keßerische Sekte ansehen. Das ist er im Grunde auch. Er ist eine Sekte der großen allgemeinen christlichen Kirche, wie sie als Staatskirche in einer straffen und festen Organisation allein möglich ist. Im übrigen bedeutet natürlich der Protestantismus daneben eine Evolution des christlichen Prinzipes nach der Seite seines durchaus kontraethnischen reinsten Urzustandes hin; wennschon er gänzlich außerstande ist, nach solcher Richtung hin den letzten Schritt zu tun. Dieser letzte Schritt ist heute im Begriff getan zu werden. Aber: er wird sich anders ausnehmen, als man denkt. Er wird sich nicht als eine neue Form eines dogmatischen Christentums darstellen: sondern er wird eine stille Zone einer seltsamen religiösen F r e i h e i t bedeuten; und eine rein menschlich, geistig-seelische, völlig freie individuelle Entwicklung und Umformung, die nach innen geht. Ich sage das im Hinblick auf den eigentlichsten Kern dieser Zone; auf irgend eine bestimmte freie religiöse und sittliche Elite. —

Diese seltsamen — Wenigen . . .

VI.

Gott ist unter uns.

Es gab eine Zeit, wo man allen Ernstes eine eruptivere slavische Expansion nach Westeuropa befürchtete. Es mag sogar sein, daß es noch heutzutage Leute gibt, die eine solche Expansion für möglich halten.

Ich meine, sie dürfen sich getrost beruhigen. — Erstlich würde das germanische Element Westeuropa gegen eine s o l c h e slavisch-russische Gefahr schon seien und konzentrieren. Deutschland würde stets eine feste Garantie für die Westrassen bedeuten. Aber andererseits: völlig müßten jene erwähnten Schwarzseher beruhigt werden, durch den eigentümlichen Charakter und Verlauf der jüngsten russischen Revolution.

Nach aller Logik der bisherigen französischen Revolutionen zwar müßte man ja eine solche Expansion des östlichen Slaventums befürchten. Aber hier handelt es sich ja um eine ganz andere „Logik".

Im Westen revolutionierte eine ganz andere, eine viel unruhigere, eine ungleich weniger positive und ungleich mehr enthusiastische und idealistische Rasse. Solche Eigenschaften stecken an und werfen ungeheure Brände über eine ganze Welt; Brände, deren Wut doch aber auch wieder verhältnismäßig schnell verebbt! — Hier aber revolutioniert eine ganz andere Rasse. Hier vollendet lediglich eine eminent s t a t i s c h e R a s s e einen neuen Werdetrieb und Jahresring ihres Wachstums. Hier revolutioniert eine durchaus realistische und positive Rasse. Dort lohte eine eminent dynamische Rasse auf. Hier handelt es sich um ein wahrhaft organisches W e r d e n; dort aber lohte eine alte Rasse in wild-begeisterter Eruption ihre letzte Kulturkraft und Kulturmission aus. Frankreich hat sich erschöpft; Rußland ist um ein Stück gewachsen und geworden.

Jedenfalls: nichts muß dem, der die letzten Ereignisse im Osten mit Aufmerksamkeit verfolgt, absurder erscheinen, als eine eruptive Expansion der russischen Revolution nach Westen. Ein unruhiger Teil unserer Sozialdemokraten glaubt ja wohl einen Funken von Osten her gefangen zu haben. Aber was ist aus dem Funken geworden? Er ist spurlos verglommen. Bebel und der alte Stamm der Partei hat ihn mit einem väterlich-humorvollen Lächeln ausgepustet. Und uns alle hat er eigentlich von vornherein weder bange gemacht noch auch andererseits mit so besonderen „Hoffnungen" erfüllt.

Sollten wir nun aber vielleicht von einem Rußland, das sich rangiert hat, eine solche Expansion zu befürchten haben? Man kann ja nichts voraussagen, ja! man kann in solchen Dingen auch kaum etwas vorausberechnen; aber wir fühlen, was bereits immerhin etwas bedeutet, nichts dergleichen voraus.

Vielmehr haben wir's mit einer sehr eigentümlichen Empfindung: einer Empfindung, daß von Osten her gerade eine seltsame S t i l l e nach Westeuropa hereinweht!

Wir spüren den Hauch dieser Stille nicht etwa bloß aus dem Zeitlichen der großen neuen russischen Dichtung heraus, sondern wir spüren sie gerade aus den tieferen, mystischen Dauerwerten, aus der innersten S e e l e der slavischen R a s s e hervor, die in dieser großen Dichtung als allerdeutlichster Untergrund zutage treten. — Und wir haben diese Stille bereits in früheren Zeiten gespürt; in dem höchst eigenartigen Verlauf des Napoleonischen Feldzuges von 1812 und der Kriegsführung von Kutusow; in dieser sonderbar phlegmatischen und zähen Kriegsführung, in dieser durchaus statischen Taktik. „Was ist zu tun?", „es ist ja doch wie's ist" und „wie Gott will": das trat so recht als das Motiv dieser Kriegsführung zutage. Sie war eine phlegmatische, aber doch nicht schlaffe Kriegsführung. Es lebte in ihr fast der Geist eines seltsamen melancholischen Humors und eine ganz sonderbare unverwüstliche Zähigkeit, die deutlich auf die enormen Dauerkräfte dieser Rasse hinweist. Trotz ihrer tartarisch-explosiven und von Anlage expansionslustigen alten Elemente, ist diese Rasse dennoch eine statische. Die Unruhe dieses tartarischen Elementes im früheren Mittelalter ist längst verarbeitet und ausgeglichen worden.

Wir fühlten einen Hauch jener Stille wohl auch im Haager Friedenskongreß, der, trotz allem und allem, wie eine leise Vorahnung eines pazifizierten europäischen Zustandes anmuten will. Wie bezeichnend, daß der Vorschlag zu diesem Kongreß nicht von einer westeuropäischen Rasse, etwa den philosophischen Deutschen, ausging, sondern gerade von der Vormacht der slavischen Rassen.

Man möchte also sagen, die gegenwärtige Krise Rußlands deutet geradezu auf die Zukunft Europas hin. Wir haben von dort keine Expansion in Gestalt eines großen europäischen Krieges zu befürchten; es wurden uns sogar von dort vielmehr erste Vorschläge zu Friedenskongressen und Abrüstungen gemacht.

Wer sollte denn nun wohl sonst solch einen großen Krieg, auf europäischem Boden unter europäischen Völkern, anfangen?

In Betracht kommt die romanische, die germanische, die slavische Rasse. Von der romanischen doch wohl einzig Frankreich. Aber sicher würde ein solcher Krieg für Frankreich eine Kraftanstrengung bedeuten, die es total erschöpfen würde. — Wir haben uns in den letzten Jahren, wo es kriselte, die betreffenden Finanztabellen vor die Augen gehalten. Wir haben dabei gesehen, daß ein solcher Krieg für Frankreich bereits nach solcher Richtung hin keineswegs eine Bagatelle sein würde. Aber das wäre ja für Frankreich wohl nicht die bedenklichste Seite der Sache. Die bedenklichste würde ohne Zweifel der durchaus unersetzliche Verlust an Menschen sein. Und wie gewaltig würde sicher dieser Verlust sein, bei der inzwischen wieder um ein bedeutendes vervollkommneten Kriegstechnik! — Gewiß würde Deutschland sich auf einen gleichen Verlust gefaßt machen müssen; es würde ihn aber dennoch weit eher verschmerzen können als Frankreich.

Wenn die Dinge aber in Westen und Osten so liegen, wer sollte denn wohl sonst Lust haben, einen Krieg anzufangen, der Europas Boden mit neuen Blutströmen tränkte? — Deutschland etwa? Niemals wird es ohne äußerste Not die Initative zu einer Katastrophe ergreifen oder zu ergreifen brauchen.

Es ist wohl, angesichts solcher Konstellation, unschwer vorauszusehen, daß ein irgend nennenswerter europäischer Landkrieg in Zukunft kaum noch stattfinden wird. — Welche Anlässe zu einem solchen könnten denn auch sich erheben? Ein Rassenarrangement im Osten? Die Frage Oesterreich? Es ist bereits sehr gut denkbar, daß das sich auf friedlichem Weg erzielen lassen wird.

Aber wir bauen neuerdings Flotten. Wir machen besondere Anstrengungen, unsere Flotten zu vermehren und die Technik unseres Seekrieges zu vervollkommnen. Ob das aber mit den Seekriegen so gefährlich werden wird? Jedenfalls wären von ihnen keine Konsequenzen für einen europäischen Landkrieg zu befürchten. Denn, noch einmal: Der Menschenverlust solch eines modernen europäischen Landkrieges! Die Schwächung der Rassen! —

Also werden sicher die Friedenskongresse in Zukunft eine Rolle spielen.

Möge der Haager glücklich vorgespukt haben! —

Im übrigen werden wir also auf der See zu tun bekommen; und höchstwahrscheinlich wird ein kolonialer Guerillakrieg in Permanenz geraten. —

*

Denn, Europa hat ja auch eine ganz andere „Gefahr", die ihm zu schaffen macht: eine interne! — Ein ganz anderes Problem zu lösen steht ihm bevor.

Nicht umsonst steht seit gar manch' einem Jahrzehnt der Begriff der Rassenfrage im Brennpunkt des Interesses. — Ich deutete oben bereits an, daß wir indessen ein großes blutiges Rassenarrangement im europäischen Osten kaum zu befürchten haben werden. —

Nein, nicht nach solcher Richtung und in solcher Hinsicht ist das Rassenproblem brennend, sondern nach einer ganz neuen und höchst eigenartigen. Und zwar in Gestalt einer bevorstehenden allmählichen Rassenmischung und gegenseitigen Rassenausgleichung, die durch Zivilisation, Technik und Kommerz bewirkt wird. Europa scheint hier offenbar ganz neuen, und vorläufig gar nicht abzusehenden Metamorphosen entgegenzugehen.

Die gegenwärtige Konzentration der einzelnen Rassen, das in letzter Zeit überall so lebhafte Rassengefühl, widerspricht dem nur scheinbar; vielmehr sogar bestätigt es eine solche eben angedeutete Entwicklung bei genauerem Zusehen.

Wir kennen neuerdings den Begriff einer Internationale; und dieser Begriff hat seit dem vorigen Jahrhundert eine immer bedeutendere Rolle gespielt.

Nun ist ja zwar Europa, wenn vielleicht schon der direkte Begriff, so doch keineswegs die T a t s a c h e einer solchen Internationale durchaus fremd. Sie war bereits eine wichtige Erscheinung im Zeitalter der Renaissance.

Aber doch: wie gar anders ist diese Internationale heutzutage! Denn sie ist heute ein b e w u ß t e r Begriff und Faktor, was sie in der Renaissance durchaus noch nicht war. Damals war sie erst noch ein T r i e b; ein plötzlich erwachender neuer I n s t i n k t der europäischen Rassen; und eigentlich zudem v o r n e h m l i c h zunächst noch ein geistiger. Sie trat zutage hauptsächlich erst noch in der internationalen geistigen Freizügigkeit des wissenschaftlichen H u m a n i s m u s. — Im übrigen waren die Rassen und Nationen, Staaten und Stäätlein doch noch hermetisch gegeneinander verschlossen, wie ihre von hohen Ringmauern und Bollwerken umschlossenen Städte und Städtlein gegeneinander noch hermetisch verschlossen waren.

Längst ist heute eine solche hermetische Verschlossenheit beseitigt. Zivilisation, Wissenschaft, Technik und

Kommerz, der vermittelnde und ausgleichende Faktor des Kaufmannsstandes hat die Schranken der Rassen und Nationen durchbrochen, und diese nivellierende und universalierende Evolution ist sicherlich nichts weniger als im Rückschritt begriffen.

Die Folge dieses Prozesses muß wohl notwendigerweise immer mehr auch ein physiologischer Rassenausgleich sein. Und seine Folge muß ferner ein internationaler europäischer Typ sein, der nicht bloß, wie vorderhand noch, von vorwiegend geistig-intellektueller Bedeutung sein wird, sondern der notwendigerweise mit der Zeit auch eine solche in psycho-physiologischer Hinsicht bekommen wird.

Ist ein Ansatz solcher Art aber vorhanden — vielleicht scheint er sich gerade durch die neuerliche Konzentration der Rassen zu bestätigen — so ist für die europäischen Rassen sogleich auch ein gänzlich neues und sehr wichtiges gemeinsames internes Problem vorhanden. Ein Problem, das die europäischen Rassen unter allen Umständen über kurz oder lang pazifizieren muß! —

Es gibt also einen neuen Faktor, der die Rassen nicht mehr untereinander in blutige Konflikte und Reibungen bringt, sondern der sie vielmehr zusammenschließt.

Das ist nun zunächst ein Faktor, der auf der einen Seite gänzlich harmlos ist; so harmlos wie nur immer der Typ des commis voyageur. Auf der anderen Seite aber ist er durchaus nicht harmlos; denn da bedeutet er ein ganz neues, nicht nur intellektuelles, sondern auch immer mehr physiologisches Gemeinschaftsgefühl. Und hier macht er den Rassen direkt zu schaffen; hier müssen sie sich ernstlich mit ihm abfinden.

Freilich — und das ist das niederträchtige — ist er nicht recht zu fassen. Er ist nicht sozusagen auf einen Fleck zu drängen, damit man sich mit ihm unmittelbar abfinden könnte. Und selbst wenn man das vermöchte, so muß er sich mit unfehlbarer Notwendigkeit, wie die Zustände nun schon einmal sind und sich unaufhaltsam weiterentwickeln, immer wieder und immer lebhafter aus ihnen wieder ergänzen.

Das nimmt sich ja nun wohl auf den ersten Blick recht bänglich aus. Es ist wohl auch sicher und gewiß, daß der ganze Prozeß hin und wieder zu besonderen, und unter Umständen sogar außerordentlich intrikaten Komplikationen führen kann; Komplikationen, die zuweilen die bedenklichsten Gefahren und Zustände zeitigen könnten. Man kennt zum Beispiel, wie uns von Maupassant her bekannt sein wird, den schlimmen Begriff von „Horla-Epidemien". Indessen: es steht unfehlbar fest, daß, besonders wenn die Wissenschaft hier erst aufmerksam zu werden beginnt, Maßregeln gefunden werden können, mit denen sich hier gründlich vorbeugen läßt. —

Im allgemeinen aber läßt sich sagen, daß dies nur gelegentliche, seltene und zeitweilige Komplikationen sein würden — immerhin aber recht bösartige — und daß die Sache nicht so schlimm ist, wie sie sich ausnimmt. — Es ergibt sich ja ein natürlicher Weg der Entlastung; und — das ist der Weg der Migration. Nicht umsonst spielt die Kolonialpolitik in allen Nationen Europas eine so wichtige Rolle. Sollte etwa Amerika neuerdings sich verschließen, nun: so sind die anderen Erdteile da, die jene Elemente aufnehmen können, welche aus was auch immer für einem Grunde in Europa „nicht mehr gut tun". —

Jedenfalls: abzutun und aus der Welt zu schaffen ist das Problem niemals mehr. — Seine Krisen werden schwanken; aber es wird bleiben.

Besondere "Brutstätten" sind natürlich hier die enormen Weltstädte. Der übermäßige Respekt, den sie genießen, wird unserem Faktor sicher eher Vorschub leisten, als ihn einschränken. Das wird sicher auf die Dauer die Großstädte, wenn auch sehr allmählich, dezentralisieren. Also, daß vielleicht überhaupt die europäische Entwicklung der kommenden Jahrhunderte auf eine Dezentralisation der Großstadt hinausläuft. — Denn Schwefel und Feuer fällt natürlich heute nicht mehr auf sie hernieder, wie ehedem auf Sodom und Gomorrha. —

*

Im übrigen, wir sehen also: aus den großen Konflikten der europäischen Nationen wird immer mehr die explosive Emotion sich ausscheiden. Man wird sich friedlich einigen; auf dem Wege des internationalen Schiedsgerichtes. Die gegenseitige Leidenschaftlichkeit wird immer mehr und mehr auf irgend einen sonderbaren Einigungs- und Ausgleichspunkt stoßen, welcher eine explosivere Verve der Leidenschaft abbricht. Kriege, Kongresse und was immer sonst für "Parlaver": wir wissen, daß sie zumeist keine so glatten mathematischen Rechenexempel sind, sondern daß sie von allen möglichen Zufälligkeiten abhängen. Wir können diese Zufälligkeiten lokalisieren in all dem kleinen und kleinlichsten Alltag einer Rasse und einer Nation; und hier sind sie die ewige Chaotik und Unberechenbarkeit des Lebens. Wir wissen ferner aber auch, daß sie schließlich alle in letzter Beziehung stehen zu dem primitivsten organischen und sozialen Kulturstock:

der Ehe. — Hier werden wir all jene Unberechenbarkeiten wohl endgiltig untergebracht und lokalisiert haben. Freilich sind wir dann aber so klug wie zuvor. Denn wir stehen hier vor der Mystik, dem schlechthin Unberechenbaren selbst. — Immerhin ist der Stand der Ehe und der Ehen in einer Nation und einer Rasse ein halbwegs verläßlicher Barometer, dem wir wohl die kommenden sozialen Witterungsverhältnisse am ersten abmerken können. — Es scheint sich aber mit immer größerer Deutlichkeit zu zeigen, daß die Ehe in ihrem Durchschnitt die großen Unruhen und Leidenschaften nicht mehr mag und verträgt; somit wird es wohl auch mit den großen europäischen Völkerschlächtereien am Ende sein. —

Das muß und wird aber auch die Individuen ändern; und hat sie sogar bereits zu ändern begonnen. Der einzelne scheint vielseitiger, nervöser, beweglicher werden zu wollen; eine Beweglichkeit, die mit einer beständigen Ausgleichungsmöglichkeit der konzentrierten Leidenschaften gleichbedeutend sein muß.

*

„Gott ist tot." — Ja, das mag wohl so sein. Indessen, wir wollen uns vergegenwärtigen, was es heißt. Das ewige Mysterium ist aus einer **äußeren** Transzendenz zu einer seelischen Identität in uns geworden; das heißt es. Und: Heil des Heils! in einem jeden Einzigen von uns allen.

Das ist wohl wahr. Dennoch aber könnte es in einem ganz besonderen und neuen Sinn zugleich und sogleich auch wieder zu irgend einer neuen, äußeren Transzendenz werden. Jene äußere Transzendenz, die mit und als Gott gestorben ist, könnte dereinst als eine ganz eigene und besondere psycho-physische Identität sich vom Menschlichen entfernen und diesem gegenüber zu einer neuen Transzendenz werden. Dennoch aber wird Gott in einem früheren, ethnischen Sinn nie mehr lebendig werden. Im Christus war jene innere seelische Identität ja bereits vollzogen. Er und die Seinen sind der Typ, der prinzipiell über alles Ethnische (Antik-Menschliche) hinausstrebt. Der aber **muß** seiner ganzen Anlage nach mehr und mehr einer völligen, allerletzten Identität zustreben, die sicher zu erreichen ist einzig auf dem rückwärtsschreitenden Weg zum Unbewußten. Erst der unbewußte Zustand ist der einer letzten und vollendeten Identität. Das Bewußtsein ist Zwiespalt; ist im eigentlichsten Sinn menschlich. Das Menschliche aber ist und bleibt das Ethnische. Und so lange das besteht, ist „Gott" nur erst nominell tot; wir können sagen, ist er noch mit sich in Zwiespalt, aber noch nicht in seiner letzten Identität. Auf diese gehen die dunklen Wege des ewigen Kreislaufes zu. —

Vorderhand können wir für „Gott ist tot" besser sagen: „Gott ist unter uns." Und woran wir das im Bereich unserer heutigen europäischen Sozietät bereits erkennen und immer deutlicher erkennen werden? An nichts so sehr, als an jenem seltsamen neuen Faktor, der wie ein heimliches, überaus elastisches Medium heute im sich vollendenden Europa immer wieder den Extremen die Spitze abzubrechen, der sie immer wieder gegeneinander zu einem schlichten, stillen Ausgleich zu bringen beginnt.

Man könnte dies dunkle Medium wohl auch einen sonderbaren, allgemeinen „Knick" nennen. Als solcher ist es ja im Lauf der letzten Jahrzehnte auch sehr oft bezeichnet worden. Ueberall, im sozialen wie im persönlichen Leben haben wir ihn wahrgenommen, und hat er uns bange gemacht; wie eine allgemeine Pathologie des Zeitalters.

Dennoch aber hat eine solche Auffassung in einer Anzahl erlesener Individualitäten bereits angefangen, einer, ich will nicht sagen, optimistischen oder freudigen, aber gewiß einer positiveren Raum zu geben. Dieser sonderbare Faktor fängt an, uns nicht mehr bloß so als ein „Knick" zu erscheinen, sondern wir beginnen zu fühlen und zu erkennen, daß er sich immer mehr zu einer Tugend („taugen"; „Tüchtigkeit") wandelt, die immer segensreicher nach zwei Richtungen hin wirken wird. Und zwar wird sie bewirken, daß die europäischen Bestände sich mit dem wesentlichsten Geist der anfänglichen Kulturprämisse versöhnen, auf der ihre geistigen und sozialen Zustände basieren; und daß Europa die verharrende Wesenheit der mannigfachen Faktoren, die nach und nach seinen jetzigen Bestand bewirkt haben, klar zu erkennen und zu achten beginnt.

Nach anderer Richtung aber wird jene neue Tugend bedeuten, daß jene anfängliche Prämisse europäischer Kultur und Sozietät in einer Anzahl von Individuen von ihrem r e i n s t e n Prinzip und Wesenskern aus sich in die Prämisse wesentlich neuer, vorderhand noch ganz und gar nicht absehbarer organisch-sozietärer und psychophysischer Zustände und Bildungen verwandeln wird.

Ein erstes derartiges Anzeichen im großen bedeutet die junge Entwicklung Nordamerikas. Die Union ist uns heute schon längst nicht mehr bloß eine interessante politische Erscheinung. Wir erkennen vielmehr immer deutlicher, daß dort ein Milieu ist, wo „Gott" erst so recht wirklich „sterben" kann; und wo die alten europäischen Kulturprämissen endgiltig ihren letzten Atem aushauchen können, um wesentlich neuen Raum zu geben. Wir erkennen, daß in Amerika der Prozeß **einer neuen Rassebildung** im Gang ist. — Und bereits die Bildung einer solchen neuen **Rasse**: mit was für einem eigenartigen, mystischen Schauer muß sie uns erfüllen! . . .

*

Der Knick. Das sonderbare neue, vermittelnde Medium. —

Ich habe schon früher angedeutet, was er über kurz oder lang für die Politik Europas bedeuten wird. In der äußeren Politik wird er seine Wirkung zeigen in Gestalt der internationalen Schiedsgerichte. In der inneren Politik wird er immer mehr eine friedliche Balance der Parteien bedeuten; denn, sagen wir nur: jede dieser Parteien wird das lebhafteste Wissen und **Gewissen** von dem Wesen der Gegenpartei haben, und bei der Feinheit und Differenziertheit dieses Gewissens werden sie gar nicht anders können, als sich gegenseitig Gerechtigkeit wiederfahren zu lassen. Genau das gleiche Medium eines solchen Wissens und Gewissens aber wird die Konflikte der einzelnen religiösen Konfessionen gegeneinander ausgleichen oder in der Balance halten. Auch eine **wahre** Gelehrtenrepublik werden wir dann wohl haben; die vorderhand immer nur erst noch bloß nominell vorhanden ist. Und genau so wird es sein in den Künsten. Nicht anders wird es sich verhalten mit den zivilisatorisch-praktischen Einrichtungen der Sozietät; und schließlich mit den einzelnen Schichten, Klassen und Kasten des Volksbestandes. —

Bei einem Abendspaziergang durch die Straßen machte mich neulich in einem stattlichen Schaufenster der

Anblick zweier prächtig stilisierter Betten verweilen. Die erste Wirkung, die ich von diesem Anblick erfuhr, war ein kleiner Schreck, daß man sich in solche Betten zur Nachtruhe legen sollte. Und dann lösten sich aus diesem Eindruck sogleich diese und jene Gedankenverbindungen.

Die Stilisierung. Die reichen und in diesem Fall wirklich schönen und geschmackvollen Ornamente, die die Grundform des Bettes geradezu in ein Traumgebild auflösten.

Ich mußte unserer Frühromantiker gedenken, die die Forderung stellten, oder vielmehr voraussagten, daß einst noch alle Welt „romantisiert" werden würde, wie sie's ausdrückten.

Hier war die Grundform, gewissermaßen der nackte starre Begriff des Bettes in der Tat „romantisiert". Das heißt, sie war zu einer Mystik, einem Märchen, einem poetischen Traum verwandelt; zu einem Gebild aus Avalun.

Man könnte Betten, und was sonst immer für praktische Geräte und Gegenstände, auch zu Rosenblättern, Blumenkelchen, Nachen und zu wer weiß was allem noch „romantisieren". Ich glaube sogar, es ist bereits Neigung vorhanden, hier des „Guten zu viel" zu tun. —

Ich dachte, daß die Stunde nahe sein oder bereits gekommen sein könnte, wo, in einem gewissen Sinn, jedermann in solch einem Bette schlafen kann, und wo er das märchenhafte Schicksal von Elfen lebt, ganz von seinen gröbsten Zwecken und seiner gröbsten Praxis losgelöst; wo selbst die Mißhelligkeiten des Daseins nur als ein Traum gelebt werden, der, nach dem Grundgesetz des **Rhythmus** und der **Welle** mit Bestimmtheit auch wieder in sein Gegenteil umschlagen wird; ein Grundgesetz, das da, wo es rein in Erscheinung und Wirkung treten kann, nichts umkommen läßt und alle schroffen Gegensätze beständig ausgleicht und erträglich macht. — Wo aber dies Gesetz zu dem einer harmonischen Sozietät wird, da werden deren Funktionen der Inbegriff aller Elastizität sein. Ein Leben und eine Sozietät, in der niemand mehr ernstlich an eine Stabilität des Bösen oder des Guten glaubt, sondern in der, im tiefsten und enthülltesten Sinn, alles gleich und eins ist. Nämlich: als offenbarster harmonischer Wechsel, als „Tanz", als Rhythmus sich enthüllt.

Es wird alles da sein, wie, wo und wann wir's brauchen. Alles wird „romantisiert" sein. . . .

VII.

Die Zone.

Ich habe im letzten Zusammenhang bereits einige= mal den Begriff einer „Zone" gebraucht. Ich begreife mit dieser „Zone" das so sehr interessante Gebiet dessen, was im heutigen Europa den älteren Beständen gegenüber als mehr oder weniger konsequente Freigeistigkeit in Er= scheinung tritt.

Sie scheint heute ungeheuer groß zu sein. Aber: sie scheint es auch nur. In Wirklichkeit ist sie's durchaus nicht. Ich wies schon früher darauf hin. — Alles, gerade= zu alles scheint sie heute absorbieren zu wollen, diese höchst seltsame Zone aller Satans=Freigeistigkeit und Frei= geisterei. Man denke an den Triumph der exakten Wissen= schaften; man denke wieder an die immense Dimension der Großstadt, dieses wahren babylonischen Zentrums des „Antichrist". Droht die „Zone" nicht wie ein unheim= licher, gigantischer Drache den ganzen Erdball zu ver= schlingen?

Aber es nimmt sich bloß so aus. In Wirklichkeit steht es durchaus nicht so schlimm.

Diese verwegene Wissenschaft, die ja wohl das ganze Christentum über den Haufen werfen und als Atavismus abtun will, doziert auf staatlichen Lehrstühlen. Sie ist also im Bereich s ä m t l i c h e r Bestände, indirekt auch dem der Staatsreligion selbst. D i e s a b e r i s t T a t = s a c h e ; e s i s t m ö g l i c h ; e s v e r t r ä g t s i c h m i t e i n a n d e r ! — (Nach zwei Seiten hin ad notam zu nehmen!)

Aber jene f r e i e Wissenschaft, die nicht auf staatlichen Lehrstühlen doziert? Zunächst: in welch verschwindender Minderheit befindet sie sich! Weiter aber: das allerspaßigste: wie sehr befindet gerade sie heute sich wieder im Bereich der Religion und des — Dilemmas! Und wie sehr zudem ist gerade sie es, welche indirekt zu den alten Wesenheiten und Beständen wieder zurückführt! Oder tut Friedrich Nietzsche dies etwa n i c h t ? Dieser dunkelste und dunkel=schelmischste aller Heraklite? — Sicher: Er weist allerdings auch einen Weg über die Bestände hinaus. Aber wer wohl wird diesen Weg betreten und wie viele werden ihn betreten? Kein anderer und nicht mehr als ihn unbedingt betreten m ü s s e n . — Das heißt: die Vielen und gar „Vielzuvielen", die ja freilich gerade heute abseits schweifen und irgend eine neue gute und notwendige Sache und Freigeistigkeit lediglich verderben, leitet er einzig zu den alten Beständen zurück. —

Denn: hat sich die Zone etwa bereits im Sinn solcher sich in notwendigster Minderheit befindlichen Freigeistigkeit heute geklärt? O nein! Sondern: wie hypertrophisch und dunstig ist sie heute noch! Wie wimmelt sie von dem Unkraut der unglaublichsten und bedenklichsten Bildungsphilisterei!

Man könnte etwa geneigt sein, solche Bildungsphilisterei für immerhin verhältnismäßig harmlos zu halten. O, man tue das beileibe nicht!

Die Wissenschaft in Gemeinschaft mit der so hochgepriesenen Zivilisation hat nämlich wirklich etwas auf dem Gewissen: einen Freigeist ganz eigener und besonderer Art; einen Radikalen, dem gegenüber ihr vielleicht gar eines Tages die Haare zu Berge stehen werden! — Einen, der sich so ganz und gar als rein konsequenten Vertreter ihres Geistes fühlt und meint, und der ihr doch, ohne eine Ahnung davon zu haben, das letzte „Bis hieher und nicht weiter!" drastisch genug entgegenzurufen begann; da, wo sie meint, sie könne gänzlich Alleinherrscherin sein; da wo sie im Begriff ist, in vollendeten Größenwahn überzukippen; da, wo sie offenbarlichst anfängt zu — st ü m p e r n! —

Wir gelangen mit diesem Typ zum allereigensten Reintyp des „Antichrist". Wir befinden uns in dem Bezirk der Zone, der so recht eigentlich der Bezirk der Dekadence ist. Wir sind zugleich in dem Bezirk einer anscheinend letzten und vollkommensten F r e i h e i t; in welchem der einzelne auf nichts gestellt ist und sich auf nichts stellt, als auf sich selbst und sein a l l e r - e i g e n s t e s I ch. —

Aber gerade d i e s e Freiheit bedeutet die grimmigste Ironie und Karikatur auf die Freiheit; und sie stellt immerhin auch so recht drastisch irgend eine Mystik und eine Tragödie der Freiheit dar, und individuellsten Aufsichtselbstgestelltseins. —

Ich ist hier völlig i ch; es ist auf dem äußersten Gipfel der Freiheit. O ja! es h a t einen Sinn; hat einen sehr tiefen und mystischen Sinn! — Es ist ein Zustand letzter, nacktester **Wahrheit** und **Realität**.

Aber das ist sogleich auch ein durchaus unhaltbarer Zustand; ja, das Rätsel, ein Zustand, welcher als durchaus **widernatürlich** empfunden wird, wo immer nur er in **völliger** Reinheit und Nacktheit zutage tritt. — **Ich** muß als **ich**, und in solchem Zustand sofort wieder sozietär und wieder zu **ich** schlechthin werden, oder es ist ein Monstrum von lebendiger Leiche, das zusammenbricht wie ein Cholem, dem man das heilige Zeichen von der Stirn getilgt hat. — **Ich** in solchem Zustand **wirklicher** Isoliertheit ist eine flüchtige, wie sehr unheimliche Darstellung der Imagination des **Antisozietären** an und für sich. Der Imagination: denn ein Antisozietäres an und für sich gibt es nicht; es gibt höchstens ein **Kontrasozietäres**, das aber sich dem Prinzip der Sozietät selbst nicht entziehen kann und in Wirklichkeit auch nicht entzieht. —

Also: das Prinzip dieses „Antichrist" ist in Wahrheit nichts als ein ungeheuerliches Phantom; ein Cholem von Schreckgespenst, ein satanischer Traum, Alb und Vampir, den die Sozietät in gewissen Zeiten träumt. Ein unhaltbares, unmögliches Ding; eine fürchterliche Leiche, die zwischen Leben und Tod, Sein und Nichtsein schwebt; die Halluzination eines Fieber- und Uebergangszustandes der Sozietät. Er ist nichts, als ein Zeiger an der Weltenuhr; eine Schreckerscheinung, die anzeigt: bis hierher und nicht weiter! Denn hier ist die Grenze, wo der Unsinn an sich, das Ungeheuerlichste, das — Unmögliche droht! —

Er **ist** da; wir **haben** ihn in Europa; und Europa darf versichert sein und erkennen, daß irgend eine nachgerade gar zu einseitige Verwegenheit seiner zivilisatorischen und gar zu einseitigen intellektuellen Funktion in eine äußerst kritische Zone geraten ist und in eine Sackgasse, wie sie im Buch steht! —

*

Ich habe auf den interessantesten Typ der Zone, und damit zugleich auch auf den Bezirk der Zone hingewiesen, von dem aus Europa heute einzig und allein Gefahr droht. Unser neuerlichstes Schreckgespenst ist ja der Anarchist. Aber nicht e r ist zu fürchten, denn: er mag zwar in einem gewissen Sinn kontrasozietär sein, aber nicht er ist es, der das Prinzip der Sozietät verneint: sondern j e n e r d a verneint es; und wenn natürlich zumeist auch nicht mit dem Wort — im Gegenteil: er kann sich sogar sehr sozietär gebärden, hält sich vielleicht sogar für ein Muster von in die Welt passendem Hauptkerl; in einer bestimmten Nuance wenigstens — aber er verneint sie durchaus i n s i c h, verneint sie durch seine Erscheinung, durch die innerste ödeste Unfruchtbarkeit seines Charakters.

Dieser Bezirk der Zone. — Er ist heute ungemein umfangreich; wennschon auch lediglich jener da der Leithammel ist; und wennschon unser Bezirk sich sehr und schnell dezimieren wird, wenn man nur erst gehörig hinter diesen Leithammel gekommen sein und verstanden haben wird, was es mit ihm eigentlich auf sich hat! —

Es gibt in der „Zone" aber einen engeren Bezirk, den ich eine Art von vierter Dimension nennen möchte, in die hinein die heutige Menschheit sich projiziert in einer gewissen Anzahl von Charakteren, die, in gewisser Hinsicht, eine Anzahl von Zerrbildern sind jener Eigenschaften, mit denen der Mensch sich in die „Zone" überhaupt projiziert. — Unter ihnen nun ist unser in Rede

stehender „Ich=ich" mit einem gewissen Reintyp der aller=
interessanteste; und, ich füge hinzu: hier wird er erst völlig
in seinem eigensten Wesen erkannt werden, und ist er be=
reits erkannt! — Hier, im Bezirk einer letzten äußersten
und verwegensten Freiheit.

Wenn wir's wissen wollen, wie er's hier treibt —
mit den übrigen, aber dennoch anders als diese übrigen —
und wenn wir's wissen wollen, wie er hier — endet, so
brauchen wir uns nur aus dem neueren französischen
psychologischen Roman, vor allem aber aus den Werken
des großen Dostojewskij Rat zu holen. Wenn er hier noch
nicht genügend als der betreffende Cholem decouvriert sein
sollte, so wird er niemals decouvriert werden. —

So ist es; aber trotzdem macht heute unsere exakte
Wissenschaft und macht ein allgemeineres gegenwärtiges
soziales Vorurteil außerhalb unseres engsten Bezirkes im
weiteren, externen Bezirk der Zone einen s e h r bedenk=
lichen „faux pas".

Freilich kann man ja wohl zu ihrer Entschuldigung
sagen, daß er „hier draußen" recht mißkenntlich ist. Er
hat hier immerhin hundert Gelegenheiten zu schmarotzen,
er hat hier heute so viele Existenzmöglichkeiten; er hat so
viel, was ihn aufrecht erhält. Nämlich so und so viele
neue Ideen, Maximen, so eine gewisse Sorte von
materialistischer Ethik, die vorderhand noch in Blüte steht
und die letzte Wahrheit in der Tasche zu haben scheint. Er
ist zwar der ausgelaugteste der Skeptiker; aber seine Ge=
hirnqualitäten, und gerade sie, sind stupend und halten
ihn über Wasser. Und was seine aus den Fugen gebrachten
Triebe und Appetite anbelangt: nun, man nimmt's hier
heute nicht so genau; und so kann er sich mit ihnen noch
lange halten. Da sie nun im übrigen recht mobil zu sein

pflegen: so macht er gar den „Mann, der in die Welt paßt", so ist er der „Schwerenöter" in Person. Zudem hat er seine neuen Prinzipien da, mit denen er auf dem einzig rationellen Standpunkt „unserer modernen Wissenschaften" zu stehen pflegt, zu seinen Zwecken, am Schnürchen und weiß sie mit der überzeugtesten Gesinnung bei Gelegenheit vorzutragen. Mit diesen Allüren des Bildungsphilisters: wie sollte er nicht gut auskommen können. —

So kommt es denn, daß er ja wohl ganz und gar den „gesunden Normaltyp" „moderner Mannheit" vorstellt, mag vor seinem Ellbogen beiseit' fliegen, was auch immer. Tout egal! „Man lebt nur einmal!" — Und so — lebt man denn! —

Er, dieser „gesunde Normaltyp" ist der eine faux pas, den sich unsere materialistische, exakte Wissenschaft zuschulden kommen läßt. Der andere, der freilich mit diesem in engem Zusammenhang steht, ist der, daß sie — ich will es gleich sagen: den wertvollsten Typ einer neu gewordenen, im besten Ursinn christlichen Mannheit in einem bedenklichen Irrtum verkennt und so recht eigentlich im Begriff ist, ihn hinauszuhängen. — Natürlich vollzieht sich der betreffende Prozeß auf dem Gebiet der Sexualwissenschaft. Zum Beispiel: Walt Whitman zum Homosexuellen zu machen, ist gewiß ein Kunststück. Aber — die betreffende „Wissenschaft" hat es erst kürzlich zuwege gebracht. Ich selbst habe Gelegenheit gehabt, das betreffende, höchst ohnmächtige, Machwerk — es war s e h r ausführlich — tiefer zu hängen. Aber es konnte — gänzlich unbeanstandet! — in Dr. Magnus Hirschfelds „Jahrbuch für sexuelle Zwischenstufen mit besonderer Berücksichtigung der Homosexualität" aufgenommen werden!*) — Man könnte vor den Monatsschriften unserer „exakten Wissenschaft" Respekt bekommen! —

Ich glaube, man darf prophezeien: das Stündlein der materialistisch-exakten Wissenschaften hat geschlagen. Es hatte von dem Augenblick an geschlagen, wo die Wissenschaft über ihr Gebiet hinaus ging, und sich in die Fragen der Religion und der anderen geistigen Bestände mischte und anfing, Popularphilosophie zu werden. In demselben Augenblick begann sie sich zu irritieren; was das bedenkliche ist: auch auf ihrem eigensten Gebiet! — Die Wissenschaft macht sich über das päpstliche Unfehlbarkeitsdogma lustig; sie hat neuerdings nur allzu viel Ursache, sich über ihren eigenen Unfehlbarkeitswahn, wenn nicht gerade lustig zu machen, so doch zu orientieren. — Sie beginnt bereits, den M a n n als schöpferisches, organisatorisches Prinzip, den Mann als fruchtbaren Charakter im eminentesten Sinn als Abnormalität zu behandeln! —

Ein verhängnisvoller „faux pas"! —

Und wo also? Auf dem Gebiet der P s y c h i a t r i e und der S e x u a l w i s s e n s c h a f t. Es ist der s e h r interessante Begriff der „sexuellen Zwischenstufen" aufgestellt worden. Im Bereich dieser famosen „Zwischenstufen" m u ß die Wissenschaft in die Brüche geraten; hier m u ß sie in den Zustand einer babylonischen Verwirrung eintreten! —

D i e s e n Mann als Abnormität stigmatisieren und unseren angenehmen Schwerenöter, von seinen Masken

---

*) S. meine Monographie „W a l t W h i t m a n H o m o s e x u e l l e r ? K r i t i s c h e R e v i s i o n e i n e r W h i t m a n - A b h a n d l u n g." Von Dr. Eduard Bertz. (J. C. C. Bruns, Minden i. W.)

getäuscht, wohl gar als Maßstab moderner Normal=
mannheit bei solcher Gelegenheit zu benützen: das ist das
Menschenmögliche! —

*

Jener unser Selbstherrlicher, unser in Rede stehen=
der „Ich=ich" oder „Ichler", er treibt sich also heute auch
im engeren und engsten Bezirk der Zone herum. Auch
hier wird er, sehr kennzeichnend, unter Umständen wohl
verkannt. Es kommt vor, daß man hier wohl sogar zu=
weilen etwas besonderes von ihm erwartet, getäuscht von
seinen oft blendenden persönlichen und intellektuellen
Fähigkeiten, und von seinem so gänzlich nackten, oder,
wie man meint, reinen Ich=Standpunkt. Aber: es erweist
sich hier stets, daß er ohne jegliche Achse seines Wesens
ist, daß er die letzte Spur irgend eines Ethos verloren
hat. Er ist nichts, als eine bis zum Unheimlichen chao=
tische Aisthesis. Er ist durchaus defunktionierendes Ge=
hirn. Wenn dessen Funktionen so phänomenal gesteigert
sind, so bedeutet das nichts als jene erstaunliche
Steigerung, die das Gehirn ja auch in einem gewissen
Stadium der Agonie noch einmal zu erfahren pflegt.
Und an den letzten aus der dunkleren Kraftregion
des Organismus noch einmal aufstrebenden Steam er=
innert seine, in manchen Exemplaren so überaus rege,
Sexualität — die das Weib so sehr oft zu täuschen
vermag; um so mehr, da er bei seinen erstaunlichen in=
tellektuellen Fähigkeiten so gut den „Schwerenöter"
macht. — Aber auch sie ist keine wahrhaft fruchtbare
Sexualität mehr; auch sie ist nichts, als der taube Elan
der psycho=physischen Defunktion.

Dennoch hat er nun aber gerade in unserer in Rede
stehenden Region zuweilen noch gewisse Eigenschaften einer

reflektiven, philosophierenden Melancholie, die seine Erscheinung nicht durchaus unheimlich werden lassen, und die ein Rest von trüber Tragik sind. Denn eigentlich ist er ja keine tragische Erscheinung, weil er ja keine eigentlichen seelischen K o n f l i k t e mehr vermag. Dazu fühlt er viel zu irr und chaotisch. — Ein Rest von Tragik besteht hier höchstens noch in einem irren Suchen nach irgend einer letzten, äußersten, erlösenden „Sensation".

Aber auch diesen letzten Rest sympathischerer Eigenschaft hat er verloren in jenem externeren Bezirk der Zone, wo er ja vorderhand noch so etwas wie ein „Milieu" hat, und wo er heute nur zu viele, vielzuviele — Narren macht und hinter sich herzieht, die sich Wunder etwas auf ihre freie, selbsteigene, „moderne", normale Mannheit einbilden. —

Er ist hier so recht ein Produkt der einseitigen, rapiden modernen Zivilisation; und leider vorderhand noch viel zu sehr „ihr lieber Sohn, an dem sie Wohlgefallen" hat. Er macht so recht eigentlich ein gewisses Gros dessen, was man ja wohl, nicht uneben, den „gebildeten Mitteleuropäer" nennt. Hier hat er auch noch „Charakter". Wenn es etwa bei Gelegenheit dennoch not tun sollte, die Männerfaust auf ein Evangelium zu legen, so holt er sich Büchners „Kraft und Stoff" her und den „Struggle for life".

Helfe Gott, daß die Rasse und die Landschaft uns seine Tyrannei vom Halse schafft! Eher wird Europa zu keiner neuen Kulturblüte gelangen können. — Das eigentliche G r o s des „Mitteleuropäers" wird sich dann ja wohl akklimatisieren.

Ein „Jenseits von Gut und Böse" in seinem Sinn wäre doch wohl gefehlt. —

VIII.

Der Neue.

Aber die Zone der Wissenschaft und des „Antichrist", die Zone der Freigeistigkeit hat ja auch noch einen anderen Typ; nennen wir ihn den „Neuen". Denn er ist es ja denn doch wohl schließlich, auf den die beiden Jahrtausende des Christentums hinauswollten.

Wir nannten ihn eben den Neuen: wir könnten ihn aber wohl ebensogut, und vielleicht noch näher und bestimmter, den Objektiven nennen. — Und zwar verstehen wir solche Objektivität im Sinn des „tout comprendre". Er wird der sein, der alles weiß, was für eine ganze organische Dominante und für unsere menschliche Dominante zu wissen und zu begreifen möglich ist.

Aber man sollte meinen, der Besitz eines solchen Wissens — ich nenne es sogar ein absolutes — werde erst dann möglich sein, wenn Ostern und Pfingsten auf einen Tag fallen? Darauf läßt sich erwidern, daß sie bei einer gewissen Gelegenheit auch tatsächlich mal auf einen Tag fallen. Ebenso wie es sicher ist, daß die betreffenden „Parallelen" — denn: gibt's denn überhaupt Parallelen? Wenn man nun endlich doch mal dahinter käme, daß sie völlig imaginär sind, und es in Wahrheit gar keine wirklichen Parallelen geben kann? Oder haben wir schon mal welche zu Gesicht bekommen? — eines schönen Tages schneiden. Und ebenso wie es sicher ist, daß — um auf den Punkt zu kommen, auf den's hier ankommt — eines schönen Tages Mystik und Wissenschaft merken werden und merken m ü s s e n, daß sie sich um Kaisers Bart zanken, und daß auch sie ihrerseits keine Parallelen sind, die in alle Ewigkeit ohne sich je zu schneiden, nebeneinander herlaufen.

Sobald aber dies sich ereignet, weiß der Mensch, was er weiß, was er ist und was er kann. Er i s t von demselben Augenblick an Mensch. Er h a t sich. Und er hat das Wissen, hat das absolute Wissen. Er hat s e i n e Objektivität und seine Vollendung. Er ist wirklich Dominante, während er bis zu diesem Augenblick nur erst werdende Dominante war.

Sind denn aber Wissenschaft und Mystik bereits auf diesem Punkt, wo sie sich schneiden werden, angelangt? Es sieht zwar gerade gegenwärtig verzweifelt darnach aus, als ob gerade das Gegenteil der Fall wäre, und höchstens etwa die Wissenschaft der Mystik den Garaus machen wollte. Aber gerade dieser Größenwahn der Wissenschaft ist ein Symptom. Ich habe erstens erst in unserem allerletzten Zusammenhang auf einen sehr bedenklichen und kennzeichnenden „faux pas" hingewiesen, den die Wissenschaft neuerdings macht, und der wie nur was zeigt, wie sie im Begriff ist jeden gesunden Menschenverstand zu verlieren. Ich hoffe andererseits bereits früher anläßlich des kirchlichen Dogmas dargetan zu haben, daß die Wissenschaft die Mystik aufzulösen n i c h t imstande ist, daß sie vielmehr, wenn sie keine närrischen

Winkelzüge machen will, genötigt ist, den wesentlichen Inhalt des Dogmas zu bestätigen. Wenn sie's aber tut oder zu tun durchaus genötigt ist, dann haben sich die beiden Parallelen in der Tat bereits geschnitten. — Es interessiert, auf welchem wissenschaftlichen Gebiet die Notwendigkeit dieses wahrhaft goldenen Schnittes zu allernächst evident werden könnte. Ich habe bereits darauf hingewiesen: auf dem Gebiet der Psychophysiologie. —

Was wird nun aber die Psychophysiologie sein, wenn sie auf dieser — ihr unbedingt nahe bevorstehenden — Stufe ihrer Vollendung angelangt sein wird? Das Wissen um die Psychophysis. — Und was wird das sein, was, um bei ihm zu bleiben, im Dogma niedergelegt ist? Gleichfalls das Wissen um die Psychophysis, aber zugleich das Wissen der Psychophysis von sich selbst; denn ich führte ja früher schon aus, daß das Dogma nichts ist als der kondensierte Inhalt dessen, was der Christus und die ersten in unserem dort ausgeführten Sinn, mit ihm identischen Ekstatiker von der Seele und vom Menschen und seinen tiefsten göttlich-universellen Zusammenhängen wußten. — Der Unterschied zwischen diesem und jenem psycho-physischen Wissen aber ist, ganz genau betrachtet, einzig und allein der zwischen einer u m f a s s e n d e r e n intellektuellen Funktion und einer b e s c h r ä n k t e r e n; zwischen Ganzseele und Halbseele, erleuchteterer und trüberer, zwischen Gehirn und Ganglien und Nurgehirn oder vielmehr einseitig Gehirn; zwischen Analyse, die sofort und zugleich auch Synthese ist und einseitiger Analyse, zwischen elastischerer und schwerfälligerer Funktion, zwischen dem Christus und dem alten Menschen. Also kein prinzipieller Unterschied, sondern nur ein gradueller.

Wäre also wieder, auch hier, das Fazit zu ziehen, daß das reine Prinzip des Christentums und seine Entwicklung durch die letzten zwei Jahrtausende bis hierher, die Evolution einer neueren höheren Psychophysis ist, die eine unabänderlich ethnisch=menschliche hinter sich zurücklassen wird? Ich getraue mich diese Frage getrost mit einem ganz entschiedenen Ja! zu beantworten.

Und wäre andererseits das Fazit zu ziehen, daß der Neue und Objektive vorhanden ist, der das menschenmöglich a b s o l u t e Wissen hat?

Ich getraue mich auch diese Frage mit einem ebenso entschiedenen Ja! zu beantworten.

Er ist, sagen wir, um die Sache kurz zu machen, seit dem Christus vorhanden. — Ich sage geflissentlich nicht: seit dem Buddha, weil dieser Q u i e t i s t war, während der Christus in so überaus wertvollem Unterschied durchaus P r a k t i k e r war. — Er ist seit dem Christus bis hierher im Werden gewesen; das heißt: er hat sich bis daher mit seinem Milieu auseinandergesetzt — wir können auch sagen, es sich bereitet; seinem Milieu, dem ethnischen Menschen. — Ist er im Begriff, sein Milieu zu haben? Ist er mit seinem Milieu zu Rande? Ja, er ist im Begriff. Denn es fängt an, ihn zum erstenmal zu verstehen, und ihn zu tolerieren. Und damit ist zugleich gesagt, das Milieu beginnt seine Elite zu tolerieren; oder der Leib sich seiner, zwei Jahrtausende hindurch so unruhigen und beunruhigten Seele anzupassen. Der gesamte Organismus der menschlichen Sozietät beginnt in das Stadium seiner ausgereiften und vollendeten Selbstbewußtheit einzutreten.

Wo haben wir nun aber unseren Objektiven? In dem, was ich die Zone nannte. Er macht überhaupt eigentlich die gesamte Zone aus. — Auch jener andere, von dem ich im vorigen Kapitel handelte, soweit er wahrhaft dämonischer Reintyp, ist er. Aber er ist es ohne Wesensachse. Er ist jene Uebergangserscheinung — ich meine hier immer nur seinen Reintyp! — welche die Objektivität nicht ertragen kann, welche von ihr wesenlos gemacht, recht eigentlich entseelt wird, welche an ihr zugrunde geht.

Mit ihm haben wir's jetzt nicht mehr weiter zu tun. Wir bekümmern uns jetzt nur noch um den eigentlich und wahrhaft „Neuen", den wirklichen achsensicheren Objektiven, um die faktische neue psycho-physische Normalität. Wie er wohl in Zukunft in seiner Eigenschaft als vollendeter Durchschnittseuropäer funktionieren und in welchen sozialen Beständen und Zuständen er leben und sich bewegen wird? — Wer weiß, wollten wir uns davon hier eine Vorstellung zu machen suchen, so würde sie sich vielleicht wie eine Utopie ausnehmen. Wir wollen's und können's nicht. Trotzdem werden uns bereits die gegenwärtigen Bestände gar manches vorausahnen lassen. Und unter allen Umständen können wir bereits erkennen, nach welcher Maxime er leben wird. So recht als harmonisiertes und frei angepaßtes Einzelglied eines Ganzen, das ein vollendetes Wissen und Gewissen seiner Nachbarglieder in sich trägt, wie diese es von ihm in sich tragen. Er wird ein solcher geworden sein von der Zone her. Aus der Zone heraus beginnt heute das große Toleranz- und Versöhnungswort verkündet zu werden; und mit ihm die Vollendung des europäischen Individuums, das frei in seine eigene höhere Einheit eingeht und sich frei ihr einfügt. Und mit ihm beginnt verkündet zu werden die letzte Ausgestaltung der europäischen Psychophysis. — Das wird zugleich das dunkle Evangelium von der Geburt einer **neuen** Psychophysis sein, über die zu grübeln wir freilich unterlassen werden. Denn möchten selbst neue Wege sich diesem und jenem hier andeuten, so verlaufen sie doch in purpurnes Dunkel. — Wir ziehen ihm die schöne grüne Weide ringsum vor.

*

Es lohnt sich jetzt aber noch, sich einen von der Elite, so recht einen Edelobjektiven anzusehen; auf verschiedenes hin.

Ich versprach gelegentlich schon, noch einmal auf Leonardo da Vinci ausführlicher zurückzukommen. Ich tu' es hier, zum Abschluß all dieser Betrachtungen und Untersuchungen.

Die Edelobjektivität des Leonardo.

Es ist eine der wundersamsten Wahrnehmungen, ihn so unberührt wie schweigend durch das Chaos jenes so leidenschaftlichen Zeitalters wie durch eine Arena, die von ungezähmten Bestien wimmelt, schreiten zu sehen; ihn, den Bewohner bereits einer ganz anderen Welt und Daseinssphäre. Unberührt von den Greueln und Unsinnigkeiten jener Zeit, von den wilden Eruptionen einer zügellosen, individuellen Leidenschaftlichkeit, durchaus sine ira et studio. Man kann nicht anders als sagen: es scheint, als seien ihm die Menschen und Dinge in eine ganz neue ausschließlich ästhetische Distanz gerückt gewesen; in eine Distanz, wo sie ihn kaum noch besonders ethisch engagierten. Aber er nahm dies alles nicht mit dem Blick und der Objektivität des Skeptikers wahr — dessen skeptische Ironie doch noch eine letzte ethische Anteilnahme birgt — sondern, durchaus erstaunlich, vermochte er das alles — man fühlte sich geradezu zu sagen, frevelhaft — mit dem Blick einer völlig neuen, umfassenden F r ö m = m i g k e i t wahrzunehmen und zu umfassen, die in a l l e n, guten und bösen, schönen und häßlichen, gött= lichen und teuflischen Handlungen und Erscheinungen die gleiche göttliche Ratio, die gleiche Spur des schöpferischen Urgeistes, seiner Gesetze und Wandlungen erkennt.

Man fühlt sich versucht zu sagen: hier ist ein völlig kindlicher und unschuldiger n e u e r A d a m, der die Zwiespältigkeiten seines alten Milieus bereits über= wunden und hinter sich hat, der sie staunend in einer ganz neuen Harmonie zu erblicken beginnt, in einer und der= selben inneren Ratio geeint, gottgebunden; der das Chaos als Harmonie sieht und in dem Chaos die Har= monie. Es liegt vielleicht so etwas wie ein weichendes — M a n n e s bangen in seinem Charakter, das sich bereits in ein stilles staunendes Lächeln verwandelt hat; er soll ja dies seltsam leise Lächeln auch wirklich an sich gehabt haben. Es erweckt einem genau den Eindruck, als sähe man einen neuen jungen Adam, der von Gott ein neues Wort und die Losung eines neuen Lebens und einer neuen Daseinssphäre empfinge und vernähme.

Diese Objektivität ist durchaus nicht etwa mit der „Heiterkeit" und „aequanimitas" eines der großen antiken Philosophen zu vergleichen. Diese war selbst im besten Fall noch eine intellektuell=sophistische, eine philo= logische, die sich in Wort und Begriff noch g e f i e l, die in Wahrheit kein Fundament einer neuen positiven Frömmigkeit barg, sondern sich ihres Grundpessimismus und ihrer Grundskepsis noch immer b e w u ß t war. Die Objektivität Leonardos dagegen und seine neue

Frömmigkeit war durchaus positiv, achsenfest; sie war nicht bewußt und spielerisch, sondern bereits unwillkürlich, organisch, funktionell, bereits psycho-physische Eigenschaft.

Je mehr ich mich mit Leonardo beschäftigte,*) um so mehr fiel mir seine Aehnlichkeit mit dem Christus ins Auge, und um so mehr festigte sich mir die Ueberzeugung, daß das Christentum nicht lediglich eine geistige, sondern zugleich eine psycho-physische Evolution der europäischen Rassen bedeutet.

Es ist mir nicht mit Sicherheit gegenwärtig, ob der in solcher Hinsicht so eilfertige Lombroso auch Leonardo in die Sammlung seiner Verbrecher und Abnormitäten aufgenommen hat, vielleicht unter die Rubrik der Homosexuellen; aber es ist doch wohl so gut wie sicher. — Denn es ist ganz augenscheinlich, daß von unserer materialistischen Wissenschaft gerade der Typ solcher Edelobjektivität und Mannheit vom Schlag des Leonardo als anormal gewertet wird. Sie mag schon recht haben; aber sicher nicht in einem Sinn, der für die „Normalität" der heutigen Durchschnittsmannheit ein Kompliment bedeutete. Man hat fast den Eindruck, als sei man drauf und dran, gerade den wertvollsten und fruchtbarsten Edeltyp von Mannheit aus dem physiologischen Bereich und dem Organismus der Menschheit auszuscheiden.

Allerdings zeigt ja nun gerade dieser Typ eine mit weibhaften Eigenschaften versetzte und gemilderte Virilität. Es scheint ihm allerdings ein gewisser Hermaphrodi-

---

*) Wir haben jetzt eine Auswahl aus seinen Tagebüchern mit einer tüchtigen und sehr ausführlichen Einleitung: „Leonardo da Vinci, der Denker, Forscher und Poet." Nach den veröffentlichten Handschriften. Auswahl, Uebersetzung und Einleitung von Marie Herzfeld. (E. Diederichs. Jena. 1904.)

tismus zu eigen zu sein. — Aber wandelt sich nicht auch der Typ der anderen Durchschnittsmannheit? Man wird sicher sagen dürfen, daß er sich demokratisiert; aber das ist fast durchaus gleichbedeutend mit der Entwicklung einer nervöseren Sensibilität, und mit dem Verlust einer gewissen Gehaltenheit von Edelbrutalität, die ihm im Mittelalter und in den Zeiten der Barbarei eignete. Der Typ wandelt sich ganz ersichtlich vom Mann gegen das Männchen hin. Man darf also auch von ihm mit vollem Recht sagen, daß er sich verweiblicht, daß er hermaphroditische Eigenschaften auszubilden beginnt. — (Drehe und wende man es also wie man will, es bleibt dabei: „S i e ist Siegerin!" In j e d e m F a l l. —)

Indessen: gerade solcher Verdemokratisierung der modernen europäischen Mannheit gegenüber könnte man darauf hinweisen, wie dem Typ Leonardo eine gewisse Eigenschaft von Edelgehaltenheit eignet, die zwar nichts mehr gemein hat mit der Edelbrutalität des mittelalterlichen Mannes, des feudalen und barbarischen Manntyps — den der Christus so recht eigentlich überwunden und gezähmt hat — der aber eine innerliche, ungleich konzentriertere B e w e g l i ch k e i t birgt, als es die des durchschnittlichen modernen Manntyps gerade zu sein pflegt.

Im übrigen wissen wir von Leonardo so viel, daß er von hoher, edler und kräftiger Gestalt war, daß er über eine gewaltige Körperkraft verfügte — er hatte mit Cäsare Borgia die Fähigkeit gemein, daß er mit der Hand ein Hufeisen zusammenbiegen konnte; — wir wissen, daß er im persönlichen Verkehr gehalten war, eine Gehaltenheit, die in besonderen Fällen wie Schüchternheit wirkte, daß er im engeren Kreise eine naive und geradezu kind=

liche Fröhlichkeit entwickeln konnte; daß seine wohllautende Stimme, besonders im Affekt, eine weibliche Nuance hatte; daß er Vegetarianer war, und überaus gutherzig. Daß er bei Gelegenheit, wo's darauf ankam, mächtig zuzupacken verstand; daß er im mündlichen Ausdruck für gewöhnlich unbeholfen war; und wir wissen, daß er sich allerdings sein Lebtag vom Weib fernhielt und niemals mit ihm geschlechtlichen Umgang gehabt hat.

Als er noch als junger Mann in Verrochios Werkstatt arbeitete, wurde er von Feinden wegen Sodomiterei angeklagt; er und andere sollten geschlechtlichen Verkehr mit einem jungen Menschen gehabt haben. Doch wurde er in verschiedenen Gerichtsverhandlungen von einem solchen Laster, das damals aus Nachäfferei der antiken Dekadence unter dem Männervolk sehr verbreitet war, freigesprochen. Während seines ganzen späteren Lebens ist eine derartige Anschuldigung nie wieder gegen ihn erhoben worden, noch weiß man das Allermindeste, daß er jemals einen derartigen Umgang gepflogen habe.

Dennoch: so manche der Eigenschaften, die wir vorhin von ihm mitteilten, würden ja sogleich, sozusagen bereits unbesehens, genügen, daß man Leonardo mindestens zum „Edel=Uranier" verstigmatisierte.

Ich dächte, man sollte doch hier recht vorsichtig sein! — Was gibt's in diesem Fall nicht alles zu erwägen und zu berücksichtigen!

Ich führte schon aus, wie fremd Leonardo sein Zeitalter war mit all seinen wilden, bis zur Bestialität zügellosen Leidenschaften; wie er die Menschen und Verhältnisse zwar nicht verdammte, sondern alles in seiner göttlichen Ratio erkannte, wie es ihm im übrigen doch aber auch wieder durchaus in Distanz war. — Sollte dieser

Umstand nun nicht zum Beispiel auch seine sexuelle Keuschheit erklären? — Es ist selbstverständlich, daß das, was sich, trotz aller möglichen Zwiespälte, im Grunde dennoch versteht und in Solidarität fühlt, auch leichter geschlechtlich miteinander verkehren wird: besonders in jenem Zeitalter einer auch noch aus anderen besonderen Ursachen ungemein erhitzten Sexualität; die immer und je wieder gerade den M a n n, die wirklich f r u c h t b a r e, in j e d e r Beziehung fruchtbare Mannheit, wie in jeder anderen, so auch in sexueller Hinsicht in Reserve gedrängt hat, bis zur völligen geschlechtlichen Enthaltsamkeit. — Ein Gesichtspunkt, der auch gerade heute wieder, in unserer Zeit einer einseitigen weltstädtischen Zivilisation, ganz besondere Rücksicht verdient. Möchte er eine solche doch endlich auch in gebührender Weise finden!

Nun kommt aber bei Leonardo ein, ich denke, überaus wichtiger und interessanter Umstand hinzu, von dem man s e h r viel lernen, und der einem sehr viel Aufschlüsse geben könnte!

Auf der Wende seiner Mannesjahre und seines beginnenden Alters kommt er mit Monna Lisa Gioconda zusammen. Und er kommt mit ihr in ein Verhältnis; das erstemal, daß er mit einem Weib in seinem Leben überhaupt in ein Verhältnis kommt. Man wird dieses Verhältnis gewiß nun zwar ein platonisches nennen wollen. Indessen wäre das doch nicht richtig.

Wir wissen ja ganz genau, daß sich uns dieser Begriff heute mit einer verborgenen Geschlechtlichkeit füllt. (Die Wissenschaft macht überhaupt fast immer den unbegreiflichen Fehler, daß sie Sympathie mit Sexualität nicht etwa bloß in einen ursächlichen Zusammenhang bringt, sondern schlankweg identisch fühlt. Möge man dem Kausalnexus sein Recht werden lassen, aber wahre man doch zugleich auch die korrekten **Unterschiede**!) In solchem Sinn wird der Platonismus also lediglich ein Laster, eine sehr raffinierte sexuelle Perversität sein. Als solches Laster herrschte denn ja auch die platonische Liebe im Zeitalter der italienischen Renaissance nur zu sehr. Sie war Unnatur und Sodomiterei so gut wie jede andere.

Einen wie ganz anderen Eindruck aber empfängt man im Fall Leonardos und Monna Lisas! Sie standen — nochmals: man verwechsle ja nicht die Unterschiede nach dem Maßstab einer unruhigen und erhitzten Sexualität, die heute bereits nur zu sehr als „Normalität" einhergeht! — keineswegs in einem platonischen Verhältnis: sondern es ist **Liebe**, um was es sich hier handelt! — Und wenn hier, wie billig, die Sexualität in Frage kommt, so handelt es sich lediglich um eine sehr gehaltene und denn doch wohl im besten und allereigentlichsten Sinn **normale** Sexualität. —

Drei Jahre lang hat Leonardo an Monna Lisas Porträt gemalt, und drei Jahre lang hat er zu ihr in dieser Beziehung gestanden. Und offenbar hat er sie nicht nur sehr verehrt, sondern sie hat auch als Weib einen sehr starken und ungewöhnlichen Eindruck auf ihn gemacht; wie er auf sie als Mann allem Anschein nach eher noch einen stärkeren. —

Ihr Verhältnis — sie scheint ihm in letzter Stunde sehr deutlich entgegengekommen zu sein — stand vor einer Entscheidung, die wohl sicher zu einer Verbindung geführt haben würde; da starb Monna Lisa.

Man hat nun zwar sehr wenig Gelegenheit, und fast nur indirekte, in dies Verhältnis einzudringen; aber gerade diese indirekten Wege sind außerordentlich interessant und fruchtbar.

Betreten wir einen dieser indirekten Wege; es ist wohl der allerinteressanteste.

Wir alle kennen ja das berühmte Porträt Monna Lisas. Aber noch niemand wird wohl das aufgefallen sein, worauf ich jetzt aufmerksam machen will.

Man nehme sich die Mühe, dieses Porträt einmal mit dem Selbstporträt Leonardos zu vergleichen, jener Rötelzeichnung der Windsor-Bibliothek, die ihn in jüngerem Alter darstellt.

Nun, dieses Rötelporträt sieht dem uns allen bekannten Porträt Monna Lisas so ähnlich wie Bruder und Schwester!

Beide Bilder zeigen nicht nur fast die ganz gleiche Schädelformation, den gleichen Bau der Stirne — mit den Buckeln auf den Stirnknochen über den Augen, die so sonderbar an die Schädelbildung großer Schlangenarten gemahnen — sie zeigen die gleiche Nase; es ist der gleiche Mund, die gleiche Entfernung zwischen Nase und Oberlippe, es ist das gleiche kleine lächelnde Auge; es ist der gleiche Bau der Backenknochen; ja, nach der Bartform muß man annehmen, daß Leonardo auch den Bau ihrer Kinnladen hat. — Und es ist nicht nur die äußerliche Aehnlichkeit, es ist auch der völlig gleiche seelische Ausdruck. Es ist vor allem das gleiche Lächeln; dies Lächeln, das Leonardo sein Lebtag zu eigen gewesen ist.

Ist solche auffallende Aehnlichkeit nun bloß ein „Zufall"? Sagt sie weiter gar nichts, und hat sie weiter gar nichts zu bedeuten?

Ich sage: sehr viel hat sie in diesem Fall zu bedeuten, und sehr viel sagt sie uns.

Also: so viel steht fest, die lebendige Monna Lisa muß eine auffallende Aehnlichkeit mit Leonardo gehabt haben; sie muß der dem seinen korrespondierende weibliche Typ gewesen sein; körperlich wie seelisch. — Wir wissen, daß das letztere zutrifft. Sie war in ihrem Wesen sehr einfach und gehalten; wie Leonardo. Sie lebte sehr zurückgezogen, kam kaum in Gesellschaft; genau wie er. Sie galt unter den ihr bekannten Frauen für ein wenig beschränkt, obgleich ihr angenehmes Wesen beliebt war, man machte nicht viel Aufhebens von ihr, sie fiel nicht auf. Auch Leonardo fiel nicht auf. Trotz alledem besaß Monna Lisa eine außergewöhnliche Intelligenz und zudem solide Kenntnisse. Sie las die lateinischen und griechischen Schriftsteller in der Ursprache und war auch in der Dichtung belesen; obschon man ihr solche Kenntnisse so wenig anmerkte, daß sie allgemein für nichts weniger galt als eine „erudita eroina", als welche sich so viele ihrer Zeitgenossinnen ansprechen ließen, mochten sie in den meisten Fällen auch nur die Mode mitmachen und bloß so das Rad schlagen.

Leonardo und Monna Lisa stimmten also im Aeußeren wie in ihrem Wesen und Charakter in der auffallendsten Weise überein.

Man könnte nun zwar, was jene überraschende Aehnlichkeit der beiden Porträts anbetrifft, sagen, Leonardo habe absichtlich diese Aehnlichkeit in das Porträt Monna Lisas gelegt; wie ja die damaligen Porträtisten zu idealisieren pflegten. Dagegen ließe sich aber einwenden, daß gerade Leonardos Art in einer auffallenden Weise auf das Charakteristische ging, und daß seine malerische Auffassung eine ungewöhnlich differenzierte war. Ferner aber, sein eigenes Aeußere zur Idealisierung eines Porträts zu verwerten, würde zum mindesten doch eine kuriose Art zu idealisieren bedeuten. Es müßte unter allen Umständen aber, sollte es dennoch der Fall gewesen sein, Monna Lisas Aussehen dem seinigen tatsächlich von vornherein ähnlich gewesen sein, und ihm solchermaßen einen direkten Anhalt zu s o l c h e r Idealisierung geboten haben. Und so wird es sich verhalten; und Leonardo hat in diesem Sinn bewußt diese Aehnlichkeit noch besonders hervorgehoben. Und bereits dieser Umstand, diese beiderseitige Idealisierung ihres gemeinsamen Typs und Aussehens, ist ein besonders feiner Zug, der uns sowohl im allgemeinen sehr viel von Leonardo selbst mitteilt und uns einen Blick in seine Seele tun läßt als auch direkt darauf hinweist, daß er Monna Lisa in einer besonderen Weise verehrt und geliebt haben muß.

Sagt diese solchermaßen hervorgehobene Aehnlichkeit nicht sprechend deutlich: ich staune über diese Aehnlichkeit? Sie ist mir ein sympathetisches Geheimnis, das mir bis in die tiefste Seele bringt? Du bist ein Teil meiner selbst? Du bist ich? — Und wird dies alles nicht durchaus bestärkt durch die Tatsächlichkeit eines intimeren Verhältnisses zwischen ihnen, von der wir wissen?

Und auch Monna Lisa war eine Einsame. Es ist durchaus nichts bekannt, und nichts in ihrem Charakter und Wesen weist zudem darauf hin, daß sie jemals eine der außerehelichen Liebschaften gehabt hätte, die damals nur zu sehr in der Mode waren, obschon sie nicht eben gerade nach ihrem Herzen verheiratet war. — Trotz alledem aber war sie keineswegs ein rückständiger Weibtyp. Wir wissen vielmehr und haben gesehen, daß sie seelisch genau so differenziert war, wie ihre Zeitgenossinnen. Nur mit dem bedeutenden Unterschied, daß sie zudem im wertvollsten und urtypischsten Sinn W e i b war. — Gerade weil sie in solchem Sinn W e i b war, galt sie vielleicht unter ihren Zeitgenossen als ein rückständiges Weib, als ein altschlägiges Weib. Ich denke, wir lassen uns derartige Mißverständnisse auch gerade heutzutage wieder zuschulden kommen.

Alles in allem: Leonardo hat vom ersten Augenblick an den tiefsten Eindruck von Monna Lisa erfahren; einen Eindruck, wie ihn niemals in seinem Leben ein einziges Weib auf ihn geübt hat. Hier erfährt er ihn. Und zwar von einem ihm geradezu geschwisterlichen Wesen.

Sollte dieser Fall nicht eine ganz besondere Aufmerksamkeit verdienen? Scheint diese Liebe nicht geradewegs auf ein typisches Urverhältnis der Geschlechter zueinander zurückzuweisen? Scheint es uns nicht ein Geheimnis der Zuchtwahl zu enthüllen?

Sicher sind die ersten affenähnlichen Menschen und mußten sie sich, innerhalb ihres bisherigen Menschenaffenmilieus, da sie ja einen neuen Arttyp darstellten, durchaus ähnlich gewesen sein wie Bruder und Schwester. Und könnte und müßte der Fall nicht zugleich in eine Zukunft weisen, wo ein „neuer Adam" sich in ähnlicher Weise mit seiner „Eva" aus einem bisherigen Milieu abzuheben beginnen wird? Müssen, nach aller Logik der organischen Entwicklung, nicht auch diese beiden sich gleichen wie Bruder und Schwester? Ist es nicht bereits schon der Fall bei der Bildung einer Rasse? Es wird zum Beispiel sicher sein — die ersten Kennzeichen sind wohl bereits vorhanden — daß im heutigen Amerika sich in so „geschwisterlicher" Weise ein neuer männlicher und weiblicher Rassetyp aus dem Milieu der gegenwärtigen amerikanischen Mischbevölkerung hervorbilden wird.

Also: wäre die Hypothese zu verwegen, wenn wir sagten: gewisse offenbare Hemmungen, die Leonardo abhielten, mit dem Durchschnittsweibe seiner Zeit geschlechtlich zu verkehren, bedingen sich durch ein besonderes, unbewußtes, sehr reines und notwendiges Suchen seiner Psychophysis nach einem ihr korrelativen Weibtyp? Ich wenigstens möchte nicht einzig annehmen, daß Leonardo nur deshalb die Weiber gemieden hat, weil ihn die Liebe bei seiner Kunst und seinen wissenschaftlichen und technischen Bestrebungen hinderlich gewesen wäre. — Eine interessante und in unseren Zusammenhang sehr wichtige Erscheinung und Hemmung ist ja übrigens auch die, daß Leonardo s e h r einsam und einzig war, bis zu einem Grade, daß man ihn wie einen Zauberer f ü r c h t e t e, daß man ihm den „bösen Blick" nachsagte und dergleichen mehr; ja, daß selbst die meisten seiner Schüler von einer solchen Empfindung nicht ganz frei gewesen zu sein scheinen. — Er war eben in jenem Zeitalter der agonisierenden italienischen Feudalität geradezu eine Abnormität. Auch die Weiber werden diese besondere Scheu gegen ihn gehabt haben; und selbst die unbefangensten jenes seltsamen Zeitalters; deren Durchschnitt ihn durch seine p o s i e r t e und o u t r i e r t e Modernität zudem abgestoßen haben mag, durch seinen Mangel gerade an W e i b l i c h k e i t. Denn nichts entstellt gerade das Weib so sehr, wie Pose, Outriertheit und Modenarretei.

Jedenfalls war Leonardo nicht sexuell indifferent in einem pathologischen Sinn. Es wäre ja doch sonst nicht die physiologische Möglichkeit der Inkonsequenz denkbar.

Und sie hätte sich ja doch nicht in solch auffallender Weise ereignen können.

Ich meine, man müßte also darauf achten, ob diese Edelobjektivität Leonardischen Schlages, diese sonderbare, fast hermaphroditisch anmutende Mannheit, bei der doch alle virilen Eigenschaften zugleich auch wieder so deutlich und stark hervortreten, nicht durch einen geschwisterlichen Weibtyp ergänzt und sogleich, wenn sie mit ihm zusammentrifft, aus ihrer sexuellen Indifferenz heraustritt.

Jedenfalls: die Hypothese ist zu wagen, daß solche Objektivität bereits in irgend einer Weise die Marke einer sich leise ausbildenden neuen Artgemeinschaft ist, und daß sie nicht an und für sich als sexuelle Abnormität, unter allen Umständen nicht ohneweiters als sexuelle Perversität oder Sterilität gewertet werden darf.

Ob sie nicht einstmals, in irgend einer Zukunft, „grâce à l'heureuse déformation de son cerveau", um einen sehr glücklichen und fruchtbaren Ausdruck zu gebrauchen, den Emile Verhaeren gelegentlich Rembrandts anwendet, zu einer neuen fruchtbaren Einigung gelangt und einer wesentlich neuen, über- oder außermenschlichen organischen Konstellation? . . . . .

THE NEW YORK PUBLIC LIBRARY
REFERENCE DEPARTMENT

This book is under no circumstances to be taken from the Building

DEC 18 1918

form 410

Lightning Source UK Ltd.
Milton Keynes UK
UKHW012330120119
335431UK00006B/308/P